象牙之塔
春秋記

林天祐著

象牙之塔春秋記

臺灣商務印書館發行

謹以此書獻給我去世的

母親

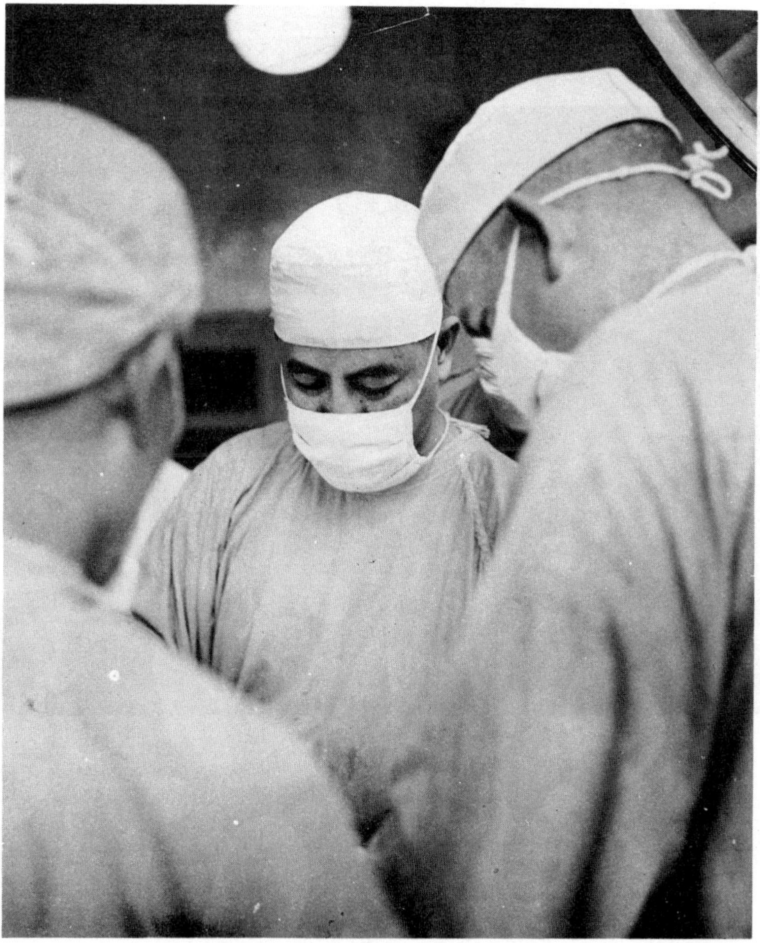

開刀中的林天祐教授

著者夫婦1979年攝影

序

民國六十四年，深承傳記文學社長劉紹唐先生的獎掖和鼎助，拙作「象牙之塔夢廻錄」由傳記文學社予以出版，頗獲多數讀者的關懷和鼓勵。

當時本人曾想於「最後工作」完成後，即告退休。沒想到要做的事接踵而來。在此期間，一方面亟思退休，另方面又想去完成工作。受此一慾望的驅使，經過了數年的徘徊，終於民國六十五年（一九七六年）提前退休了。然而在心中所繫念的工作，其後又在同一象牙之塔的裡面，再予繼續。又費了六年的時間，遂一九八二年才把所有的懸案終算整理完成。以此之故，假如從十九歲的學生時代算起，到今年我七十歲時止，結果我和象牙之塔的緣份，整整結了五十個年頭。

在這樣漫長的歲月中，我曾將過去的回憶，分成「夢廻」「徘徊」和「春回」三部份寫出來，即是這本「象牙之塔春秋記」的書。自認過去事蹟，極爲平凡，只似一個小螞蟻的足跡罷了。毫無價值可言，恐難登大雅之堂。唯一寫本書的理由，只是想把過去在象牙之塔裡，撿拾出來的東西整理一下，聊以作爲即將離開象牙之塔的紀念而已。

文中處處多係我自己不成熟的見解和想法，深願讀者諸君，只把它當作一只小蟻，自不量力的行動，和知其不可爲而爲之的勇氣，能予以輕鬆的閱讀，於願已足！

總之，本書純係依據本人記憶所得，照實記錄，富有紀念性質的作品。舛誤之處，在所難免。務希讀者惠賜指導，不勝感激！

民國七十一年十二月作者林天祐序於臺北

象牙之塔春秋記　目錄

第二部　徘　徊（一九七三—一九七六）……二〇九

第三部　春　回（一九七六—一九八二）……三二一

圖片目錄

第一部　夢迴

第二部　徘徊

第三部　春回

第一部

夢迴

（一九三二——一九七三）

第一章　序曲

有人說：至人無夢。

我說：至人是多麼有福啊！

只是，我太渺小，也太平凡。就像千千萬萬的平凡的人一樣。但我有過很多的夢。

圖一－1. 師範學校時代的著者與父親

眞不知道，爲了甚麼，那些夢，會在我單純的生命裡，亮了起來？小時候，我曾夢想，將來做一位公學校的訓導（教師）。在家鄉的土壤上，讓那些不幸的兒童，能獲得教育的光輝。也許，當時，公學校的訓導，都是頭戴着鑲有金紋的文官帽，身穿着袖口飾有金紋的文官服，腰際佩着劍，走起路來，「卡察，卡察」地響。眞是威風凜凜，神氣十足，令人羨慕不止。這些，對於幼稚而單純的孩童，確實有着很大的誘惑力。於是，我終於投進了臺北第二師範學校，而很順利的開始了我的學生生活。那是我即將實現的「第

一個夢」——那是多麼美的夢啊！（圖一—1）

當老師爲我啓開了知識之門以後，隨着年齡的增長，我發覺：在這個殖民地上，公學校的教員，只是替統治者當傳聲筒而已。我有着太多的熱情，或許，我生出來，就不是做教師的料子。

我告誡自己，你不能用你的純眞的想法，去和這個複雜的社會相處。我知道，這個即將實現的夢，已是一個破碎的夢了。我也曾夢想着，有一枝「生花妙筆」，能爲這個時代寫生。能描述民族的隱痛。安慰蒙受痛苦的心靈。但遺憾的是，儘管我有這份熱情，但我却缺少了這樣的一枝「如椽大筆」。

歌德曾經這樣說過：「科學」與「藝術」，是屬於整個世界的。它們沒有國籍的界限。本來嘛，科學家研究科學，與詩人踏雪尋梅的覓句，差不太多。其實，無論任何學問，都代表着一種美，一種智慧，和一種創新。

由於成長的覺醒，我打消了要當「作家」的念頭。也許，我生來就有不苟且的態度。遇事，喜愛客觀、冷靜分析。當我在師範四年級的時候，我曾毅然退學，馬上到日本去。進入東京一所私立中學四年級。畢業之後，我很順利的考進了「臺北醫學專門學校」（臺灣大學醫學院前身）。

在這座醫學之宮——「象牙之塔」（Ivory Tower），從求學、實習、研究，以至畢業後，當副手、助手、講師、副教授，而至教授兼主任。先後在此，共渡過了四十一年。

「四十一年」！在這一個學校裡，渡過了四十一年。那該是一段多麼漫長的日子啊！其間，有着多少酸甜苦辣，哀傷與快樂。不論甜的也好，苦的也好，我總算在此完成了我生命中的一個夢。

我願把這個夢，輕輕的，淡淡的寫出來！這就是，這本「象牙之塔春秋記」的第一部「夢廻」。

第二章　求學的日子

一、回首前塵

聽！有一兩隻晚蟬在叫，由遠而近。陌生而又熟悉。那麼朦朧，又那麼清晰。晝間，漸漸變短，已是晚夏時節了。

下午，天空中，飄蕩着灰濛濛的雲。

我佇立在臺大醫院二樓敎材室的窗前，等候着幻燈片的製作結果。無意的，眺望着對面醫學院的一排排的屋頂，默默遐想。那古色古香的灰色屋頂，隱隱約約的矗立在青翠茂密的樹叢中，何等恢宏、氣派。和往日一點也沒有變。在那一排一排的屋頂下，一年一年，世世代代，不知道有多少學生，靜悄悄走進來，又靜悄悄的走了出去。恍惚間，好像我看到了我自己的影子（頭戴四角帽，懷抱着無限夢想的青年），也擠在那潮水般的人群裡。

四十一年，像水一樣的流走了。像雲一樣的飄去了。

我推開窗子，望望窗外，落日像一盞輝煌的燈，撒下一片柔艷的霞光。這是一個豪華、美麗，而也是一個寂寞的黃昏。窗外的世界，我已遺忘得太久了。

放眼一看，中山南路，流動的車輛，匆匆忙忙。那橫衝直撞的計程車、公共汽車、小轎車、大卡車，和夾在人車縫裡的亂鑽的脚踏車，以及嘭嘭吼叫的摩托車……各式各樣的車輛，在馬路上，如競走一般的流動着。天空中，原是一片柔艷的霞光，這時，也變成了灰濛濛的一片了。

是的，這就是人生。人像機器和時鐘一樣，分秒必爭。人爲了生活，每天忙得團團轉。

我行年六十。六十歲的人，並不怎麼老。但難免也有點遲暮之感。我很想利用六十歲這個段落，改變一下生活方式。不要每天被固定的時間所限制，而不得自由。我要自由自在的，做一些自己喜歡要做的事。

二、考進醫學校

考進醫學校的那難忘的一幕，雖然時間相隔已有四十一年了，而當時的情境，記憶猶新。

雨聲，淅瀝淅瀝的在窗外響着。

那時，臺北醫學專門學校運動場的一個角落，就是現在紅十字血庫所在地。在這兒，從前有一間木造的室內體育場。那個地方，就是我們的考場。記得，當我考試的時候，在思索試題之餘，偶而側目一看，看到窗外的樹上，滿枝新綠。開在籬笆間隙的「紫花地丁」，在雨中更鮮艷。這時，一股生的意趣，從我心胸，油然而生，在我靈魂深處，暗自歡呼。於是，我很輕鬆的就作好了答案。

那時候，我因爲患中耳炎，左耳聽力較差。父親憂心忡忡。遂請了張俊發醫師，爲我治療。父親對於我的關懷，眞是無微不至。父親的恩澤，令我終生難忘。

當我接到醫專考試及格的通知書時，父親雖很高興，但也感到爲難。那時，父親已辭掉新莊鎭公所的差事，告老回家，在一間齋堂裡寄食。老祖母和母親，仍舊閟居在故鄉——三張鄉下，以橘子園和纒線板兒爲副業，賴以渡日。而大哥，則當司機，已有妻室，終日勞苦奔波，維持家計，已很不容易了。

假若我讀完了師範，當了教員，就有了固定的收入，可以貼補家用。如今，我考進了醫專，學費問題，反而給他老人家，更帶來了負擔。我心裡，也覺得非常難過。

記得，前一年決定要到日本去留學的前夕，老祖母悄悄的靠近我，並緊緊的摟着我，輕聲地對我說：「孩子，你這一去，不知道何年才能回來？我能活到你能賺錢的那一天嗎？」

老祖母，瘦弱的臉上，滿是皺紋。她那慈祥的笑容，永遠留在我的腦海中。

讀師範，是公費。既不要自掏腰包，又可每月領到津貼。但醫專的一切學雜費，都須自備。而且，學費、書籍費等等，比其他學系，都要高得多。爲了籌措這筆學費，大哥不得不盡力工作，努力賺錢。後來，他參加了蘇花公路的開發工作。蘇花公路靠近太平洋，迂廻曲折。路的兩旁，斷崖絕壁，危險萬狀。身爲司機的大哥，行駛在這條公路上，萬一失足，就有粉身碎骨的危險。現在回想起來，猶有餘悸！大哥的關懷，令我由衷感激。

總而言之，民國二十一年（一九三二年）四月，我滿懷希望地，跨進了這個學校——象牙之塔。算來，已是四十一年前的事。但那時，頭戴着四角帽，懷抱着無限夢想的情境，猶如昨日之事，歷歷在目。

校園寬闊，一幢幢寬大的建築物（圖一—2），整齊的排列着。在建築物與建築物之間，有路，草坪花園。在花草之間，又有楓葉、榕樹、檳榔樹、和椰子樹。在蒼翠的樹叢中，點綴着紅磚砌成的教室。這些，構成了一幅美麗的圖畫。

圖一－2. 著者的母校—臺北醫專外貌（臺大醫學院前身）

當時，在臺灣的這座「象牙之塔」，原是熱帶醫學的最高學府。但除了兩三名教授之外，仍脫離不了日本殖民地的色彩。說來，能談得上一流的教授，還是很少。

我們同學，每天帶着便當上學。從早上八點，到下午五點，一邊聽教授們的講義，一邊一字不漏的抄寫筆記。這樣，一年復一年，差不多，每天都一樣。有些聽不懂的地方，一下課，就借同學的筆記簿來，補抄漏掉的部份。寒來暑往，這樣的學生生涯，倒也過得很快啊！

三、我愛上解剖學

教生理學的中村教授，是一位剛走出校門，年紀輕輕，身材矮小，而非常神經質的人。聽說，這位靦腆的老師，在第二次世界大戰結束後，居然晉升爲日本某大學醫學部的部長呢！眞令人難以置信。

學校裡的建築物，大都是用紅磚砌的。唯有這間生理學教室，是用木造的。久經日曬雨淋，加以白蟻侵害，如果擠滿了人，走起路來，房屋就會咯吱咯吱地響。儘管如此，這座木造的教室，如今，仍作爲木工室，屹立無恙。

廣畑教授的生化學課。名不虛傳。他是一位日本屈指可數的科學家。他那大禿頭裡，蘊藏着無數的Amino Acids 等等龜紋般的「分子構造式」。就像很多的蟲子在亂爬。實在太難懂。結果，至今我對於生化學，仍然不太明白。

「解剖學」分「系統解剖學」與「組織學」二部門，由兩位教授分別授課。安達教授上課時，常常一邊讀着貝勒博士所著的「解剖學」的日文譯本，一邊在打瞌睡，每每跳過兩三行沒有唸。等到清醒之後，又莊重而悠然地向同學們說：「對不起，跳了三行！」據說，他還兼任角力部部長。他很受日籍學生的歡迎，但對於我們，却沒有人緣。反之，教「系統解剖學」的杉山教授，却平易近人。修長的身材，總是在黑板上，巧妙而又流利地描繪出解剖圖來。他倒是一個出色的畫家啊！在黑板上繪圖時，他那因酒精中毒而顫抖着的手指，至今，猶歷歷浮現在我的眼前。

無論如何，入學當初，我就很喜愛解剖學。解剖教室裡，蒐集着各種人骨，以供學生實習之用。夕陽西下，我常沐浴在溫暖的陽光裡，拿起顱骨，以及大小各式各樣的骨頭來，與解剖圖，互相對照，以記取由造物之主所塑造的一溝一孔的拉丁文名字。我幾乎把人骨所有的名字，全都記住了。有一次，在解剖實習考試時，杉山教授，拿出一個顱骨來給同學們看，並指着一個奇妙的「孔」，問同學們說：「這是個甚麼孔？」這時，我立即看穿了那是一個騙人的「人工孔」，因而受到了教授的稱讚。

一年級的功課，快要結束的時候，就開始實習屍體的系統解剖。（圖一—3）這時，校園裡的楓葉已落。太陽照射在地面上，疏疏落落的投影，加上光禿禿的樹幹陰影，眞像一幅水墨畫。一進入廣大的實習室，一股福爾馬林（Formalin　蟻醛溶液）的臭味，就立即撲向眼鼻。供給我們學生實習用的屍體，一共有十具。我們六人一組，分配一具屍體。屍體是一具一具的放置在用水泥做的解剖枱上。或許，由於長時間，浸潤在蟻醛溶液槽內的緣故，每具屍體，都是硬得像木棒子。烏黑，而且乾透了。眼睛像盲目一樣的混濁。毛髮和皮膚，也變得乾巴巴的。大部份的屍體，都瘦得面頰塌陷，一把皮包着骨頭而已。令人懷疑的是，即使切下去，會不會有肌肉存在？不過，肌肉發達的屍體，並非絕無僅有。

我們這一組，所分到的屍體，據說是一年前，轟動社會新聞的那樁「阿岩事件」的犯人。怪不得，這具屍體，一點也不像因病而死的樣子。因爲，他的體格，非常良好。

所謂「阿岩事件」是這樣的：有一位迷戀藝妓的中年男子，與他的姨太太，共謀殺死了他的正妻——「阿岩」。再把阿岩的屍體，斬成八塊。裝在一個麻袋裡之後，便偸偸的埋藏在院子的一角。還在埋藏屍體的上面，種植了一棵榕樹，來作掩飾。到了這個案子，將陷入迷津，而成爲無頭案的時候，有一位偵探，發見那棵榕樹，長得非常綠油油的，覺得奇怪而可疑。果在樹下，掘出「阿岩」的屍首來，眞是，天網恢恢，疏而不漏。那個男子，終於落網，被判死刑。案情，有如福爾摩斯的偵探，撲朔迷離，令人叫絕。「阿岩事件」，也就成爲轟動一時的大社會新聞了。

想不到，我們這一組，竟分到「阿岩事件」的兇手被判死之後的屍體，來做爲我們解剖實習之用。這屍體的脂肪層，相當肥厚。由此，可以知道，他過去的生活，一定非常富裕。在福爾馬林的臭氣之下，我

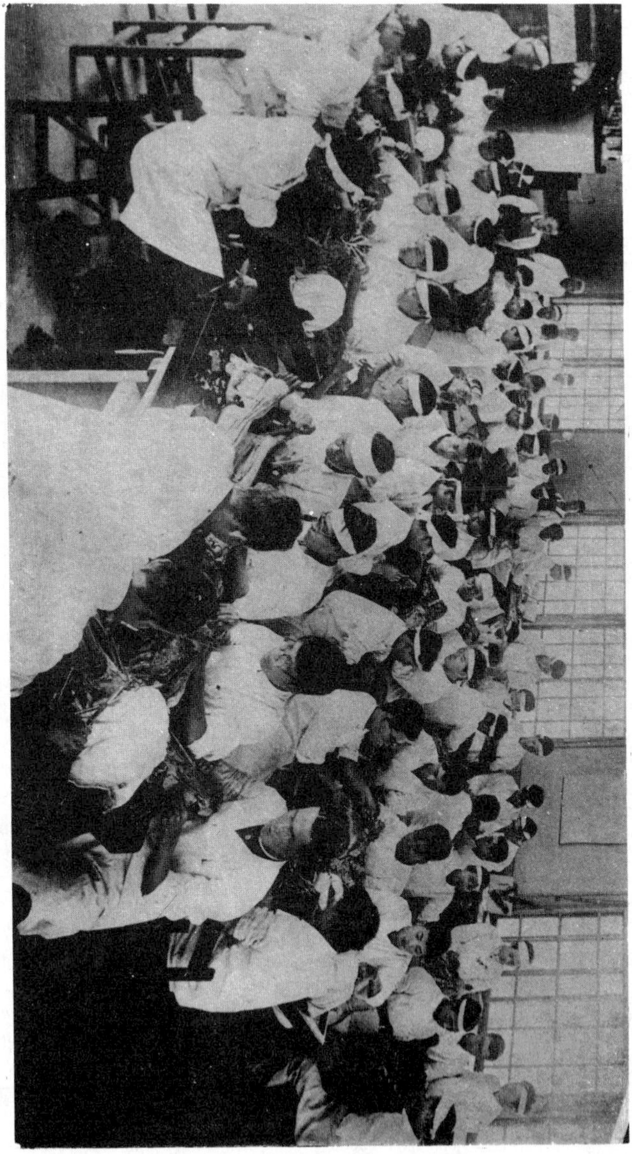

圖一-3. 屍體解剖實習（1932年）↓所示爲著者

們把他的皮剝開。再把肌肉，一束一束的分開來。然後，又把血管和神經的細枝，仔細的剖開。這時，我望着同學們，頭戴着白帽子，嘴上戴着口罩，把那屍體，自頭至胸，腹部，以至手、足，依次解剖的情景，我覺得，我們宛如一群禿頭的餓鷹在搶食那橫死在沙漠中的旅人。這個男子，當他殺死他的妻子的時候，恐怕他做夢也沒有想到，他會有如此的下場吧！這豈不是報應嗎？

儘管，福爾馬林的臭氣難聞，並催人流淚不止。而解剖實習，對我來說，還是愉快的，而且獲益良多。在解剖中，我發見，上帝造人之奧妙。眞可說是名符其實的一項「神工鬼斧」的傑作啊！實習結束，卸下重重的膠皮圍裙，步出解剖室。這時，校園裡的菊花，就像歡迎我們似的，笑逐顏開。我對於那些金黃色的花朵，特別喜愛。

冬日奇短。到下午五點，象牙之塔上，便籠罩一層黯淡的薄幕。

當寄生蟲教室，藥理學教室，以及生化學教室的燈光，微微發亮的時候，我們差不多就要回家了。這時，太陽西下，遠山近水，一野紅光。我慢慢的走回家。回到家中，馬上洗個澡，洗淨身上的蟻醛溶液的臭氣味。

由於疲勞，我很容易睡着了。或許，因爲緊張過度，一旦睡了，便常常做夢。總是屬於解剖屍體的夢居多。

有一個晚上，我曾做過這樣的一個奇怪的夢。

有一個肌肉被割得七零八落的，烏黑的屍體，肚子上懸垂着內臟，慢呑呑的向着我走來。這時，我一點也沒有感覺到恐怖。在夢中，我和白天實習時一樣，一束一束的，複習着那些肌肉的拉丁文名字呢！

我對解剖學的課程，有着濃厚的興趣。很自然地，我也很喜歡「病理學」和「法醫學」的課程。擔任病理學的久保教授，臉比別人黑得多。目光炯炯，沉默寡言。同時，他那「道貌岸然」的模樣，活像閻羅王一樣，令人望而生畏。但我却很喜歡上他的課。

現在的那座圓型教室，最初，原是一座略微高起的圓型古典的建築物。那時，墻壁上污點斑斑，附近雜草萋萋，從前面走過，就好像經過墓地一樣，陰氣逼人。這一建築物，就是最初的病理解剖室。解剖室的中央，設有矮矮的、長方型的、用水泥製的解剖枱。周圍，設有一層一層階梯式的板凳。天花板很高，室內空空洞洞的，令人有冷森森之感。

下午，金灼灼的陽光，透過高高的小窗，射進冷清清的病理解剖室內。我常坐在那階梯式的板凳上，凝視着那躺在解剖枱上，等待解剖的赤裸裸的屍體。屍體的腦袋，使勁往後仰，四肢像四條硬棒子一樣。

那是一具女人的屍體，眼看她那沒有血氣的，肌黃肉體，又在解剖刀下，勢如破竹般地被宰割——從頭部至胸、腹部，以至恥骨的大切開。如劃線一樣，從中央分割開來。於是，內臟飛出。這時，這個屍體，沒有發出哀鳴，更沒有轉動身體。一切都在寂靜中進行。只有水管的水，點點滴滴地，靜靜的洗滌着屍體上的污血。

望着這些情景，我嘗聯想到許多有關這具女屍體的事。

我想到她的身世。想到她過去的人生。她曾否戀愛過？也許，嚐過戀愛的苦味吧！她愛過人？或被人愛過？或為相夫教子，而感到煩惱過？或為生活、病痛困擾過？或和丈夫，以及家人吵鬧過？啊！人生如夢，這些，在她都已成過去。如今，她只有任憑解剖刀宰割了。但見刀一劃，被拉上來的皮膚，只為之一動而已。

啊！脂粉紅妝與白骨骷髏，又有何異。我閉起眼睛，我更想到莫泊桑的長篇小說：「女人的一生」來。

那時候，我年輕夢多。多情善感，且愛好文學。當時，因爲醫學書籍太貴，不易買到。所以在我的桌子上，都是小說、美術、哲學、以及考古學一類的便宜書籍。我喜歡文學和藝術。可能受到就讀師範學校時的一位同學的影響。這位同學，愛好文藝，我們倆人很談得來。日子久了，就有了共同的興趣。

有一天，我讀到 Michael Faraday (1791-1867) 的傳記。他小時候，在某大學實驗室當學徒。埋頭苦幹，進修化學和物理學。二十一歲時，就成了皇家研究所的研究員了。後來，竟成了這個研究所的化學教授。他所著的「蠟燭的科學」，是一本深入淺出的化學入門之書。所以他是一位英國的物理學家、化學家。他的「電磁氣」之研究，聞名於世。他的苦學與成功，深深的激勵了我。那時，我也喜愛化學。我也想效法古人，能在某大學實驗室，當一個學徒。於是我在師範學校四年級的時候，決定投奔到日本去。我想要到日本去，但苦無脫身之計。後來，我就故意曠課。有時，故意放聲傻笑。有時，故意在試卷上亂畫。這樣，假裝精神不正常。結果，這種方法，居然奏效。我終於被師範學校以患精神病爲由給予退學處分。那時的師範學校，如果由於因病退學，就不必賠償一切費用了。

當父執帶我，乘風破浪，橫渡臺灣海峽時，我宛然哼哈二將似地叉着兩腿站立在船首，望着那初昇的太陽。那時，我眞是滿懷興奮和熱誠，投向那個夢。

我是一個愛幻想的人。最初一心嚮往去日本，想要當一位某大學實驗室的學徒。但後來，當我到達日本東京之後，那個想要當學徒的夢，又宣告破滅了。夢在現實世界裡不一定能找得到的。

但我仍然繼續尋找着我的夢——源源而來的夢。說起來，我如此戀戀不捨地，呆在這座象牙之塔裡，歸根結蒂，是因爲我好像着了魔似的，一直都在孜孜不倦地追尋着那些絡繹不絕地湧現出來的夢啊！

四、鼷鼠實驗

我經常出入病理教室，我竟和病理教室的近藤助手（助手等於我國大學的助教），處得很好。他正在做「腫瘍」的動物實驗。因此，我常常幫助他，按住那些拚命掙扎要想逃跑的動物。或幫助他，壓碎腫瘤小片，來製造腫瘤乳劑。

那時，還在做學生的我，竟然做了近藤助手的助手。除了講義時間以外，每到星期六，我都跟他在一起，處理那些動物，常常弄到很晚。我把那些不肯就範的狗和兔子，縛住牠們的脚。近藤助手，就在剃過毛的脊背上，選一個角落，乾淨俐落地，用粗的針頭、將腫瘤乳劑，注射進去。據他說，使用同一腫瘤乳劑，所注射的動物，有的會生長出瘤來，有的則否。近藤助手，好像很久未曾理過髮似的，總是蓬頭垢面，鬍子又粗。爲了實驗，實在太辛苦了。他那兩頰塌陷、凸出的顴骨，有如兩塊岩石。

就在那個時候，我構想出一個夢一般的奇特的計劃。

就是，所謂癌家族的問題。我認爲對於發癌物質的感受性，一定是從祖先遺傳給後代的。一代傳一代，那感受性，也就越傳越高。

我這樣的大膽的假設。我好像發現了什麼似的，已沈不住氣，興奮得踱來踱去，躺在床上，睜大了眼睛，默默沈思。

對！小心求證！我要小心求證！

主意既定，我立即買了幾十隻雌雄混在一起的鼷鼠。每天不斷的，在其剃過毛的皮膚上，抹上 Coal Tar（瀝青）。被塗抹過的鼷鼠，就會長出山極先生所說的「Tar 癌」來。牠們生了孩子，就在那孩子身上，再抹瀝青。然後，等待孫兒出生，同樣的在孫兒身上，塗抹瀝青。如此，一代一代，觀察瀝青癌發生的頻度，將會越來越高。並且，越來越快。這就是我的構想。

鼷鼠是被飼養在父親居住的齋堂裡。我風雨無阻的，天天都到那兒去抹瀝青。那時候，我還不會騎脚踏車，完全靠兩條腿步行。每天每天，我很有耐性的，捉住那些想要逃跑的鼷鼠。在牠們剃過毛的脊背上，相同的地方，繼續塗抹瀝青。那時，我邊抹邊想：最初，山極先生，是否也是這樣塗抹的？

日子過了很久。

鼷鼠的皮膚，被瀝青燒得發紅、糜爛。但是，並沒有發現癌長出來！而在鼷鼠消瘦之前，我已先憔悴了。雖然這樣，塗過瀝青的鼷鼠，一旦開始生孩子，我就期待着其第二代，並且嚴加監視。孩子一旦成長，我就開始給牠塗抹瀝青。

記得，經過一段很長的時光。有一天，我的夢想──計劃，不幸被意外的事變粉碎了──鼷鼠被野猫襲擊！

當我走進飼養室時，鼷鼠匣子，已翻落在地上。鼷鼠屍體三、四隻，血跡斑斑，橫臥在地板上。其餘的鼷鼠，則全被吃掉了。連一點影子，也沒有了。屍體的脊背上，還有黝黑的瀝青。這次野猫襲擊事件，令鼷鼠全軍覆沒。我看了之後，呆若木雞。絕望的，閉上眼睛，淚水從眼角流了出來！

不久，我重新又買了若干鼷鼠。這次，爲了安全，我特別請住在鄉下的祖母，替我飼養牠們。然而，這次又告失敗了。

當小鼷鼠已長成，準備剃毛塗抹瀝青的前夕，我回到家裡，突然，發現鼷鼠都不見了。我急問祖母，祖母對我說：

「哼！養鼷鼠！幹甚麼？昨天，有人來買鼷鼠，於是，我就統統賣給他了。價錢倒蠻好的呀！」

我聽了之後，啞口無言。眼前只是茫然一片。

那天晚上，我獨自徘徊在田間的小道上。那是一條橫貫在田圃中央，從小就走慣了的小道。這時，幾點螢光，在漆黑的天空中，忽明忽滅的，飛來飛去。田邊清脆的蟲聲，悠長的，劃破了夜的安謐。遠處又傳來青蛙的叫聲，與蟲聲，混合在一起，組成一首交響樂章。悠揚的廻盪在夜晚的長空。

那個夢一般的奇特計劃，是怎樣趨於自滅的，我雖然記不清了，但那些被塗過瀝青，被野猫襲擊的鼷鼠，牠們那橫臥在地板上的屍體影子，却永遠在我的記憶中。

五、臨床學的課程

當時，我們醫專一班的學生，共有六十名。其中，日籍學生二十三名，臺籍學生三十七名，另有軍醫托生一、二名。日籍與臺籍學生，各住各的宿舍。因此，我們除了在學校見面以外，幾乎沒有接觸的機會。米永班長，是一個矮小方臉的軍國主義者。臺籍同學，彼此都很接近。尤其住在同一宿舍的同學，更加和睦。同學中，也有從早到晚，死啃書本的；也有夜夜出門遊逛的。可以說，形形色色，應有盡有。

那時，臺北是一個不夜城。咖啡廳、藝妓樓、酒吧等等，到處都有。只要你有錢，就可玩得很痛快。同學們，一有聚會，就有人竊竊私語。談論各人愉快的回憶。談完之後，就哈哈大笑。看他們那些樣子宛然都是當時相當有享樂經驗的伙伴。在這種環境中，我既不敢隨波逐流，亦不標榜潔身自我。那時，我實在太幼稚了。酒未曾喝過。連咖啡，也不感興趣。對於女人，更沒有反應。可以說是一個單純的大孩子。學業成績，也不太好，除了解剖與病理稍爲出色外，其他課程，都徘徊在紅線邊緣上。

到了三年級，我們開始上臨床課了。但我們眞正與患者接觸的機會，一星期中，只有上臨床講義的兩小時而已。其他時間，和從前一樣，帶便當，從早到晚，抄寫筆記。現在的 Monkey Center（猿猴實驗中心）建築物，就是那時的臨床講義舊址。無論內科、外科等各科的教授，都在那裏講解臨床學。學生一排一排的高高坐在階梯式的座位上。穿白衣的護士，用推送車，將患者送進來，放置在中央。照例，由教授叫出五、六個學生出來，排在前面。於是，由醫局員報告患者的病歷。接着，教授開始授課（圖一—4）。有的教授，從患者的病歷，慢慢的誘導到診斷。說明得清清楚楚，有條不紊。讓被叫出來的學生，聽得入耳。但也有的教授，僅僅讀一下患者的病歷、和診斷名稱。以後，就將患者和排在前面的學生，丢在一邊，只顧重複講義。因此，患者和學生，都呆然若失。儘管如此，上課時，已能和患者拉上關係，興趣也就越來越高了。同學們在校中的活動，也就越來越頻繁。

到了四年級，Poly-Clinic（門診實習）開始。臨床學科，就越感覺有意思了。我們四、五個人，分成一組，輪流到各科門診實習。（圖一—5）

那時，我們有兩座實習醫院。一是附屬醫院的紅十字社臺灣支部醫院（已被拆除的前教育部以及護理

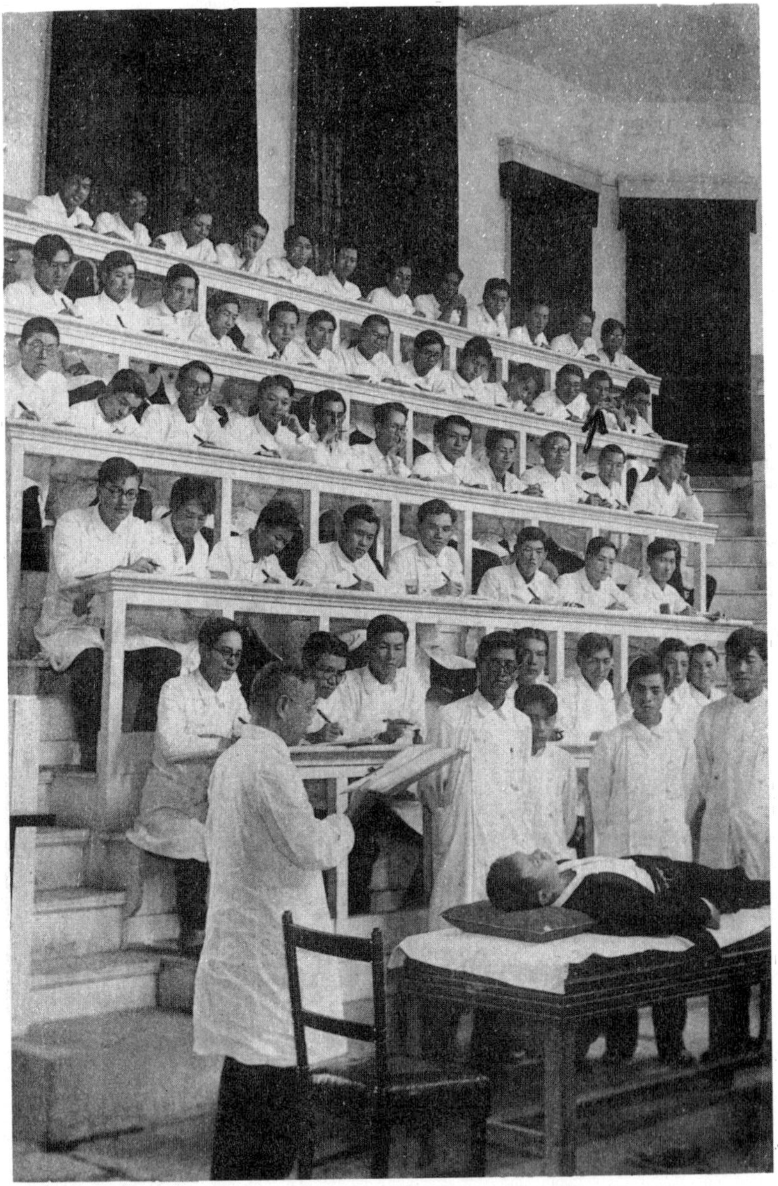

圖一 - 4. 臨床講義，↑所示爲著者（1934 年）

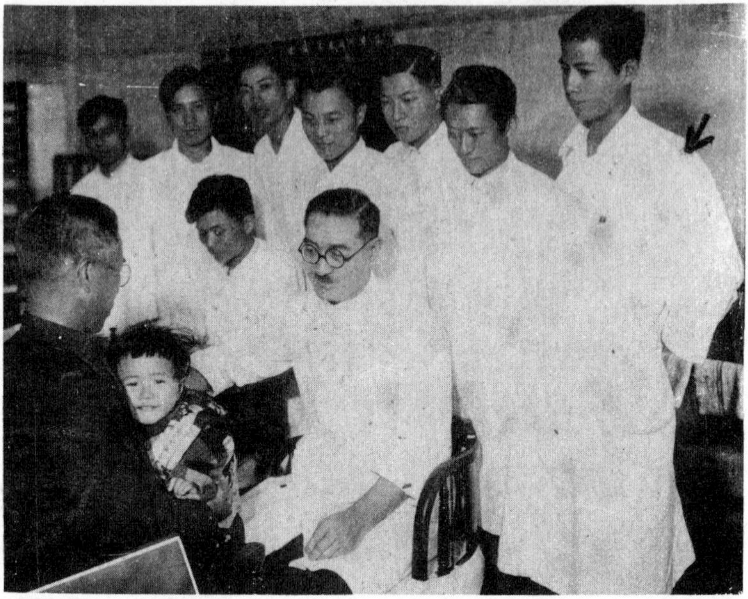

圖一－5. 門診實習，後排右第一人↓爲著者（1935年）。

圖一－6. 在臺北病院（現在的臺大醫院）實習，右第二人爲著者（1935年）。

系及學生宿舍舊址）。一是臺灣總督府臺北醫院（現在的臺大附設醫院）。因此，我們能得到各科教授的指導。以致我們每天在這兩座醫院之間忙碌奔走。（圖一—6）

此時，我們已經是高年級了。身穿白衣，口袋裏裝着聽診器，走起路來，儼然眞像一位醫師。患者們，常誤認爲我們是醫師，而向我們敬禮，我們越覺得神氣。

正因爲我們的指導教授多，特色也多。教授們的指導，各有千秋。記憶中最深刻的一位教授，是臺北醫院的外科本名教授（戰後任日本大學教授）。他曾到法國留學。他用他那一張小嘴，侃侃而談，諄諄而教，很得要領。還有一位於保教授，擔任皮膚科指導。曾有一位禿頭的患者，問他禿頭應如何治療時，他順口就說：「用墨汁蘸一蘸吧！」

六、力爭上游

冬去春來。

遼闊的校園，已換上了一片新綠。玲瓏的樹葉上，襯托着耀眼的陽光。這時，一股生的意趣，充滿了我們的心中。我們做學生的，也覺得有些新的事情在醞釀着。

教授與教授之間的往來，日趨頻繁。校內的空氣，顯得非常緊張。看來，彷彿要有甚麼重大的事，將要發生似的。

不久，東京帝國大學的三田教授到任。他給這座象牙之塔，帶來很大的光輝。連那樹上的蟬聲，也顯得朝氣勃勃。又不久，石山外科教授，接踵而至，給我們同學，也帶來莫大的鼓舞。

這座象牙之塔，過去，也曾有幾位世界聞名的學者。寄生蟲教室的横川教授，生化學的廣畑教授，藥理學的杜聰明教授等等，他們都是一時的傑出人才。他們研究室的電燈，每夜總是亮到很晚。他們那勤奮不懈的研究精神，堪爲莘莘學子的楷模。夜晚，當我在校園散步的時候，每次看到那從窗內放射出來的燈光，我不由得就聯想到古人「頭懸樑，錐刺股」的勤學態度。這時，我常興奮的勉勵自己：「有爲者，亦若是。」

見賢思齊，力爭上游，這是我們每位青年學子，應有的抱負。世上有許多青年學生，認爲能夠熟記講義筆記，通過一關又一關的考試，或得到甚麼學位，或當了甚麼教授，就認爲學有所成，心滿意足了。但是，像横川教授，他並不在乎甚麼學位，也不在乎甚麼教授。他們有遠大的目標。他們爲追求眞理，孜孜不倦。他們那種「囊螢映雪」的勤學精神，不僅令我們欽敬，更給予我們無限鼓勵。

石山教授，是一位精神充沛，鬪士型的年輕學者。他那爽快明朗的態度，非常有魅力。那時，死氣沈沈的臨床界，由於石山教授之來臨，好像被一聲雷鳴驚醒，爲之一振。我還是個學生，沒有直接受過他的指導。但我受到他的影響，却是很大。

不久，石山教授，要回日本。聽說，新任的外科教授澤田先生，還在德國留學中。所以暫時，先由大阪大學的竹林教授來代替。就在這時，據傳，我們這一屆，將是臺北醫專最後的一班。下次，就要改組爲臺北帝國大學醫學部了。又傳說，三田教授，將任醫學部部長。石山、竹林兩教授，此次前來，乃是預爲鋪路。從前的臺北醫學校，發展而爲臺北醫學專門學校。而今，又將變爲大學醫學部了。如此，這座象牙之塔，不斷躍進，一新耳目。眼看着黎明的曙光，將要來臨。

新到任的竹林教授，與石山教授同樣年輕，朝氣勃勃，精神飽滿。他一進教室，就用德語講解外科講義。講得流暢極了。我們的德語老師，也沒有像他講得那樣流暢。尤其是，他對化學，造詣極深。他能熟記化學方程式、分子結構式等。並且，很流利的在黑板上背寫出來，一字不誤。我太佩服他了。我幾乎被他迷住了。後來，我索性逃避其他科的門診或實習，特地跑去聽他的課。每逢有同學提出質問，他總是給同學們一個滿意的答覆。聽來很舒服。從此，我深深的愛上了外科。有時，我連體操、軍訓以及沒有興趣的課程，都一一走開，偷偷的跑到外科門診去實習。或去看竹林教授的手術。

在手術室裏，我站在脚凳子上，調整調整無影燈的方向，以便讓手術部位，獲得充分的照明。或爲操刀的手術者們，拭去額上的汗珠。我這樣一邊看手術，一邊也做一些瑣碎的服務。常常在不知不覺之中，渡過了一個中午。

有一次，竹林教授正在爲一位乳癌患者開刀。眼看着他乾淨俐落的向東一切，忽而又向西一割。很快的，右手切下乳房。左手就緊緊壓住傷口，不讓血流出來。當時，我覺得竹林教授，好像是一位英雄人物。驚人的手術，眞令我讚嘆不已。

我經常出入外科。我也常常幫助推推車，或固定患者的脚，或纏纏繃帶。就這樣，慢慢的和外科的老師們，以及護士們混熟了。

「林君！林君！」

我常常聽到這樣的呼喚。有時，我竟忘記自己還是個學生，倒覺得自己是外科的一員。當時，在外科「濟濟多士」之中，有一位臺籍的老師，洪源火先生（現任臺北市洪外科醫院院長），在外科醫局，已服務五、六年之久了。他爲人和藹，待我分外親切，有如兄長一般。我本想畢業後，從事解剖學的研究。但由於竹林教授，以及洪源火老前輩的影響，我毅然故變了初衷，下定決心，改爲研究外科。

不久，芬芳燦爛的菊花展覽會過去了。寒冷的冬天，又過去了。落葉的楓樹，又添了新綠。春天又回到了大地。

民國二十五年（一九三六年）三月，我們畢業了。畢業典禮，就在現在的大禮堂舉行。最後一次，我們頭戴方帽，身着制服，和教授們在大門前，一一拍照留念。在穿文官服的教授中，只有竹林教授，是位新來的敎授。我們是臺北醫專第十五期生，同時，也是該校最後一屆的畢業生。

翌年，只有竹林效授、橫川敎授、杜聰明敎授、上村敎授和茂木敎授，留在臺北帝大醫學部，繼續任敎。

第三章　磨鍊的時光

一、出身平凡

畢業後，被送出這座夢的「象牙之塔」，就職外科醫局之後，重又踏進了這座「象牙之塔」的我，簡直走遍了苦難的路。雖說進入外科教室工作，只是個無薪副手。僅在值班的時候，除了供給三餐之外，甚麼都沒有。最令我感到困惱的是，畢業之後，一切財路，完全杜絕了。在學校求學的時代，還可以從父兄處領到零用錢。最低限度的衣食住，是不會發生問題的。現在連零用錢都沒有了。

父親，仍舊賦閒在家。當司機的大哥，因孩子增多，生活已夠苦了。在鄉下的祖母和母親，都日趨衰老，已沒有力氣養豬，更沒有力氣抱着織布線，像以前那樣，乘船渡過淡水河，再一步一步的走到城裏去賣了。

「已經不中用了！」

祖母，她那瘦弱的手，實在沒有力氣再轉動紡織車了。眞的，祖母實在太老了。

說到這裏，過去的一幅美麗的天倫之樂圖，又浮現在我的眼前。

從前，我們祖孫，一起住在故鄉三張村，生活雖窮，但很快樂。

那時，屋子四周，一片竹林。我們常常在那竹蔭下，轉動紡織車。把手一轉，車心就團團轉，棉花就紡成線，被捲在上面。在煤油燈下，再把那些線卷，做成線綑。我也常常幫助祖母做這些事。

祖母常這樣讚美我，我心裏很高興。

「啊！小小的年紀，却很能幹啊！」

又在細雨濛濛中，我也常到淡水河畔，被人僱去採茶。有時，雨過天晴，在歸途中，看到美麗的晚霞，我眞感到愉快！

祖母，做了一些炸甘薯，裝在木箱裏，讓我到附近村裏去叫賣。

「炸甘薯啊！炸甘薯啊！」

我高聲的叫喊着。但，一到了自己家門前的時候，我就低聲躡足地，靜悄悄的走過，這是令我多麼懷念的一段回憶啊！

那時候，我覺得，日子過得很快樂。而今，一切都變了。

醫專畢業，已經一年了。但我仍然沒有一點收入。

祖母和母親，終於，遷離故鄉老家，搬到大哥家裏去。

大哥的家，是租來的一間屋頂室式的板壁二樓。只有兩個小房間，和一個小厨房，狹小而陰暗。怎麼安排，也沒有容納我住的地方。

父親仍寄食於一家齋堂裏。終日悠閑，寫字，畫山水，自得其樂。父親，信仰佛教，清心寡欲。雖然做了半輩子的鄉下官吏，但兩袖淸風。退休之後，沒有落下半文錢。而今，眼看着，家庭生活，十分淸苦，除了長吁短嘆之外，還有甚麼辦法呢！這時，我面對此種情景，無能爲力，由衷感到慚愧。

大哥沒有生男孩子。「不孝有三，無後爲大」。深受儒教薰陶的父親，非常重視這「香煙」的繼承問題。極力規勸大哥，收養一個養子，來傳宗接代。

大哥，常常以經濟困難爲由，來應付父親。祖母和母親，也同樣反對父親的意見。但是，父親非常固執，始終堅持他自己的主張。

有一天晚上，我拖着疲憊的身子回家。因爲我已連續當了一個星期的值班了。

在暗淡的，五燭光的電燈下，父親和大哥，又爲了養子問題，在談論着。

我走到樓梯下，聽到父親大聲的責備大哥說：

「你們的祖父是養子。好不容易保全了這個林家。而我是獨生子。你們這一代所生的都是女兒。如果，沒有收養一個男兒的話，這個林家，將來還有後代嗎？」

大哥啞口無言。

突然，看到我出現在樓上，祖母一面用手指指着我，一面對父親說：

「不是還有天祐在嗎？」

「天曉得！」父親有點氣憤的說。兩眼又直瞪着大哥。

沈默了良久，屋裏的氣氛，顯得很緊張。

我認爲，一個人如果爲了傳宗接代，收養了一個孩子，將來，那個人若不愛這個孩子，那該多麼危險。反之，這個孩子長大了，若把收養他的那個人，看成是一個陌生的人，那又是多麼可怕啊！——這種念頭，強烈的出現在我的腦際。

於是，我情不自禁的，打破了沈默，直接向父親叫嚷着說：

「爸爸！你沒有做父親應有的慈愛心嗎？大哥已經夠苦了！」

父親沈默了！在默默無言中，沈重地走下樓梯。又回到齋堂去了。

父親走了。我發現我說的話，大過分了。我懊悔，不該對父親說出那樣激動的話來。萬一父親因而傷心難過，我該怎麼辦呢？想到這裏，我急不等待的，跑到齋堂去，向父親請罪。

這時，父親躺在藤椅上，看到我跑來，立即微笑着對我說：

「好啦！用不着收養養子了！」

啊！到如今，我的父親，母親，以及我的祖母，都已離開這個世界了。

二、深受澤田教授的薰陶

我就職醫局，踏進外科教室後不久，澤田教授，才從德國留學回來。這時，竹林教授，就回大阪大學去了。

紳士型的澤田教授，和鬪士型的竹林教授，恰恰相對照。澤田教授，溫文厚道，和藹安祥。從年輕就有了白髮。他那以「權威」性接待患者的態度，與多少帶有大阪商人味道的竹林教授相比，則有天淵之別。不但如此，澤田教授的手術，乾淨俐落，一刀，一針，都很嚴謹而愼重。並且，奧妙無窮。他很少用嘴去說明。所以要學習澤田教授手術的奧妙，除了靠自己去尋找，自己去感受，自己去領會之外，別無他途。幸而我極敏感，能夠感受到先生那縝密的思考，越發覺他眞是一位偉大的臨床權威。每當他出現在醫院走廊上的時候，病人們的情緒，都會振奮起來。病人們看他是救星，他們信賴他，聽他的話。他的一言一行都給病人們帶來鼓舞的力量。到現在，我暗自慶幸，在研究方面，能學到像石山、竹林兩教授在探究眞理時的熱誠研究態度。在臨床方面，能學到像澤田教授那樣正確、愼重的臨床態度。因此，我覺得我是多麼有福啊！

常聽到有人說：

「你連走路，都像澤田敎授啊！」

這樣的話，雖然有點近乎譏笑，但我却深深的引以爲榮！（圖一－7）

有一二件往事，値得在此回憶一下：

那是我在紅十字支部醫院時候的事。

我正在從事痔瘻的手術工作。

圖一－7．恩師澤田平十郎教授（右）與著者（1968年在大阪）

提到手術，當時，幾乎全屬於教授的工作。只有像痔核、痔瘻一類的手術，才有我們的份兒。取法乎上。我們這一輩，向老前輩學習手術。而我們的後輩，再向我們學習手術。假如，老前輩教的有了錯誤，那麼，這一錯誤，就永遠傳給後輩了。

關於痔瘻手術，我是從老學長那裏學來的。這時，我就依樣畫葫蘆，想要將幾個瘻孔，一舉剜出。

「喂！你！你！」

忽然，聽到一下低沈的呼聲。回頭一看，原來是澤田教授，站在我的背後。我正面對着患者的臀部，沒有注意到教授的來臨。

「你要 shichtweise 的去做。（德語，一層一層的意思。）」

說罷，澤田教授，立即走開了。

需要 shichtweise 的去做！我在思索這句話的意思。結果，我終於恍然大悟，明白了。

對！這就是奧秘。

不限於痔瘻，凡所有難治的瘻孔，必須一層一層的(shichtweise)依序探求下去。當這次痔瘻手術時，經過澤田教授，一語道破迷津，令我終於廣泛的得到瘻孔疾患的手術原理。

還有一件，值得一提的往事。

當時的助手，分爲三級。雖然，各有各的主持的患者，但施行手術的時候，第一助手，必須由醫局長，或資深的老前輩來擔任。像我們這初進醫局的醫師，豈僅不敢奢望「執刀」，簡直連做夢也不敢想能擔任第一助手呢！當我們擔任第三助手時，心裏嘗這樣的期待着，只要能升爲第二助手，也就心滿意足了。

有一次，我所主治的甲狀腺腫患者，要開刀的時候，依照慣例，第一助手，應該是醫局長的洪源火先生擔任。但我却大膽的擔任了第一助手工作。而洪先生，竟做了第二助手。

在明亮的無影燈下，我和澤田教授，面對着面。兩人的手，相互合作在一起。手術順利進行。我的工作，沒有發生任何障礙，連自己也覺得非常滿意。後來，甲狀腺腫被切除了。到了最後，要縫合甲狀腺殘部組織，我將要開始結紮的時候，教授忽然說：

「交換！」

教授「交換」的命令一下，擔任第二助手的洪先生，立即代替我第一助手的工作。我立即被擠了下來，以至完成手術爲止。

我不大明白，我當第一助手工作，做得並不錯呀！也沒有發生任何不對的事啊！爲甚麼教授把我換了下來？越想，越覺得疑惑，眞是百思不得一解。

事後，我把患者處置妥當。脫下手術衣，卸下手套。我以誠惶誠恐的態度，請教澤田教授，究竟是爲了甚麼？教授很簡單的回答我說：

「要看組織結紮啊！」

這一句話，已足夠了。我恍然大悟。的確，我的結紮技術，縱或無錯。但我確未注意組織之性質，一律以同樣力量，來做結紮。這樣無視於組織之特性，是不對的。原來，教授知道我尚無此經驗，所以才下令「交換」。我就是這樣的一刀、一針的，效法澤田教授所有手術的手法，探究他的奧妙。

三、殘杯冷炙

畢業後，還不到半年的時候。

「學校畢業了，還要靠兄長生活麼？」

大嫂，經常這樣的掛在嘴上嘀咕。但我原諒她。她是沒有受過教育的人。說眞的，大哥實在夠苦了。我覺得難過。爲了減輕大哥的負擔，我就悄悄地離開了大哥家，終於住進了醫院。我只好以醫院爲家了。

當時，外科醫局和實驗室之間，有一間小小的房間，是專供測定基礎代謝用的房間。在這間房間裏的機器，氧氣筒以及檢查枱的旁邊，有一張患者用的矮矮的長枱。這一長枱，就成爲我的睡床了。這間小房間，也就成了我的家！

關於「基礎代謝」，曾和我有過一段緣。不妨在這裏，略述一述。

那是我畢業前夕的事。

當時，洪源火先生，奉教授之命，從事腫瘍患者的基礎代謝測定工作。洪先生因工作繁忙，乃將測定法與計算法敎給我。於是，我就替他做測定工作。畢業後，就職外科醫局，這一切，就變成了我自己的工作了。

當時，基礎代謝的測定，對於巴塞杜氏病（甲狀腺機能亢進症，有眼球突出的症狀）的病態判定上，是不可或缺的重要資料。所以，我每天都要和巴塞杜氏病患者接觸。利用這個機會，我從基礎代謝方面，能詳細觀察或檢討巴塞杜氏患者的種種病態，確實收益良多。

有一次，澤田教授，講述巴塞杜氏病的臨床講義時，看到我的data（觀察紀錄）以後，立即引起了他的重視。

因此之故，這間房間，儘管狹窄而陰暗，但已成爲我所喜歡的老窩了。住在這裏，覺得溫暖，又和平。

然而，我的苦難，並未因而解決。最令我傷腦筋的事，還是吃的問題。

沒有值班的日子，我常常一連三天，連一粒飯，都沒有吃過的。當然，由於天天忙碌，因而廢寢忘食的時候也有。雖然如此，若饑餓過度，肚子裏，咕嚕咕嚕的作響，大腸，小腸，亂蹦亂跳，足夠令人難受了。這時，爲了緩和肚子難受，我就在醫局裏，喝上幾杯茶，聊作充饑。

患者出院時，常送給醫局些糖果一類的禮物。我總是等不到傍晚，更等不及大家都走光了，便悄悄的，將散在桌子上的糖果碴兒，堆在一起，裝進紙盒裏，然後再放進我的抽屜裏。這些收起來的糖果碴兒，將是我的午餐或晚飯。但是，像蛋糕點心，並不是常有的。如果，送來的是水果，那就所剩無幾了。有時把香蕉皮，好好的洗乾淨之後，也許，由於纖維豐富的關係，倒是很好的果腹之物。

窮則變，變則通。爲了解決吃的問題，最後，我想出了志願值班的方法。志願值班，一則，可以享受值班室的溫暖舒適的床，二則，一日三餐，可以得到保證了。何樂而不爲呢！

可是，值班這一行業，並不完全可靠，因此，仍有煩惱。每到值班的第二天，我總是擔心這一天，會不會沒有人要我替他值班。如果沒有人要我值班的話，我立即就要失業了。所幸，醫局的同仁，大都住在臺北，都有家屬，誰都不喜歡這份辛苦的值班。因此，我常常一連一個星期，或兩個星期的值班。值班的時候，幾乎每晚都有臨時手術。於是，我親自開刀，我也擔任助手。同時，手術完了，我親自推推送車將患者送到病房裏去。一切的事，我都去做。那時，一股勁兒努力於工作。窗外，是晴天或是下雨，一概都沒放在我的心上。並且，每天晚上，多半在手術室裏過夜。記得，每在黑漆漆的手術室裏，一旦看到黎明之光，從窗外射進來的時候，一夜浴血奮戰，與患者病魔搏鬪的辛勞和疲倦，立即遺忘，頓覺神清氣爽了。

有時，興之所至，嘗在「值班日誌」上，信手寫上一首「和歌」：

悠悠十年功
矻矻一夜苦
切除病患癌
不覺天已明。

醫局的值班日誌，就好像變成了我自己的日記一樣。

四、病人的禮物

時光如流水，五個年頭，很快的過去了。

然而，我的命運，還沒有好轉過來。我仍舊是個無薪副手。嚴酷的，苦難的，漫長的歲月啊！使我彷彿陷入一個惡夢之中。在過去的那些日子裏，不是靠值班，就是靠病人的禮物，才勉強的渡過了。

那時候，患者病癒出院時，爲表示對醫師之感謝，常有禮物相贈。如果，禮物是菊元百貨店的「禮券」的話，我就可以憑此券去吃飯。現在衡陽街與博愛路交叉口，有一家南洋百貨公司。（現在又改爲世華聯合商業銀行）。這家公司的前身，就是昔日的菊元百貨店。在當時，算得上規模最大的百貨店了。如今，我每每經過南洋百貨公司的門前，往事的情景，常一幕一幕的從我的記憶中出現。

那時，菊元百貨店的二樓是餐廳。

每次，我來到這家餐廳，還沒有走完樓梯，女服務生，一看到我，立即大聲的向厨司喊道：

「加哩飯一碗。」

那聲音，帶着濃厚的諷刺味。我不禁臉紅起來。

便宜的加哩飯，一向是我不變的「定食」。而在這家店裏，用禮券來吃飯的，恐怕也只有我一個人吧！如果，病人的禮物，不是禮券，而是蛋糕或水果的話，我就可以用來充饑。如果，送來的是些領帶、襯衣，或襪子一類的東西，既不能「望而止渴」，又不能「畫餠充饑」，我就只有再用茶來果腹了，也就不得不忍耐着頭暈眼花之苦了。

說來很慚愧。我總是期待着病人，送些禮物來。爲此，我儘量對病人表現親切的態度，好好的服務。不但在醫治肉體方面，儘量設法減少病人的痛苦。而且，在精神方面，也儘量安慰病人。我就這樣，努力爭取病人的信賴和友善。但在病人面前，我絕不扮演可憐兮兮的寒酸相。

有時候，我穿上新襯衣，西裝畢挺。那時候我就冠冕堂皇的走在大街上，病人看見我，就殷勤的向我敬禮：

「林先生你好，要到那裏去啊！」

「啊！到那邊走走！」

我也不會失去醫師之身分，總是大方而帶笑容的回答。

要不然，我就避開他們的視線，悄悄地竄進陰暗的小巷裏去。我常穿着襯衣，不繫領帶，故意打扮成勞働者的樣子。穿過曲折迂廻的小巷，到太平町二丁目（現在延平北路二段）朝陽齒科醫院，騎樓下的露店去吃飯。那裏，是勞動群衆吃飯的地方。在那裏，早晨，中午，晚上，都有許多人力車伕，手拉車伕，以及牛車伕等等，都集在那裏吃飯。我就常跟這些勞動工人，擠在一起。雖然，「白飯一分錢，鹹菜二分錢。」倒也吃得津津有味。

五、名落孫山

歲月不待人。生活在忙碌與困苦之中。年紀在不知不覺中增長。

醫局的先進，當然不用說了。連同輩，甚至後輩，也都一個一個的結婚了。每到下午五點，他們，不約而同的，提着出診皮包，相繼回家去了。吵吵嚷嚷的醫局，頓時變得冷清和寂靜。一會兒，暮色綽約，漆黑的夜幕，垂了下來。這時，只有我一個人，留在屋子裏。我好像被擲入孤獨、落寂的深淵裏一樣。

那時候，一般說來，人人都很早結婚。男人二十歲，就開始結婚了。

當我二十六歲的時候，有人曾前來提過親。

對象，是大稻埕的一位李小姐。家庭富裕。一位經常和李家往來的同鄉老太太，曾來提過這門親事。她送給我一張李小姐的照片。這張照片，顯示李小姐，長髮垂肩，溫柔而優美，端正的娃娃臉，眼睛小而亮，彷彿朝着我微笑。我暗自高興。我將那張照片，永遠帶在我的身邊，等着這門親事的進行。

有一天，對方的家屬，突然來訪。六、七位上了年紀的男女，魚貫而入。團團把我圍住。這些男士，全都肥肥胖胖，大腹便便，留着鬍子。打開西裝，就可看見有一條金項鍊，排在他們的胸前。女士們，全都身段細長，都戴着厚墩墩的金環，或翡翠、鑽石的指環。眞是，珠光寶氣，咄咄逼人。那時，住在醫院全然不知世故，如同井底之蛙的我，一時，感到手忙脚亂，不知所措。那時，他們問了我些甚麼？我曾答覆了些甚麼？現已全然記不清了。

記得，數日後，我竟在當時的考試中，名落孫山。一直保存在我懷中的那張李小姐的玉照，也被他們索回去了。

後來，又過了一段長的日子。

又有人，重來提親。她說：「有一位婦科醫師的小姐，要招一位女婿，你去不去？如果你去的話，就送給你雙親一棟房子。」

哼！入贅！辦不到。無論如何，也不要做出這種賣身的勾當。我毅然把這門親事拒絕了。

從此以後，再也沒有人來牽這條紅線了。

我很達觀，沒有土地，沒有住宅，家無恆產。父親，雖然是一位漢學家，如此門第，誰家的姑娘，會願送上門來。

六、逃兵的自殺

一日復一日，時間在單調與寂寥中渡過。

基礎代謝室，簡直成了我的「快樂家庭」。

不知道那位好心的護士小姐，或是患者，常常在基礎代謝測定枱上，靜悄悄的給我放置一朵小花。在黯淡的房間裏，吐露芬芳，眞令人舒暢。同時，這朵小花，更能安慰我寂寞的心。並能驅除我一日來的疲倦。

然而，做夢也沒有想到，在我這間平安快樂的家庭裏，突然發生一件驚人的事。像突如其來的一陣暴風雨，嚇得我魂飛天外。

那個晚上，我値夜班。

第二天早晨，醫局裏，吵吵嚷嚷的聲音，好像發生了甚麼事？原來，正在服兵役中的石川醫師，逃出兵營。昨天晚上，自殺身亡了。不幸，自殺的場所，居然在我的房間——基礎代謝室。而且，在我經常睡覺的那個枱子上。

一位新到任不久的護士小姐，氣喘吁吁的說：

「早上，我想來打掃房間，從窗外看到有人躺在床上，我以爲一定是林醫師還在睡覺呢！可是，覺得有一點奇怪。遂開門進去一看，竟然是一個死人啊！」

果然，石川這傢伙，躺在我的床上。臉色雪白，冰冷。全身已經僵硬了。這時，我眞不知道如何是好。以後，我怎能再在那長枱上睡覺啊！越想，越覺得心中不舒服。

一會兒，教授、憲兵接踵而至，把現場淸理好了。

護士將長枱掃除乾淨，還在上面，蓋上一條雪白的新套子。她臨走時，望着我關切的問：

「林先生，不要緊吧！」

我只聳聳肩。

那天晚上，連我也不敢睡在那個長枱子上。然而，從第二天開始，我又在那兒睡覺了。因爲，除此以外，別無睡覺之處。最初幾個晚上，我覺得室內冷颼颼的，怪不舒服。眞的，睡在陰暗的一角，連老鼠翻倒紙簍的聲音，也足以令人發抖。

但日子久了，這種心神不安的情緒，也就逐漸消失了。從此，桌子上，又出現了一朵小花，芳香滿室。我已安靜下來了。

七、一位老太太

我仍然埋首於手術、教室、患者的工作中。過着忙碌的生活。

我從來不看電影，很少走出醫院大門。我在外科醫局工作，在醫院裏住宿。永遠就是這樣。我是多麼喜歡我的工作。我從沒有把工作當做一種苦差事。倒是把工作當作一種生活的快樂。就這樣，我的小天地，令我感到滿足。雖然我沒有見過世面，不懂世故。但是，對於外科學問的心得，自覺越來越深。

就在那時候，有一位老太太患者，患了關節炎，住進醫院來，我是她的主治醫師。

當時，一般有錢的患者，動輒就在病床的旁邊，大魚大肉的吃東西。

有一天，中午時分，我走出手術室，順路走進這位老太太的病房。一進門，看到她們正在圍着「火鍋」大快朵頤。哦！燉爛了的蹄花，熱氣從翻滾的肉湯中，冉冉冒出，香味四溢，令人垂涎。我不禁連連吞下幾口口水。無論怎麼說，我從早上只喝過茶，進入手術室以後，一直沒有吃過東西。我漫不經心的，忘記了醫師的身分，一直呆呆的注視着那熱氣騰騰的豬肉。

「林先生，怎麼樣！來一塊吧！」

這一呼聲，把我喚醒。我紅着臉，笑了笑，自己故作掩飾的說：

「好豐美的盛饌啊！」

說罷，就奔回醫局，坐在椅子上，咕嚕咕嚕的一連喝下四五杯茶。

那是一位心地善良的老太太。也許我對她服務親切，所以她對我也有好感。後來，她要我做她的乾兒子。她出院之後，偶然送些好吃的東西給我。如厚墩墩的豬肉或胖篤篤的雞腿。那是我生平沒有嚐過的東西啊！

老太太的家，是一間規模相當大的皮革批發商店。有時，我被邀請到她家作客。在她那寬敞的屋子裏，堆積着一捆一捆的皮革。在後面一個角落裏，在一盞吊燈之下，經常坐着一位戴着近視眼鏡的傴僂的會計。

老太太，有兩個女兒。大女兒，已和她的養子結婚，並且已生了三個孩子。小女兒，待字閨中。看起來，非常漂亮、活潑。宛如法國的紅星妲兒·妲琉。老太太，似乎有意要我做她的「義子」。這件事，她彷彿已向小女兒暗示過。不過，有一天晚上，這個小女兒，企圖自殺。驚動全家。後來，才知道她早已有了心上人了。

後來，因爲戰爭關係，我們漸漸疏遠了。但那位老太太，直到現在，還以有我這個乾兒子，引以爲榮。

八、澤田外科

忙碌的工作，令我忘記了清苦的生活！

這座象牙之塔，逐漸發展起來，慢慢壯大起來。精神飽滿，氣勢軒昂的新教授們，相繼來臺。他們各自安排各的陣容。這樣，使這座象牙之塔的醫學學府，以臺北帝國大學醫學部的新的面目，重新開始。於是，這座象牙之塔，一天一天的增高，也一天一天的輝煌起來。

病理學的和氣教授，生化學的富田教授，生理學的細谷教授，內科的小田、澤田、桂三位教授，以及婦人科的眞柄教授等等…都是當代日本有名氣的少壯派教授。爲了迎接這些醫學權威人物，臺北醫院，於一九三七年，正式改組，成立臺北帝國大學醫學部附屬醫院。重新樹起一個大招牌。

一天，澤田教授對我說：

「林君，你先去料理一下！」

於是，我成了澤田外科的先遣部隊，先進入了原臺北醫院。因爲現在的紅十字醫院裏，還有很多住院患者，需要照顧，一時不能遷出。在制度上，原臺北醫院的「本名外科」，改爲「澤田外科」。另外又新設河石外科。因此，我多少負有接收的任務。

河石外科，也先派橋本助教授（後來任名古屋大學教授）前往。橋本助教授，是日本醫學界元老橋本家的長子，又是當時日本外科學界權威的齋藤教授的女婿，更是一個公子型的年輕才俊。那時候，新建築的河石外科手術房，還沒有落成。所以河石外科，暫時借用原臺北醫院的大手術室。俟河石外科手術房，建成之後，此一大手術室，將成爲澤田外科專用。

由於這些關係，藉與河石外科相處的時間，我也獲得河石敎授親自指導的機會。不久，一九三八年，河石敎授來臺上任。我也蒙他接見。河石敎授，活像一個鐵錚錚的鬪士，令人望而生畏。他的身材矮小而精悍，氣宇軒昂，大眼睛，把嘴一橫，常擺出Λ字型的姿態。所以，看起來，簡直像是一位雄糾糾的鬪士。事實上，後來的河石外科，無論在硏究方面，或在調查方面，都有其輝煌燦爛的成績。在外科的表現上，可說有聲有色。

河石外科的病房，決定設在第一病棟的二樓（現在的二東二西）。澤田外科的病房，則設在一樓（現在的一東一西）。擔任先遣部隊的我，一方面要整理手術機器，辦理登記。另一方面，要照顧患者。愛克斯光透視、攝影，以及整理標本等等，眞是忙得團團轉。

這時，原臺北醫院，本名外科的醫師及護士們，實在夠閑散了！早上十點，還沒有一個醫師來上班。醫院裡，顯得冷冷清清，好像還沉溺在夢鄉中一樣。値夜班的護士小姐，像是剛剛起床，坐在護士辦公室的桌子前，正在對着鏡子梳頭化妝呢！由於我畢業之後，一直「不知睡眠爲何物」，而過慣了早起晚睡的生活。所以，實在看不慣他們這種懶散的情況！

從前，紅十字醫院的醫師、護士，都同心全力，如同軍隊生活一樣，整整齊齊。從早到晚，沒有鬆懈。尤其是，紅十字醫院的護士們，不論做任何工作，都做得乾淨俐落，滿頭大汗，行動敏捷，眞是無懈可擊。護士長，特別嚴格，有責任感與榮譽心。

記得，當我進入醫局後不久，爲了檢驗患者的小便，被當時年輕的護士長尹喜妹小姐，痛責一番。這些年來，尹喜妹一直擔任臺大醫院護理部主任，最近才退休。

上班之後，我對還在繼續打扮、化妝的護士說：

「等澤田外科，完全搬過來之後，看你們還會這樣懶散否？」

她立即掉過頭來，對我瞪了一眼，很不高興的說：

「到那時，我們就不在這裏了！」

果然，澤田外科，完全搬過來之後，她們相繼辭職了。原在本名外科的醫師們，也大部份離去。

助教授大村先生（現任日本營養大學教授），也在此時，離開了澤田外科，就任紅十字醫院外科主任。原在澤田外科的醫師們。大半是日本人。他們都和大村先生一起留在紅十字醫院了。因此，新的澤田外科，重新開張的時候，醫局的班底，大部份都是臺灣人。（圖一—8）

那時，已傳說一未來大村的繼任人，將是東大出身的臺灣人高天成先生。高先生是林獻堂先生的乘龍快婿。我們都期待着他早日到任。但不知何故，此一消息，終於無聲自滅了。

後來，來擔任助教授的是角井先生。角井助教授，是位溫和、寡言、多病的日本人。在職期間，並無特殊建樹。不久，他被捲入戰爭的浪潮，召去當軍醫去了。

九、流血的戰鬪

當時，局勢已從「九一八事變」，演變到「七七事變」。戰爭如火如荼的進行着。每天的報紙，都在火上加油似的，大肆報導「皇軍」的勝利。日本人，莫不得意洋洋。他們把「出征」視同要到甚麼地方

圖一－8. 澤田外科醫師們，前排左坐者爲著者（1941年）。

「徒步旅行」一樣。到處都在舉行慶祝宴。因此，影響所及，日籍醫師，大都應召出征。外科醫局，剩下的多是臺灣人了。

那時候，日籍醫師與臺籍醫師之間，在表面上看來，倒很融洽，安然無事。大家互相拍拍肩，彼此點點頭，和睦相處。但是，只要在宴會上，酒過三巡，他們就會藉酒發瘋。這時，平日埋藏在他們心底的優越感，也就表露無遺。在他們心目中，臺灣人都是異己分子，當然，我也不能例外。

有一個晚上，我們到一家飯館，參加宴會。教授和醫師們，都參加了那次宴會。

酒過半巡之後，最初大家端端正正坐在榻榻米上的行列，便開始紊亂了。有的，互換了座位，各自找各的對手。這兒聚成一群，那兒圍成一團。猜拳的猜拳，唱歌的唱歌。有的站了起來，且歌且舞。有的大跳「佐藤節」，有的唱「草津好地方」。歌聲！猜拳聲！歡呼聲！聲聲廻盪在夜之長空。一時，興高采烈，熱鬧非凡。

「喂！林君！唱一首歌吧！」

驀地聽到有人叫聲。抬頭一看，原是田村這個傢伙。在他旁邊，還有幾個日籍醫師，都睜大了眼睛，向着我，異口同聲的說：

「對啊！唱！唱吧！」

「我不會唱！」

如果在今天的話，我倒會唱一曲「浪花節」（以三弦爲伴奏的日本民謠，類似我國的鼓詞）。但在那個時候，我眞的不會唱歌。

「甚麼！在教授面前，你敢拒絕！」

「唱！快唱！」

聲音變爲命令式。他們聳聳肩，態度已變成了威脅性。

「我眞的不會唱！」

「馬鹿野郎，你眞的不唱？」

田村紅着臉。忽然，捲起了他的和服。

這時，我也有點醉意了。平時溫和而又膽怯的我，一旦有了醉意，脾氣可能就會暴躁起來。很有可能，連殺人也會幹得出來。

「說甚麼……」我發出了憤怒的吼聲。

我的面色，變得蒼白，目光烱烱，覺得兩耳冒火。我一把拿起一個啤酒瓶子，砰的一聲，把它摔破。我站了起來，一股殺氣，瀰漫在屋中。瞬間，室內變得鴉雀無聲。大家都嚇得呆若木鷄，所有的眼睛，都注視着我。

「得了！得了」

依稀記得有人在排解。當時是如何平息了這場風波，到現在已無法從記憶中去尋找了。

另外還有一件事，値得在此一提：

農曆八月十五日，中秋之夜。依照往例，醫局都舉辦「賞月晚會」。

在遊覽船上，裝滿了啤酒、水果、壽司、生魚片等等。大家興高采烈地，從新店上了船。船沿着新店溪而下，到達淡水河臺北大橋的時候，恰好一輪明月，高懸天空。皎潔的月光，照耀着靜靜的河面。岸上，四周的樹木，一叢叢的倒影，在河中蕩漾着。我們好幾次，停下船來。登上岸，跑到河邊砂石堆上遊戲。

不知道是怎樣開始的，我竟和河野這傢伙幹起摔跤來。河野是我的老前輩，劍道五段，是個糾糾武夫型的人。營養不良，而又瘦弱的我，當然不是他的對手。一下子，就被他摔倒了。我爬起來，還沒有站穩，沒想到他猛然又是一擊，又把我摔倒了。把我摔在石頭上。我的足部受傷，血從傷口汩汩流出。這時，他還沒有停手，又一把抓住我，毫不留情的，把我推到河裡。

這時，我有了警覺。他是想藉口開玩笑，蓄意要除掉我這位異己分子。於是，我怒不可遏，遂和他作了一場拼命流血的殊死戰鬪。

總而言之，當時的日本人，對待臺灣人，總是心懷叵測，界限分明。在某種程度之內，沒有問題。一旦超越界限，就以異己分子，斷然無情排斥。

十、病房迴診

隨着歲月的增長，外科敎室的業務，逐漸上了軌道。患者也逐漸增加。連走廊，以及樓梯下拐角的地方，都擺滿了病床。精力充沛的澤田敎授，對於門診、手術，以及學生講義，幾乎獨自包辦。寬大的手術室裡，有兩個手術枱。敎授馬不停蹄的一枱繼一枱的施行手術。敎授從手術取出來的標本，由我們把它固定在福爾馬林裡。分類、編號、拍照。門診方面，我們要把教授所口述的意見，筆記下來，並向患者加以說明。

澤田教授，非常重視病歷的紀錄。所以，每逢教授廻診時，大家都顯得很緊張。但是，這也是我們這班初出茅廬的青年醫師，爭取教授賞識的好機會。因此，我們總是把病歷，記錄得詳詳細細，整整齊齊。其他，如描繪愛克斯光照片，整理手術紀錄，和蒐集實驗資料等等，都不敢絲毫疏忽。

廻診時，澤田教授還沒有看完隔鄰患者之前，我們早就把下一個患者的繃帶解開，等待教授診察。並且向教授呈示病歷，報告治療經過。如果，紀錄不完善，教授就當場講述他的看法，讓我們立即筆記下來。教授的眼光，非常銳利。對於每一件事，都看得透澈。每次，紀錄教授診察所見，我常自嘆注意力不足。對此，經常深深的反省。久之，大有進益。廻診時，護士、護士長，也全都參加。教授若有指示，醫師、護士，必須一一筆記下來，以便照辦。

這樣，由教授領導着所有醫師、護士、全體人員，巡廻各個病房。把所有患者，一一仔細診察。我認爲這種廻診方法，給我們的益處太大了。教授對患者那種權威而溫厚親切的儀態，眞令人佩服與尊敬。教授執刀時的精確、安全、與迅速，是使患者獲致信心與信賴的因素。所以，一般患者，一見教授來臨，便立即安心了。如果醫師有了過失，教授不會在患者面前，叱責醫師。他總是把醫師的紀錄，加以闡明或更正，或親自治療。甚至自縛繃帶，做一次示範給我們看。

現在，有人譏笑這種廻診方式，是「大老爺行列」。

誠然，看來或許如此。但我並無這種想法。到現在，我還認爲這種廻診方式，並無不對。我相信，這種廻診方法，才能令青年醫師，獲得正確而結實的臨床基礎。

十一、醫師與病人

醫師安慰病人的主要目的，就是鼓舞病人提高「生的意趣」。病人的利益，和醫師的要求，並無二致。病人所要的是「健康」，醫師所求的是使病人「健康」。

醫師和病人在一起，只是很短暫的時間。但醫師與病人之間的距離，却遠較父子、母女之間的距離爲近。

公立醫院的醫師，接受病人的「紅包」問題，已引起了社會的議論。但平心而論，病人向醫師送禮，以表達病人對醫師之感激，乃人之常情。醫師接受病人之禮物，也是人之常情。如果，醫師連病人的一絲感激之意，都拒不接受，不僅有違人之常情。同時，給病人心理上，平添不安的感覺。但我認爲，這種關係，必須發乎於至情，順乎自然。不過，以今日社會一般情事看來，還是儘量不要接收病人的紅包或禮物，以免發生不必要的誤會。

假如，有一位病人，抱着「不送紅包，病就醫治不好」的念頭。這也是病人的一種錯誤觀念。那麼，這位病人，必會感到煩惱，而自討苦吃。

此時，我想起了兩件動人的故事。

當時，所謂「大腸癌手術」，也許還在萌芽時期。一般手術的成功率不多。因此，對於大腸切除術，大都是持有「沒有希望」的想法。因爲，當時經施行過的大腸切除術患者，幾乎全都會發生「縫合不全」的現象。這種現象如果在今日的話，醫師可以做成「大腸瘻」，來補救縫合不全的部份，予以急救。可是在那時，醫師們却沒有這樣做。所以，這種手術的死亡率極高。

有一位三十歲的女患者，經過施行大腸癌手術後的第二天，也發生了「縫合不全」現象。她在病房的一個角落裡，好像靜悄悄的等候着死神的降臨。

她渾身出汗，脈搏顯得很微弱。但意識却很明瞭。那時，我擔任她的主治醫師。

她的丈夫，早已去世。只有她的婆婆在看護她。她的婆婆，已是七十多歲的人了。頭髮皓白，纏足，又瘦又老，滿臉皺紋，口中只剩下幾顆牙齒。

「媽！我恐怕不行了！」

這位女患者，好不容易的開了口。她那陷下去的眼窩，動也不動。冷汗自額角，沿着面頰，滾滾流下來。

「說甚麼話，你會好的！」

老婆婆一面用顫抖着的手，拭去媳婦臉上的汗珠，一面安慰她。但這位老婆婆，自己却在流着眼淚！

媳婦心裏，非常明白。自己的生命，已告絕望。她一面喘息着，一面斷斷續續的說：

「媽！我！不能盡孝…孝道。請媽，原諒我……不孝……」

「孩子！不要胡思亂想！」

婆婆拉着媳婦的手，臉上淚珠漣漣。

「你會好的！林醫師不是也這樣說過嗎？」

「啊！謝謝林醫師！」

這位病人的喉管中，已呼嚕呼嚕的作響。以致她微弱的聲音，由顫抖，而嘶啞，終於聽不到氣息。她死了。

她在臨死之前的一刻，還在悔恨自己，未能盡孝。更念念不忘的感謝醫師。這一感情，能說不珍貴嗎！

我目睹此景此情，也暗自流下淚來。

有一位四十歲左右的日籍婦人，患了胃癌。已到了相當蔓延的程度了。須要施行一次大手術。於是，由澤田教授，親自執刀。將胃全部摘出，並且，也切除了脾臟和大腸。手術在局部痲醉下進行。手術中，曾徐徐注射過一千西西的葡萄糖液。輸血二百西西。這在當時，可說是最大的處置了。必然的，患者陷入休克狀態。在那時對於休克的處理，除了輸液之外，還沒有更好的辦法。患者雖發生休克，但意識仍然明顯。脈搏也顯得非常低沉。這位患者，也是由我負責照顧。

我看護她，幾乎片刻不敢離開。

入夜，那患者，幾乎到了無法挽救的地步了。突然，她用她那冷冰冰的手，握着我的手。微動着嘴唇，毫無氣力的說：

「林先生！謝謝你！我…不行了！多謝你的照料……」

她斷斷續續的說。我眼看着她嚥了氣。這時，冷冰冰的手，還在握着我的手。一看她的家屬也靜悄悄地低着頭，他們也同樣的一再向我致謝。

臨死之前的一瞬間，病人仍不忘感謝醫師。這不是偶然的一種感情。

但近年來，情形就不一樣了。

十二、忙碌的工作

在那段日子裏，我以醫院爲家。住在醫院裏，吃在醫院裏，很少外出。日復一日，一切都爲了醫院的工作忙碌着。凡愛克斯光照片、病理、臨床檢查，以及研究室裏的工作等等，都由我們自己辦理。患者的採血，胃液的採取和檢查，都由我們自己來做，甚至連試管，也都由我們自己來洗滌。

我特別奉命擔任整理愛克斯光照片，及臨床講義的準備工作。所有X光照片，都要根據患者名册，按照年度，依次編號。一一分別裝入匣裏。可供作教材之用的X光照片，則另裝一匣，以備隨時提供講義之用。譬如，教授要講解骨髓炎的時候，我隨時，把有關骨髓炎的照片，從急性期，移行至慢性期之間的各等級照片，以及移行至病性骨折時期的、梅毒性的、結核性的、與其他病性骨折可作鑑別診斷的，各種各樣的X光照片，一起提供給教授。

關於臨床講義的準備工作是這樣的，講義的題目，一旦決定，我就根據這個題目，把最適合講義用的教材，事先搜集起來。譬如，患者的資料，有關病患的X光照片、文獻、統計，本教室的統計、圖表、手術式圖表等等，把這些資料，在前一天，都提供給教授。因此，教授的講義，也好像我自己在講義一樣。所以，這種工作，對我來說，也是一種最有益的學習進修的機會。

當時，沒有像現在這樣理想的幻燈片，所以講義用的圖表，全都要用大型的紙張，一一寫出來。這是非常吃力而也是最辛苦的工作。所幸，我喜歡畫畫，倒也不覺爲難。更不覺辛苦。等到醫院的一切工作做完之後，在夜深人靜時，我就把二公尺大小的紙張，貼在牆壁上，站立在椅子上，開始製作圖表。常常一連製作幾張，每每做到午夜兩三點。

我把這些工作，如整理照片、蒐集教材、和製作圖表等，做爲我的嗜好和享受。我並沒有把這些工作看成是些苦差事。相反的，這些工作，做完之後，把它放在澤田教授的桌子上，宛若像一件完整的「藝術品」一樣。

遷到新附屬醫院之後，我的生活方式，依然沒有變化。實際上，也無從變起。因爲，我依然無薪。依然住在醫院裡。一切，依然如故。除了依靠患者、值班，賴以爲生之外，別無他法。

基礎代謝室，在地下室的一角。要到那裡去，須要彎着腰，經過有滴水的蒸氣管底下。儘管如此，那地方，畢竟是我的「快樂家庭」。偶爾，從窗口潛入按摩室。睡在按摩枱上。因爲，在這按摩枱上睡覺，遠比基礎代謝室的推送車上，舒服得多了。多天，我經常和衣而睡。毛氈蓋在頭上。夏天，整個晚上，須用電扇，吹走蚊子。在研究需要上，爲了要瞭解患者手術後的經過情形，有時，則在看護室裡，隨便睡在椅子上過夜。

就這樣，長年累月的，像流浪者一樣，沒有固定的地方。如今，雖有華麗的枕頭，但我的習慣，若不像過去那樣曲腕爲枕，就會睡不着覺呢！後來，太不重視睡眠，且習慣成自然。至今，仍未把睡眠看得太重。

有得吃就吃,沒得吃,就不吃。能睡就睡，不得睡，就不睡。我的生活起居，就是這麼單純！

十三、朦朦的畫像

一九四〇年。

畢業後的第五年，我升爲有薪副手。月薪三十日圓，但所得月薪，必須與一位名叫於保的後輩平分，結果，每月所得，只有十五圓而已。靠此區區之數，懸壺當然不足。想要成家，更是談不上。不過，生活上已稍微得到了保證。心情，也得以輕鬆。對於一個單身漢來說，有時，也可以到「壽司屋」（日本料理店），或到咖啡店，喝杯咖啡，聽聽音樂，舒暢一下筋骨，也就夠了。

那時候，有一家專播送古典音樂的咖啡廳，名叫「靑鳥」(Blue Bird)（在中山堂的對面左角的地方），是我常去休息的地方。我沉緬在咖啡的芳香裡。喝着咖啡，閉上眼睛，靜靜的坐在那兒。優美的樂章，常令我陶醉。這時，一日的疲憊，因而遺忘。

後來，在西門町附近，我又發見了一家播送流行歌曲的茶館，名叫「紫煙莊」。這裡，也是我常去的地方。那時，在這家茶館裡，經常播送着一時膾炙人口的流行歌曲。如「愛染葛」、「白蘭之歌」、「上海賣花姑娘」、「薩勇之鐘」、「上海布魯士」等等，都是當時，大家所愛聽的流行歌曲。

在「紫煙莊」裡擔任會計的，是一位年輕而漂亮的小姑娘。她不愛說話。我從來沒有和她交談過一句話。不過，我常透過那淡淡的咖啡熱氣，望着她出神，因爲她那掛着絲絲微笑的小嘴，以及一對像水晶那樣閃耀的眼睛，眞惹人喜愛。她那眼神，似乎在告訴我，她有甚麼話，要對我說似的。可是，我却不能了解，她究竟將要向我訴說甚麼？

這幅美麗的畫像，日子久了，也就模糊了。終於，從我的記憶中消失了。

但是，人間何處不相逢！

第二次世界大戰結束之後，大約又過了五六年，有一天，我和幾位朋友，到臺北車站對面的一家「壽司屋」吃宵夜的時候，竟然又和她不期而遇了。

我們登上搖搖晃晃的木造的樓梯，坐在髒兮兮，已經磨損了的榻榻米上。五、六位女服務生，隨即魚貫而入！

「噯喲！林先生，還記得我嗎？」

突然，其中的一位女服務生，靠近了我，我頓感困惑。後來，定眼一看，原是一位小巧玲瓏，年約三十歲的女人。她那掛有微笑的小嘴，和她那一雙大眼睛，似乎在提醒我的記憶。結果，仍然記不起來。因爲，我從來沒有到過酒家，或酒吧去吃過酒。所以，在我的記憶中，沒有像她這樣的女人。我再三注視着這個女人的容貌，從頭頂掃視到足尖，但還是想不出一個究竟來！

她那閃耀着光輝的大眼睛，一直望着我，又問：

「你可還記得紫煙莊嗎？」

「紫煙莊」！我恍然大悟。「紫煙莊」，是從前在西門町的那家茶館。十年前，我曾常去聽流行歌的地方啊！難道，她就是那時的那位小姑娘嗎？……這時，我又再看了她一眼。於是，從前坐在賬房裡的，那位可愛的小姑娘的倩影，立即浮現在這位小婦人的面貌裡來了。我吃了一驚。從前，我們沒有交談過一句話，而今，她怎麼還認識我呢？並且，她還記得我的名字。而我却早就把她忘記了！

爲了掩飾自己，我半詼諧的說：

「哦！是你！以前我為了看你，險些兒，把眼睛看瞎了！可是，已經晚了！」

十年前，一別之後，她和一位青年，由戀愛而結婚。婚後，生了一個女兒。不久，她的丈夫，被日軍抓去了。迄今生死不明。從此，她到處流浪。去年才到這間「壽司屋」來工作。怪不得，她臉上，已有了幾條皺紋。益顯示出她有着一段辛酸的人生。

後來，她又離開了這家壽司屋，做了另一家茶館的「老板娘」。時常還介紹病人給我。幾年前，她的女婿，患了肝癌，已到了癌症蔓延開的程度。結果，終於無可奈何了。

說也奇怪，自從那次邂逅以來。最初的那幅美麗的少女畫像，已從我的腦海裡，完全消失了。

我仍然是一個人獨處。同學們，個個都已結婚了。而且都有了孩子。同班同學，也差不多都開業了。而且都擁有高樓大廈了。只有我依然如故。仍睡在地下室。依然和那些趕牛車的勞動者，混在一起，在攤販上吃飯。過着「一簞食、一瓢飲」的生活。

儘管如此，我喜歡我的工作。同時，對於我的工作，有着深深的樂趣。每在夜晚，當我製作圖表時，常有些護士，自動前來幫忙。有的替我研墨，有的替我拿毛筆，有的彈吉他。有的還淸唱一曲，大家有說有笑。工作非常愉快。

如今，一閉上眼睛，她們昔日那些可愛的面貌，悅耳的聲音，彷彿朦朦朧朧地，又出現在我的面前。

十四、學位論文

我已經升到「老前輩」之行列。手術時，已成為澤田敎授的第一助手了。做了好幾年的第三、第二助手的我，從此，駕輕就熟地，領導着其他擔任第三、第二助手的醫師們。我指揮若定的決定各項工作的步驟，處理必要事物。藉以提供手術者使用——如同我自己親自動手術一樣。

那時，我正在做「巴塞杜氏病」（甲狀腺機能亢進症）的研究工作。進行這項研究工作，非常順利。爲着研究巴塞杜氏病患者的「碘排泄」問題，乃令患者，人連衣服，一起浸入一定量的水中，測定其因發汗而排泄的「碘量」。又爲了測定患者「糞便中的碘量」，必須將患者一日之中，排出的糞便，集中燃燒。結果，弄得研究室裏，黃煙瀰漫，臭氣冲天。但這些研究工作，都按步就班地，順利進行着。

等到教室的研究工作，改變爲「瘧疾脾腫」時，我又奉命擔任新陳代謝部門的工作了，由於調查巨大脾腫患者的運動生理，我先讓這些患者，跑上五十公尺，立即觀察他們的脈搏，紅血球數，白血球數，以及各類細胞，隨時間的轉移等等。患者，剛運動之後，紅血球數，就呈現「陰性像」而減少，要恢復原來的狀態，就需要相當的時間了。

我的學位論文題目，最初定的是「關於巴塞杜氏病的基礎代謝」。現在，爲了配合教室研究的需要，乃決定改用「瘧疾脾腫患者的新陳代謝」這個題目了。

研究工作，日益進步。我正要準備寫論文的時候，却遭遇到一個大問題，就是論文印刷經費的問題。在研究工作期間，完全沒有注意到這一問題。論文的印刷費，據估計，約需一千五百圓。此數字，對我來說，根本是一件不可能的事。恐怕，我一輩子，也賺不到這麼多的錢。這時，我手拿着這幾年來辛苦研究的結晶——充滿自信的幾册論文原稿。束手無策。走投無路。我只有不斷的發出長吁短嘆之聲。

有一天，我走進澤田教授的房間，向教授說：

「論文！我不想印了。學位，也不想要了！」

這時，澤田教授，或許看我如此消沉，或許同情我，煞費苦心寫成的論文，無法付梓。遂沉默了一會，然後很和祥的對我說：

「那麼，就挪用教室的經費，給你印吧！將來你有了錢，再償還就是了。」

挪用教室的公款，給醫師出版論文，眞是空前絕後的事，蒙澤田教授如此愛護，令我感激之餘，曾暗彈了不少眼淚。這筆論文印刷費，隨着時局的演變——戰爭結束，日本投降，臺灣光復——終於，未有償還，而自然消滅了。

十五、我的初戀

我已經二十八歲了。

我有點惶惶然。我雖然已經二十八歲了，但家未成，業未立。我覺得，我需要有一個家。需要有一個終身伴侶。是的，有家的人該是多麼幸福啊！有了伴侶的人，又該是多麼完美啊！在人生的道路上，掙扎、奮鬪，究竟是爲了甚麼？

或許是上帝的安排——還是惡作劇呢！

一個星期天，門診既無患者來，又無臨時手術。是一個最悠閑的一天。

寬大的醫院裏，走廊上顯得非常冷靜。一個人影兒，也看不見。空氣沉悶，從窗外射進來的陽光，也顯得懶洋洋的。

無事可做，頗感無聊。我一個人，在院中散步。經過外科門診，走到手術房。無意中，將門推開。這時，只見日籍護士村上小姐，獨自一個人在此。她低着頭，正在做着棉花球。但她的樣子，顯得很消沉。

我半開玩笑的問她：

「村上小姐，你怎麼啦？失戀了嗎？看你這麼消沉的樣子！」

她抬起頭來，睜開眼睛，一直望着我，好像想要說甚麼。却又默然低下頭去。

奇怪？難道她眞的失戀了麼？但我未曾聽說過。後來，我又無意的開她玩笑說：

「喂！眞的失戀了吧！是那位可惡的東西！竟讓村上小姐失戀。告訴我，我去替你出氣！」

村上小姐，突然又抬起頭來，一對水汪汪的大眼睛，盯着我的臉，瞧了一陣，胸口卜通卜通的起伏着，薄薄的嘴唇，囁嚅着。想要說甚麼，但又說不出來。沉默良久，好不容易的，一本正經的向我說：

「是您啊！」

這時，她的態度，是那麼嚴肅而認眞。她的大膽直言，我爲之大吃一驚。我羞得紅了臉。以後，我們怎樣開始談談愛情，我都記不清了。

總之，從此，我一刻也忘不了她。有時，她也來地下室，到我的房間裏，找我聊天。有時，我們靜靜的到植物園，或堀川土堤（今之新生南路），並肩散步，消磨一個傍晚。在暗淡的樹燈下，她穿着和服，襯托着垂在肩上的長髮，依在我的身傍。這時，她的倩影，分外嫵媚可愛。

我們倆人的愛情，與日俱增。已發展到互相談婚嫁的計劃了。

「結婚」！對於我是多麼重要的事啊！我是多麼渴望有一個家。一個我從未有過的家。在暴風雨中，掙扎了一天之後，有一個可以安靜下來休息的「避風港」。從此，不是孤獨的一個人了。而是由兩個人，共同建立的一個幸福的家庭，充滿了甜蜜的家庭。

最初，我還以爲她是日本人。對於結婚，有所躊躇。但思量再三，我認爲戀愛，與科學、藝術，全都是屬於整個世界的。應該不分國界。於是，到了緊要關頭，我還是下定決心，和她結婚吧！但命運突然起了風波。

一天晚上，在地下室裏，她以沉重的心情，膽怯的對我訴說：

「我！眞對不起你……我並不是處女啊！」

「甚麼」

我聽了這句話之後，立即感到愕然。於是我開始憤怒！繼而感到悲傷。像小孩子失落了心愛的玩具似的悲傷。

沈寂了片刻。

她先是啜泣，繼而痛哭。

她說，她在五年前，十八歲的那一年，奉父母之命，嫁給了鄉下的一個青年。婚後不久，她的丈夫，因患肺結核死去了。以後，她獨自一個人，到臺灣來了。

「喔！是我的過錯！最初，我不應瞞着你！」

說完，她把頭投在我的懷裏，緊緊的摟住我的脖子，很傷心的又哭了起來！

我好像被雷擊一般，感到一陣激烈的衝擊。我的頭暈了，似乎世界在旋轉。眼前的一切，都看不淸了。

我傷心的是，村上小姐想誘惑我，她想蠱惑我。這樣的事對於別人，只是一種失望而已。但對於純潔而眞摯的我，却幾乎是一種罪惡。將會遭到天譴！

我可以原諒她的一切錯誤。但我不能忍受她的欺騙。

「恨妳！我恨妳呀！」

這時，我把她那摟在我脖子上的兩手，用力擺脫開。接着，再把她推開了。

在暗暗的地下室裏，她一直哭泣着。我迅速的奔出門外。在街頭徘徊了一個夜晚。後來，不知不覺的，走進「青鳥」咖啡廳。這時，身心交瘁的坐在一張椅子上，抱着頭，閉上眼睛，很想放聲痛哭一場。

一會兒，傳來讚美聖母的 Ave Maria 的歌聲。靜靜的，柔和的樂章，似乎在醫治我那已破碎的心。

我自己問自己：

「她本身並無錯誤啊！」

「難道她一輩子就不能再嫁人嗎？那不是太殘忍了嗎！」

「如果，我根本不知道這件事情的眞相，我是不會感到痛苦的。」

「她至少不是個騙子，因爲，她已將事實的眞相，完全告訴我了。」

「但她玩弄了我的感情。玩弄人家的感情，是一件可恥的行爲。」

我徘徊在愛與恨之間。愛乎！恨乎！眞令我感到左右爲難。

人生中最大的苦難，不是疾病。也不是死亡。而是這種左右爲難的痛苦。這種難以用言語說明的痛苦，才是人生中最深沈，最殘酷的苦難。比大哭大鬧，更摧殘人的心靈。

這種痛苦，不但摧殘了我的心靈，更傷害了我的身體。終於，我眞的病倒了。

不久，村上小姐，離開了這兒。到嘉義一家醫院工作去了。兩年後，我和另一位小姐結婚了。聽說，她也和一位日本男人結了婚。現在，她已不在人世間了。

十六、千金患者

到了這個時候，在中國大陸的戰事，逐漸擴大。揹着背囊，戴着鋼盔，佩着日本刀的所謂「皇軍部隊」。在太陽旗的歡送之下，經過三線道路（今之中山南路）出征的次數，越來越多了。醫院裏的日籍醫師和職員，大半應征入伍了。這時，他們已沒有像「徒步旅行」那樣的輕鬆氣氛，步伐都顯得非常沉重。背着「千人針」（日本的一種迷信，在一塊布上，由一千位女人，各縫一針。贈給出征的人，以祝平安之意）以祈武運長久的人，也越來越多了起來。因此，醫院裏各科的醫局，幾乎成了臺灣人的天下了。

民國三十年（一九四一年）九月。我升爲助手（等於我國大學的助教），初次任官了。

屈指一算，這時，恰恰是離開校門的第六年。二十八歲，博士學位，也獲通過了。

不久，有一位從廈門回來的姓張的女學生，因患了「巴塞杜氏病」，住進醫院一等病房。巴塞杜氏病，是我研究的項目之一。於是，我便擔任了她的醫療工作。這位張小姐，和來看她的友人，都是從小在大陸上受教育的。怪不得，他們對於日本話，一句也不會說。她們都是有錢的人家。聽說，張小姐的父親，是林家的「大掌櫃」。張小姐的朋友——恂恂，也是臺北聞名的望族，李阿春家的千金小姐。張小姐，長得肸篤篤的。她的這位朋友——恂恂，則身材苗條而嬌美。

住院期間，她們都沒把我放在眼裏。但到了張小姐病癒，快要出院的時候，突然有人來向我提親。要我娶那位張小姐爲妻，是我做夢也沒有想到的事。我大感困惑。因爲張小姐是一位嬌生慣養的大家閨秀，高不可攀。但我充其量，只不過是一個「醫學博士」。其實是一個身無分文的「窮光蛋」。「齊大非偶」，我還是「敬謝」了吧！

張小組出院後，有一天，張家爲了慶祝張小姐病癒出院，在他們的別莊，擧行宴會。我被邀請作主賓，那時，我硬着頭皮去參加了。這個別莊，院落廣闊，有花園、有噴水池，眞是豪華、氣派。在寬敞的客廳裏，吊着層層疊疊的美術燈，燦爛輝煌。男女賓客，都是有體面的紳士淑女。男的，西裝革履，氣象萬千。女的，珠光寶氣，燦爛奪目。我猶如劉姥姥進到大觀園似的，看得目瞪口呆。所幸，我從朋友處，借來一套西裝。總算沒有出了醜，也無顯出寒酸氣。

席開十桌，都坐滿了人。

張小姐的父親，身材矮小，好像留着一撮仁丹鬍子。當宴會開始，先站了起來，說了一大篇感謝醫師高明的話。讓他的女兒，很快復元。並深深的讚美我的功勞。緊接着，要我也講幾句話。我也不客氣的站了起來。我說：「這不是我的功勞，張小姐的病能這麼快好，應歸功她最好的朋友——恂恂小姐，因爲，由於恂恂小姐的鼓勵、安慰、和看護，才讓張小姐很快復原。」講完，我似乎感到臉紅了。

這時，在坐的男女賓客，不約而同的都注視着我。

十七、母親的愛心

幾天之後，冷風！細雨！在窗外啜泣。

早上，我照例從陰暗的地下室——我的快樂家庭——基礎代謝室，走上一樓。當我在外科門診洗手間洗臉的時候，突然發生了一陣激烈的「咳嗽」，咯出了一口痰，在痰裏有血絲。我嚇了一跳，再試一試咳嗽，將痰吐在手中，仔細一看，很明顯的痰中有血。紅紅的血，在棕色的痰裏。像劃線般的黏附着。我深深嘆了一口氣。突然，眼前黑暗了。這時，我覺得像被這個世界拋棄了一樣。完了！一切的一切都完了。我拭去流出來的眼淚。低下頭來，靜靜的閉上眼睛。回憶一下，過去七年間，不眠不休，與生活搏鬪，多少往事，多少辛酸，就像走馬燈一樣，一幕一幕地浮現在我的面前。那是多麼不夠衞生，殘忍的，虐待自己的生活啊！那簡直不是人的生活！何況，精神上，又受到村上小姐的打擊。積勞與憂鬱，終於，給我帶來了不幸。

我懷着一種被送往地獄去的心情，往訪內科醫師。經過X光照像，及驗痰的結果，雖然，看不見細菌，但據內科醫師說，還是住院治療的好！初爲患者，躺在小田內科二樓病床上的我，只有聽天由命。接受病魔的折磨，等着死神的來臨。

然而，說也奇怪，死神竟沒有來臨。經過一個多月的療養，我那由於營養不良，而塌陷下去的肋間，有生以來，第一次長出肉來了。許多親友，都來看我。還有，以前的許多患者，也來看我。他們的關懷，給予我不少的慰藉。

母親，更時常來看我。她老人家，穿着修補的破衣，臉上佈滿了皺紋。白髮蒼蒼，提心吊膽，望着我，顯得極不安的樣子。

天下的母親「愛心」都是一樣。我自小學，以至醫專。在這一段漫長的日子裏，由於求學的關係，大都寄居在學生的宿舍。在家的時間很少。畢業後，以至於今，仍以醫院爲家。所以，很少侍候母親。然而，母親對於我的愛護，却無微不至。她寧願自己節衣省食，也不願我爲病苦折磨。這時，母親經常帶一些我小時候愛吃的東西，來給我吃，藉以安慰我。我雖將屆「而立」之年，但在母親面前，覺得永遠是一個孩子。而我的一切努力，也是爲了實現母親的願望。看着白髮的母親，我常這樣想，我必須在外科醫學方面，加倍努力，向前邁進。更要精益求精，以求有所發展。這樣，庶可報答親恩於萬一。

十八、恂恂

我住院期間，那位從廈門回來，住院施行過甲狀腺手術的張小姐，也來看過我。張小姐的好友恂恂，來看我的次數最多。

自從失去村上小姐之後，我懷着一顆受了創傷的心，又臥在病床上，受着病痛的煎熬。但每見到恂恂小姐，聽到她那清脆悅耳的聲音，我的一切不安與苦悶，便立刻煙消雲散了。

我們倆，時常倚着病室的欄干聊天。午後，暖和的陽光，照射在我倆的背上。微風吹在我倆的臉上。這時，天空飄浮着淡淡的白雲。兩三棵參天檳榔樹梢輕輕的搖曳着。好像在爲我倆祝福。我只覺得，有恂恂在身邊，內心就安祥平靜。如果，沒有見到她的日子，我就會感到孤獨無聊，就覺得是多麼漫長的一天啊！當我獨個兒，憑窗眺望，若看見庭院裏的杜鵑花，就想念恂恂。可是在另一方面，我又不想再見她。我倒希望她，自動的疏遠我。這並不是說，我對她的思慕之情，趨於低落了。相反的，渴望着想見她的心，與時俱增。我越是愛她，越有孤獨感。所以，不想去親近她。因而，孤獨的心境，越是增深。這種矛盾的感情，時常侵襲着我。

有一種不安的情愫，束縛着我。使我的精神，始終受着煎熬與折磨。恂恂是個名門閨秀。却沒有一般富家小姐的壞習氣。她的性格明朗。天眞而又快活。我覺得，像我這樣沉默寡言，不善交際，家境又貧寒的人；和恂恂比較，眞是配不上她。因此，我對於恂恂，只懷着一個夢想罷了。我嘗把恂恂想成一位神聖不可侵犯的小公主。在愛情的道路上，我曾受過打擊。恂恂是一位年輕、美麗、活潑、天眞的少女。我不願讓她那純潔的心靈，遭受任何創傷。我決不會傷害她。我更不要欺瞞她。我要向她說明，我一定坦白的告訴她，我究竟是個怎樣的人。包括我的身世，家境、嗜好，以及我的願望。一切的一切，毫不隱瞞的告訴她。假若，她聽了我的自白之後，感到失望，像一隻小鳥一樣就飛走了的話，那就讓她飛走算了。

然而恂恂並沒有飛走。她反而比以前來得更頻繁。我深感不安，益感焦慮！我經過思慮再三。終於有一天。我毅然將我的意志，全告訴了她。最後，並且下了一個結論：

「這是有關你終身幸福的大事。回家之後，好好跟你的六嬸商量商量。如果，你六嬸說，我們不可以繼續往來的話，那麼，我們以後就不要再見面了！」

當晚，我猶豫了許久之後，終於提筆寫信給恂恂的六嬸。因爲，恂恂的父親已過世，六嬸是恂恂的監護人。我告訴她，我和恂恂的關係，並也詳細敍述了我的身世。我的窮身世，與恂恂的身世，簡直不能相比。如果，恂恂與我，廝守終身的話，恐將導致恂恂的不幸。恂恂還年輕，希望她的六嬸，如同親生的母親一樣，來照顧恂恂。

第二天，早晨。醫院裏的老媽子，端了一大籃蘋果，走了進來。她一邊說：

「這是那位常來的小姐，叫我送來給你的。」

「哪！她在那裏？」我問。

「她在大門外。她說，她不敢進來。」

我立即向大門外奔去。一眼就看見恂恂，獨自站在那裏。她似乎沒有梳頭，一大把櫛子，插在頭髮上。她的眼睛紅紅的。我想，她一定哭了一個整夜！

憐憫之情，油然而生。我們倆，又和好如初，也得到她六嬸的贊成。出院後，我幾乎每天晚上，都去看恂恂。我在她家裏寫論文，經常很晚才回來——醫院的地下室。

後來，承蒙恂恂六嬸的幫忙。以及恂恂奶母的小女（當小學教師），權充紅娘。直接向恂恂的母親，提出了這門親事。恂恂的家與那個住在大稻埕的李家是同族關係。從前，和那李家「相親」，我曾遭受過她們的奚落，所以，我對於和恂恂的事，並不抱十分樂觀。果然，有一天我被召到她母親面前。此時，我記起，以前那一次「相親」，我是被七、八個男女長輩，環繞睽視之下，接受他們七言八舌的口試。當時，被他們問得不知所云。這一次，雖然只是恂恂的母親一個人，向我問話，但不是質問，而是審訊。果然，恂恂的母親，對我一派上堂問案的口氣。我感到這是莫大的侮辱。於是我想，「好蜂不採落地花」。恂恂的母親，既然這樣的看不起我。我又何必這樣勉強。我更不稀罕她們那偌大的家財！

暮色，鬱鬱的從木造的窗口溜進來。恂恂的母親，嘮叨個不停。

我實在呆不下去了。這時，在不能忍耐之下，將拳頭伸在桌子上，用力一擊。只聽到「砰」的一聲響，我就站起來，奪門而去。

一看，恂恂兩眼噙着淚珠，愁苦滿面。呆在門後，一動也不動。這時，我的眼淚，也忍不住，奪眶而出。最後，我遂悄然離去。

十九、戰時的新婚生活

後來，很多親友，從中斡旋。終於，民國三十二年（一九四三年）五月三十一日，我和恂恂，得到她母親不大甘願的同意，在燈火管制之下，舉行了結婚典禮。所謂「有情人，終成眷屬」。這時，我剛剛三十歲。畢業後第八年。當時，我是月薪五十七圓的助手，不敢奢望過分的生活。所以，和恂恂結婚後，沒有到任何地方去作「蜜月旅行」。我們就在大橋大妻街，租了一間二樓的前半部，做為我們的「新居」。我將恂恂母親所贈送的書櫥，作爲屛風，隔成兩個房間。於是，在此開始了我們倆的新婚生活。

房間雖小，沒有傢具。但對於一直住在地下室的我來說，這個小小的家，眞是充滿溫暖的天堂。不過，對恂恂來說，宛如一下子，把她拉到地獄一樣。她要親自操勞家事。親自煮飯、燒菜、劈柴、洗衣，樣樣都要去做。

到了這個時候，戰局已從所謂「大東亞戰爭」演變而成爲「第二次世界大戰」了。日本人，沒有像以前佔領香港、新加坡、菲律賓時那樣的歡呼、得意。局勢顯然趨於低潮了。這時，應召出征的淺井醫局長，在軍機失事中陣亡了。有一位澤田教授的親戚，身穿軍軍官制服，雄糾糾的離開臺灣的第二天，就葬身於太平洋的海底了。

臺灣人，也逐漸被徵召，充當軍屬，或軍夫。醫師們，同樣的也被徵召服役了。

這時，每晚，都在實行燈火管制。空襲警報，已不是演習。而已進入了實際化了。我躲在醫院的地下室裏，經常聽到B29.轟炸機的螺旋槳隆隆的吼叫聲，由遠而近，我很怕在我的頭上，投下了炸彈。於是，我屏止呼吸，一動也不敢動。

終於，在臺北市的幾個地方，都投下了炸彈。受傷者絡繹不絕的，被送到醫院來。這時，地下室就權充臨時手術室。因此，一瞬間，地下室顯得擁擠不堪了。橫七豎八的病床，就像菜市場的菜攤一樣的凌亂。受傷的患者，在生死之間，掙扎搏鬪。哀鳴哭叫。再加上，那永遠驅不散的藥水味、汗氣味。就像菜市場中，永遠存在的魚腥味及爛菜的臭味一樣。這時，我們醫師和護士們，都在這裏，全神貫注的致力於急救工作。眞是，一波未平，而一波又起。第二次的轟炸，又開始了。於是，第二批的傷患，又蜂擁而至。我們的急救工作，日以繼夜的，忙碌不停。

局勢的發展，越來越對日本不利。物資奇缺。食物的配給，越來越困難。以前的患者，偶然，拿一點黑市的猪肉，送給我們，在此時，此種情意，令人有「雪中送炭」之感。有一天，有一位患者，要把一大塊猪肉，準備要送給紅十字會的醫院耳鼻喉科的「林天賜先生」（後任臺大醫院副院長，及耳鼻喉科教授，已故）。只因我們的名字，有一字之差，竟誤送到我的家裏。令我意外得到一份收穫。後來，大家談起來，常引爲笑料。

那時，妻正在待產。幸經陳司機，駕着醫院的公用車，在空襲警報之下，將妻從大妻街的防空洞，駛過沒有人影，死一般沉寂的馬路，送到醫院的地下室來。這時，令我緊張而又沉重的心情，才鬆了一口氣。第二天，妻生下一女（長女）。妻產後，沒有東西可以補養。有一次，我很高興的買了一個蠑螺罐頭。我認爲這一定是補養的珍品，不料，打開一看，原來是些硬幫幫的「蝸牛」啊！一時，令人啼笑皆非。

空襲警報，越來越頻繁起來。市民們，大半開始疏散。象牙之塔，已變成了死城。一切活動，都停止了。這時，雖值炎夏，連蟬聲也銷聲匿跡了。不久，醫院疏散到「中和」。繼而，又疏散到「大溪」。只有一部份，留在臺北本院，繼續工作。

連日，風雨不停，風雨如絲。在淒清蒼涼的雨聲中，「空襲」，給人們帶來恐懼和焦慮。我們也收拾起一切傢具、雜物，僱了一輛卡車，疏散到草山（陽明山）去了。就暫時住在妻的親戚家。疏散到這親戚家來的，連我們共有四家。這時，大家努力，在後山掘出了一個防空洞。草山雖是避暑之地，但這時，一片荒蕪。花也沒有開放。

從此，我每天清早，都要經過有「青竹絲」（毒蛇）匿居的竹林，尋找近路下山，再步行到醫院上班。下午，五點下班之後，我又再一步一趨的登山，原路回家。那時，雖然來往路遠，但步伐配合着呼吸，走起路來，竟意外的不覺氣喘。在家中，我利用閑暇，就在庭院前，種植蔬菜，如豌豆、蕃茄、菠菜等等。不久，這些蔬菜，都長得綠油油的，令人感到喜悅。在山坡上的甘薯的蔓兒，都枯死了。落花生，却長出了小葉，也開了小黃花，但沒有花生米。總而言之，這時，食物的奇缺，已到了很嚴重的程度了。

又過了一段時期。有一天，妻從山邊檢回一個鷄蛋。此時，正值「蛋白質」缺乏之際，妻的好意，讓我獨自享受。沒有想到，我吃下這個鷄蛋之後，竟患了嚴重的「傷寒」(Paratyphus)。整整三個星期，發熱四十度，妻用山水，給我鎮燒。我自己注射強心劑。後來，醫局的邱水生先生，將傳染病院的救護車開了來，擬把我接到傳染病院去。想不到，這時，我的熱度已退，竟自然痊癒了。因此，我就沒有去傳染病院，可是，我已瘦得只剩下一把皮包骨了，步行極感困難，我攀着櫻花樹幹，勉強的慢步。病後的恢復，實在很慢。

院子裏，杜鵑花已盛開。白眼鳥，在樹梢間跳躍着，不時停了下來，歪着頭，用她那圓圓的白眼，盯視着我。好像，對於人間事物，有着無限懷疑與不滿。

經常，遠遠地，聽到城市裏的轟炸聲音。但這時，地面上，既無反擊，亦無飛機起而迎戰。只讓對方在靜靜的天空中，肆意轟炸。誰也不知道，戰爭將發展到何種地步。到底，在何處究竟發生了甚麼？

民國三十四年（一九四五年）八月十五日。

這一天，終於到來。日本天皇，宣佈無條件投降。將臺灣歸還祖國。於是，戰爭結束了。

這時，很久沒有聽到的蟬聲，在青山綠水間，一齊發出了歌唱。深綠的山谷，也爲之歡呼。

「啊！是多麼令人鼓舞的歡聲呀！」

我望着含笑的遠山，望着未來的象牙之塔，我期待它，將以嶄新的姿態，重新壯大起來。

第四章　新希望

一、光復——重回臺北

戰爭結束，一星期之後，我們又收拾一切傢具什物——書櫥，書籍，圓桌，椅子，小女用的小竹椅，鍋子，以及剩下來的劈柴等等。僱了一輛卡車，下山，重回臺北來了。

我們坐在卡車裡，沿着我每日來往的山路下山。我曾回首環顧那靑翠欲滴的草山，眞是感慨萬千。才兩歲的小女，在媽媽的懷抱裡，乖乖的，隨着顚簸的卡車，搖晃着。這時，蟬在路邊也叫着。

到了臺北。疏散的人們，大概還沒有回來吧！街頭上，顯得非常蕭條，看不到人影兒。被爆炸的地方，殘垣斷壁，千瘡百孔，一片荒涼。馬路上，滿是破碎的瓦礫。到處可以看見，脫了毛的野狗兩三隻，在垃圾箱邊，尋覓食物。

我們所乘的卡車，直接駛進大妻街的一條小巷裡。在那裡，有我們的家——只有兩蓆大的一個房間和廚房。這是我們事先向朋友暫時借來居住的地方。我們安頓下來。因爲地方太小，我們就把那一大堆的舊藝術書籍，以斤計價的賣掉了。把書櫥充作菜櫥使用。兩蓆大的小房間，就成了我們的臥室兼書齋了。

不久，醫院也從大溪遷回來了。搬運回來的儀器，大都破損不堪。手術器械，丟失不少。有的也都生了銹。儘管如此，在破玻璃窗裡，我們開始門診。並用生銹的刀剪，開始動手術。日籍教授，除了兩三位之外，其他全部都被遣回日本了。這時，杜聰明教授，擔任第一任醫學院院長。接管了臺北帝國大學醫學部及醫院。醫學部的病理教室（現在的綜合研究館地址），在戰時，受到直接轟炸，而倒塌了。醫院的會議室，第四病房，以及餐廳的一角，也被炸掉了。中央走廊的前邊，被炸得留下一個大洞。以致無法通行。這些廢墟，像戰爭留下來的紀念品一樣，經過很久，都未加修復。

沒有多久，我國先遣部隊，從大陸派來臺灣。他們個個都穿着黑色的中山服。在炎熱的、塵埃飛揚的街頭巷尾，高喊着：「同胞們！」「兄弟姊妹們！」招呼過路民衆，並講解三民主義。所有講臺上，都懸掛着「光復萬歲」，「三民主義萬歲」的長長紅布。歡迎的旗幟，隨風飄揚。到處可以聽到鞭炮聲。家家戶戶的門口，也都懸燈結綵。三民主義，對我來說，非常陌生。但聽到他們招呼「同胞」、「兄弟姊妹」，我眞有說不出來的親切感。那時，臺灣由於重歸祖國的懷抱，人人愉快的心情，自非筆墨所能形容。事實上，我們沒有聽見過像這樣有親密感的招呼了。記得，戰爭末期，日本政府曾以「一視同仁」爲口號，欺騙大家「皇民化」。原來，所謂「一視同仁」，乃以改日本姓名爲條件，而且只限於物質配給同仁而已。

不久，街頭巷尾，家家戶戶，都飄揚起嶄新的青天白日滿地紅的國旗了。所有墻壁上，電線桿上，也貼滿了五光十色的標語。到處舉辦「國語」講習會。男男女女，聚集一堂，都很認眞的學習國語。處處都充滿了新的氣象。

「國語」，對我來說，是一種新的語言。因而，我很頭痛。依稀記得，小的時候，曾讀過「人之初，性本善」。但那時，是用「閩南發音」，讀「漢文」。在求學時代，所受的訓練，全是日式教育。雖然，也有所謂「漢文」課程，但須按照「日式訓讀」。那時，我最討厭這門功課。常常爲此逃學不去上課。而今，國語將成爲我日常必用的語言了。我想，我怎樣去學習也學不好了。我覺得，我永遠趕不上時代。以後，在醫院裡，成立了「國語講習會」。我也參加講習。我從ㄅ、ㄆ、ㄇ、ㄈ，注音符號，開始學起。但這些符號，看來很奇妙，怎麼也記不住。

二、醫學院的風潮

醫學院、附屬醫院的接收工作，已經完畢。最初，先由舊有的臺籍職員，維持局面。外科也照樣分爲「第一外科」和「第二外科」。我被任命爲講師。基礎學科，因爲缺乏人才，由杜院長，推薦了一兩位出身不明的人，進來應付應付。這時，被暴風吹破的玻璃窗、已經剝落的水泥墻壁，以及直接被轟炸的地方，瓦礫堆積如山。這一切，都還沒有修復。這座新生的象牙之塔，宛如一輛破舊的馬車。在這期間，大學校長，頻頻更迭。我們的薪水，常常一兩個月領不到。有時，每半個月，借支一次，藉以勉強維持生活。因此，一切都在不安定中。偌大的醫院，好像在喘息中過日子。

在那個時候，不知道由於甚麼緣故，大家都反對校長。爲此，醫學院的醫生，實行罷課。附屬醫院，也弄得雜亂無章。屬於少壯派的，每日都在開會，研討對策。電線桿和墻壁上，都貼滿了宣傳畫和標語。我也是少壯派中的一人。年輕的我，當時不知爲何激動、爲何反對，現在已記不清楚了。後來，局勢的發展，好像由激烈分子在操縱。目標大變，而且，變得非常複雜了。那些激烈分子，事後不知隱身何處，一直沒有再見到他們了。

一陣暴風雨過後，學園已是千瘡百孔。象牙之塔，百廢待擧。這時，又從日本及大陸來了一批強有力的教授群。例如：東大出身的嚴智鍾教授，千葉醫大出身的病理學葉曙教授，東大出身的魏火曜教授，魏炳炎教授，高天成教授，高遠逵教授等等。個個都是權威的人物。不久，嚴智鍾教授，當了醫學院院長。這時，我也升了副教授。這是民國三十六年（一九四七年）的事。在此之前，民國三十五年，我曾任第二附屬醫院（原來的紅十字醫院，就是現在的中興醫院）的外科主任。那時，在第二附屬醫院裡，專爲從日本回來的尙未畢業的醫學生，特別設置了臨時醫學專門部，我就擔任了這裡的教授。

當時，醫局裡幸有陳勳南、王乃恭、余、楊、黃、謝等醫師，年輕而熱心。所以，無論手術，或學生教育，我都幹得很起勁。而且，也很愉快。

回憶，臺灣光復後不久，我在爲病人診察時，常聽到病人喊「疼！疼！」因而，學得「疼」的意思，就是「痛」。而常常從報章雜誌上，學習造句用字的方法。而今，我的國語，總算可以行得通了。我的講義，也開始用國語授課了。我時常聽到學生們說，我的講義，最容易聽得懂。因此，對於我的國語進步，我感到很高興。

由於醫師們的工作，都很認眞而合作。我的心情，好像又回到澤田外科時代的夢境。這時，我對於「氣喘患者」採用日本中山教授的所謂「頸動脈腺摘出治療法」，以及常見的從南方戰地歸來的軍伕們，所患的「熱帶性下腿潰瘍」等，大大引起了我研究的興趣。每天，我總是提着一個大帆布箱，避開喧囂的鬧市，從大橋，沿着淡水河堤防，步行到醫院。下午，再步行回家。在來往的途中，望着河中的流水，我的腦海裏一心只想着「患者」、「研究」及「學生」。

我自己已增加了兩個孩子，也不大關心。仍侷促於兩蓆大的小房間裏。妻也夠可憐了。她穿着粗布襤衣

圖一 - 9. 所租的兩蓆大的我家，妻和孩子（1946年）

，吃青菜豆腐，又要親自劈柴燒飯，洗衣服。看她那瘦小的身體，眞有點弱不禁風的樣子。說起來，我實在沒有時間來照顧她。（圖一—9）

社會在不知不覺中，陷於混亂。二、二八事件，突然發生，槍傷患者，又一個一個地被送到醫院來。馬路也不能通行了。這時，我才注意到事態的嚴重性了。

三、重回臺大醫院

當時，陳禮節任第二附屬醫院院長。他是浙江省人。略通日語。是一位屬於外交型，而且非常圓滑的人物。所以，我比較容易和他接近。後來，他調任第一附屬醫院（今之臺大醫院）院長，就離開了本院。以後。省政府自衞生處派來一位姓洪的任院長。他與臺大毫無關係。同時，洪院長又派了一位從東北回來的章先生，擔任該院的外科主任。這時，我雖任臺大外科副教授，但好像只是一個空名字，並沒有實際的工作。一切外科的活動，完全被限制了。

是否洪院長有向上峯提出建議？有一天，我突然接到醫學院嚴院長的一件由「毋」字結尾的通知。那時，我雖略通白話文。但這個好像「母」字的「毋」字，却不知在此作何解釋。於是，我求教他人，才知道是「不可」的意思。這一通知，也就是一個叫我不可工作的「命令」。這樣一來，身爲副教授的我，將何去何從？難道叫我餓死在路旁嗎？

那時候，我正在計劃，做某種研究工作。正在全神貫注，準備着手開始的時候，突然給我這個打擊。讓我一時陷入莫名的煩惱。我對醫學院當局，這種太不負責任的處置，大爲不滿，更大爲憤慨。於是，有一天，我專程拜訪陳禮節院長，並向他提出報告和我個人的意見，心廣體胖的陳院長，聽完了我的話之後，搖晃着身子，哈哈大笑起來。遂用日語對我說：

「林先生，沒有問題。你是外科的副教授，就請你明天到這兒來吧！」

陳院長，這一措施，才是切合實際的處理方法。陳院長，不僅通情達理，而我也很佩服他的做法。直到現在，我仍對於醫學院院長最初爲甚麼那樣不乾脆對待我，百思不解。從此以後，第二附屬醫院，就改爲「臺灣省立臺北醫院」了。

臺大醫院的外科有兩個。即第一外科和第二外科。這時，由徐傍興教授，主持第一外科。由高天成教授，主持第二外科。第一外科的醫師們，大半是從日本回來的年輕小伙子。他們之中，熟諳英語、法語的人也不少。醫院雖然依舊，被轟炸的地方，多已修復。患者們，也都能遵守紀律。光復時的一些怪現象，已不復見了。

醫師們，經常聚集在三樓的外科研究室，吸煙、喝茶、曬太陽、聊天。他們互相談論自己將來想要走的路。年輕伙伴們，個個對於自己的前途，抱着很大的希望。這時，他們之中，有人想搞「腦外科」。有人想做「整形外科」。這些情形，已從他們的談話中，我獲得了解。

平心而論，我們的外科，到現在，尚未有所謂專門外科。「澤田外科」只是一般外科而已。也只不過着重於甲狀腺與腹部外科而已。因此，一旦遇上骨折患者，就沒有專門擅長整形外科的醫師。大家只好臨時抱佛脚似的，翻翻「貝勒博士的整形外科學」，再摸摸患者的骨頭，來做診斷了。這樣，總是不得其門而入。更無法作專門性的探討。戰後，民國三十八年，高天成教授，曾在外科，對於精神病患者，做了一些 Lobotomie（腦前葉切除術）。在表面上，意味着腦外科已經開始了。在外科醫局的牆壁上，掛着一張曾喊着「我是皇帝薛仁貴」的精神病患者的照片。這位鄉下農夫的精神病患者，經過高教授的「大腦前葉手術」之後，竟獲致痊癒。

四、胸部外科的開始

我決心研究「胸部外科」，於是，立即蒐集有關胸部外科的文獻。這時，有關肺結核方面有胸廓整形手術，日本鳥潟教授，正大力提倡所謂「平壓開胸術」。關於心臟方面，榊原教授的「心臟鏡」，正成爲外科議論的中心。在歐美，雖早已實行「肺切除術」、「心臟手術」，但是無法找到文獻，所以，眞相不明。

然而，一個現實的問題卻發生了。我雖有雄心想要研究胸部外科，但沒有患者，又該怎麼辦呢？當時在臺灣的外科，如果提到胸部外科的話，充其量，只有「膿胸」手術而已。對於患者之來源，我幾經考慮的結果，乃把目標轉向肺結核患者了。這時，臺大醫院內科，正由楊思標先生，繼桂教授之後，積極的正從事肺結核之研究工作。因此，我立即向楊思標先生（現任臺大醫院院長、內科教授）提出肺結核外科治療的問題，並請他鼎力協助。結果，他不但不作回答，並且根本對於我的建議，置之不理。後來，我等待了很久，也沒有獲得回音。

這時，我並沒有灰心。我再改變目標，轉向「松山結核療養所」了。記得，就在那時，我正開始學習騎脚踏車。因爲，妻曾送我一件生日禮物——一輛半新的脚踏車。於是，我就騎着那輛脚踏車，滿懷希望的奔向松山療養所。

松山結核療養所的楊添木院長，倒很爽快的一口答應了。但事實上，仍一無所得。以後，雖騎着沈重的脚踏車，幾番往來於松山路上，每次，都是空手失望而歸。那時，往松山去的路，竟覺得特別遙遠，在炎熱的夏天，跑得滿頭大汗，眞令我有點吃不消呢！

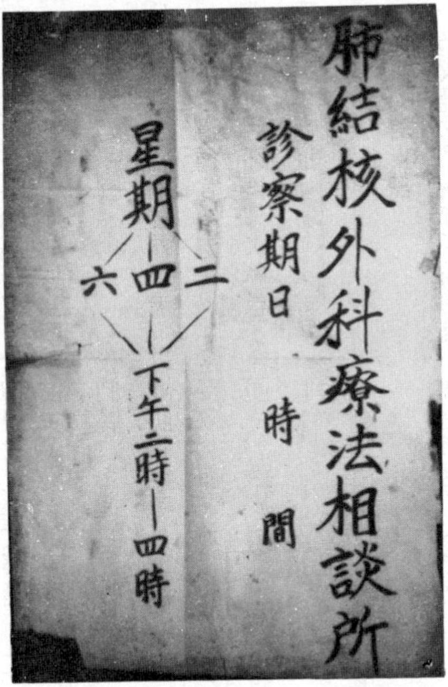

圖一－10. 貼在外科門診部的通告（1949年）

最後，我終於放棄了一切依賴外力協助的念頭。無論如何，須要自己去努力。要靠自己，爭取患者。後來（民國三十八年，一九四九年），我終於想出一個辦法。就是，第一、我在外科門診部，貼出了一張佈告，上面寫着「肺結核外科療法相談所」，「免費，隨時回答你的詢問」（圖一－10）。第二，在報上，大肆宣傳肺結核外科治療的重要性和效果。我們利用這種方法，直接呼籲患者的注意。讓患者自動前來商討和求治。這時，在外科醫局，幸而有一位山東籍的耿殿棟醫師（現任永和鎮金陵外科醫院院長。也是著名的攝影家。曾獲得教育部文藝獎。）非常贊成我的這項計劃。並把我寫的文章，加以修飾，在中央日報發表。他自己也在各報章雜誌上撰文爲我宣導。他更請求中央日報，爲我們免費印了兩萬份「說明書」（圖一—11）。我們將這大批的說明書，一部分，放置在各科掛號處，讓患者自由索閱。一部分，直接寄給肺結核患者，以供他們參考。

果然，這種宣傳方法，非常奏效。前來詢問的患者，絡繹不絕。從此，我們所需要的患者，源源而來。因此，我們不再仰人鼻息了。同時，由於胸部整形手術患者，日益增加。我們對這方面的知識和經驗，也隨着大爲增進。

當時，第一號患者，某某先生，經手術獲致康復之後，曾把那塌陷的肩胛骨的背後傷痕，顯示給我看，很高興的對我說：

「我是你們胸部手術的第一號患者啊！」

一段艱辛的往事，記憶尤深。現在想起來，眞令人感慨萬千。

這樣，還不到半年，胸部外科的基礎，似乎已經確立了。爲此，令我最難忘懷的是，當時耿殿棟醫師與中央日報，對於胸部外科的發展和協助，其功是不可磨滅的。

從此以後，對於推動胸部外科工作，我更有了信心了。

民國三十九年（一九五〇年）我曾使用 Pentotal 麻醉法，施行鳥潟教授的所謂「平壓開胸手術」。那時的麻醉法，既不使用氣管內挿管，又無呼吸管理。就在這樣的條件下，做了開胸手術。記得，這時，

告肺結核病者

結核問題是現代任何國家為其國民保健上的最嚴重問題，它是如何可怕、如何普遍的侵蝕着整個人類的生命！這個無比慘酷的事實，早為世人所共知共恨。所以現今世界上沒有一個國家不對於防癆工作，早期診斷以及積極施療等有所努力奮鬪也。

近代肺結核局部治療法中，最根本者，便是虛脫療法，即是把肺患部壓縮，令病部得到安靜之法也。尤其是對於肺空洞，因其洞內之陽壓以及肺組織的彈力性，非用此療法，將這空洞壓縮而使其誘導氣管枝迅速閉鎖，是不能給它治好的。所謂虛脫療法中最常用者，便是人工氣胸療法。真的，若人工氣胸能作得完善，使病竈部完全達到虛脫時，確可以得到85—90%之治痊率，反之如作的不完全時，則僅可獲得26%左右的治痊率罷了。為什麼不能作得完全呢？因為肺結核，尤其是病竈部比較近於表面者，則很容易發生局部的肋膜搭着。這些肋膜搭着不但會妨礙罹患肺之虛脫，往往也可能惹起空洞破裂的危險，以及肋膜滲出液之產生。據統計說，全無出現肋膜搭着的肺結核患者僅占20—30%而已，由此可知，大多數的病人們是不能利用人工氣胸法得以獲得完全的治療。

那麼，應如何解決這個嚴重的問題呢？這也就是我們現在所以要提倡外科療法的理由。事實上，在這種情形之下，如不實行外科手術治療，便很難獲得治癒的可能性……。簡單的局部性肋膜搭着，僅在使用胸腔鏡下燒灼該帶狀搭着物，就可以助人工氣胸法作得完全。搭着擴大者，用手術方法剝離之，或以肋膜外肋膜剝離術使罹患肺部與被剝離的壁側胸膜粘在一起下降而達到虛脫之目的。此等手術，都不一定需要行大家所不歡喜的肋骨切除術。但病竈範圍廣大者，那就需要胸廓整形術了。

總之，肺結核尤其是肺空洞之外科療法，其必要性和其効果，已成為現在世界醫界的常識。惟在臺灣，却很少有這種療法的實施。關於此點，並不是臺灣的肺結核與歐美的肺結核不同，而不需要外科療法，就可以全治，其最大原因即是：（一）醫師們缺乏熱忱去指導病人勸告病人。（二）一般患者不知道這種療法的需要性，於是多少不幸患者，都失掉了治療的機會了。

我們為了國民的整個健康，為了迫切拯救這些不幸的患者，自十一月十日起在第一外科門診部擬設立「肺結核外科療法相談所」，凡有肺結核患者如願前來，我們定以衷心熱意，給予指導或治療。希望有肺結核的人們，直接前來相談，並請社會人士多賜予介紹。

時間　星期二　下午二時——四時
時間　星期四　下午二時——四時
時間　星期六　下午二時——四時

臺大附設醫院第一外科副教授醫學博士林天祐

圖一-11. 由中央日報免費印贈的告病人說明書（1949年）

我生平第一次，親眼看見，人在呼吸中的活生生的「肺臟」，以及正在搏動的「心臟」。一切的一切，都感到新奇而有趣。臺灣，在日據時代，從沒有人嘗試過這樣的「開胸術」。閉胸之後，把膠皮管子，插入胸腔中，抽出空氣，接着再把插入的膠皮管子，全部拔出。以後，就沒有再插入任何 Chest Tube（胸管）。就是用這種開胸法，我做過「橫隔膜疝氣」手術、及肺內彈片摘出手術，都告成功了。這些病例，都由醫局的何旣明醫師（現任天佑外科醫院院長，奧林匹克飯店總經理）撰文，在醫學雜誌上發表了。此外，我又對於「肺癌」，「食道癌」患者，用同樣的方法，做過開胸手術。但都由於癌的蔓延，而不能切除了。現在回憶起來，當時的那一股勇氣，冥冥中似有神靈相助。假如，那時，在手術中，弄破了「縱隔竇」，成爲兩側開胸的話，患者必立即死亡。說起來，眞是「初生之犢，不畏虎」！幸而沒有出過甚麼差錯。這不能不說是眞正的「天佑」了。

總而言之，臺灣的胸部外科，已從那時起，開始在萌芽了。

五、美國留學

民國三十九年（一九五〇年）。臺大新校長傅斯年，斷然廢除了臺大醫院多年來所遺留下的「分裂制度」，將兩個外科，合併爲一個外科。任命高天成教授，爲首任外科主任。同時，三個內科，也合併爲一個內科。這時，醫院又決定，醫學用語，必須將德語改爲英語。那時，我好不容易的克服了學習「國語」的困難，正鬆了一口氣。現在，又要面對英語作戰了。我們應用德語，已成了習慣，我們都能讀，也能寫。但對於英語，則全是茫然。事實上，當時，我連 east 和 west，那個是東，那個是西，也弄不清楚。不久，在門診部，從隔壁傳來徐寶黎醫師，用英語和外國人談話的聲音，令我羡慕不已。使用英語，是時勢所趨，還是非適應不可啊！

於是，馬上經友人的介紹，請了一位英語老師，楊慶安先生（當時，還在法學院念書。現任美國New York State大學教授）每天下午，到我的房間，來給我教授英語。這位英語老師，口齒伶俐，心胸開朗。圓圓的臉上，常掛着微笑。他對我說，他將來要獻身於神學。

先從A、B、C發音學起。接着再學習Th，R的發音。一切都從基礎開始。這位英語老師的敎法，非常切合實際。和日據時代的敎法，完全不同。他注重口耳併用。他很緩慢的，淸楚的用英語和我講話。最初，我全然聽不懂，但過了不久，便漸漸的聽得懂了。他經常修正我的發音，他說我沒有壞習氣。我的發音也不錯。就這樣，又褒又哄，是知是不知，總之，三個月的時光過去了。

一天，這位英語老師，一進到我的房間，就對我說：

「林先生，我告訴你一個好消息。現在China Foundation，在招美國留學生，希望你去報名吧！」

停了一會，他又繼續說：

「到六月三十日下午五點，報名截止。希望你趕快向大學本部申請吧！申請書，我可替你寫。」

他一邊勸我爭取時間，趕快去報名。他又向妻強調我留美的重要性。我覺得，只學了三個月的英語，就要到美國去，不但是太勉強，同時，好像是開玩笑。我很少旅行。在臺北，我還沒有乘過公共汽車。說眞的，怎樣搭乘公共汽車，我眞是不太明白。我簡直像一個鄉下佬。因此，我極力反對去美國。我更沒有拜託這位英語老師。想不到，他一腔古道熱腸，竟自動替我寫好了英文申請書。並把我留學的目的，計劃等等，寫了洋洋三、四大張。令我大吃一驚。妻也極力主張我去，並說，不要錯過這個大好機會。但是，我仍不表示同意。

不料，報名截止的那天晚上，妻對我說：

「因爲，趕不上報名的時間。剛才，我就把那份申請書，直接送到傅校長的公館去了。」

我聽了之後，大吃一驚。楞了起來。遂大聲向妻說：

「我不希望去美國！你爲甚麼強要我去美國呢？」這時，我深深的感到不安。後來，回想起來，最初，若不是妻堅強的主張要我留美，恐怕我不會有今天的成就啊！想到這裡，對於妻之苦心，令我由衷感激。事實上，自從我們結婚以來，妻所做的每一件事都好。她的很多意見，也都很對，很正確。她堅持要我去留美，就是其中之一。我們結婚之前，妻是一位名門閨秀。出門，以車代步。在家，由奶媽服侍。如今，則非昔比了。要到甚麼地方去，只有靠兩條腿去走。洗衣燒飯，一切操作，只有靠兩隻手去做。因此，她嫁給我之後，實在讓她太受苦了。不但如此，有許多事，是屬於我應當做的，例如：搬運東西，區公所方面的事等等，她都不辭辛苦，替我奔走，替我辦理。結果，無一不井然有序，從無差錯。而我，仍舊是一位不懂世故的書生。

說到這裡，我又想起一件有趣的往事。我們尚未結婚之前，我還住在醫院裡。

有一個星期日的下午，有一位算命的先生，提着一個小鳥籠，走了進來。他將籠子的門一開，小鳥就走了出來。從這位算命先生的手中，檢出一張紙籤。這張紙籤上，寫着求卜人的命運。這時，大家都覺得有趣，爭著算命。我也順便占了一卦。那小鳥漫不經心地一跳出門口，掐出我的籤。籤上寫着：

「你未來的妻子，在家，在外，都能幫助你。」

現在想起來，我有一位賢能的妻子，好像是我命運中，早已注定的事了。

六、遠渡重洋

妻提出留美申請書的第二天。

整個早上，我都在從事手術工作。快到中午的時候，忽然有人來告訴我說：傅斯年校長在院長室，要我去見他。於是，我很快的做完了手術，小心翼翼的走進院長室。在寬敞的院長室裡，只有傅校長一個人，啣着煙斗，坐在沙發上。

校長透過老眼鏡的鏡片看着我，就用英語連聲問我：

「林博士嘛！現在，你在做甚麼啊？你有幾個孩子？今後，你想要做甚麼？」

說也奇怪，傅校長的英語，我居然能聽得懂。而我竟也隨勢不知不覺地能用英語回答他。我的回答，他似乎也理解。最後，傅校長叫我再過幾天，到大學本部去應考。

我告辭回家，在路上，我邊走邊想。這次，會見校長，我居然能用英語回答校長的問話。眞是出乎意外的一件事。過去有很多事，到了最重要關頭，總會平安順利渡過。我的名字，叫「天祐」。在我的命運中，的確，有很多的事，好像冥冥中上天都在保佑我。

記得，在鄉下公學校（臺灣人的國民學校）四年級的時候，我常曠課去拾穗，或去採茶，不太用功。因而，學業總是徘徊在留級的邊緣上，常被老師罰站，日語也說得不好。一天，我忽然對父親說，我要到小學校（日本人的國民學校）去讀書。後來，我終於進入新莊的小學校了。現在，回想起來，如果那時，我沒有轉入新莊小學校的話，就不會考進醫學校。今天也不會做醫師。這能不說是上天之保佑嗎！

另外還有一件事。

我初到東京。進入中學的時候。有一天，擠在電車裡，快要駛進月臺的時候，我忽然異想天開。想來一個牛仔式的跳車吧！想到便做，馬上一跳。當時，我認爲是跳在月臺上了，但沒想到，竟摔在馬路上。摔得四脚朝天。抬頭一看，電車已經向遙遠疾駛而去。看不到月臺。我急忙爬起來。竟然，一點也沒有受傷。拿在手中的雨傘，也沒有折壞。背後也沒有汽車駛來。在此驚險萬狀之下，結果，平安無恙。這又能不說是「天祐」嗎！

話歸正題。我遵照校長的話，到了大學本部。這時，除我之外，尚有從醫學院來的楊思標，陳烱霖，林宗義。從其他學院來的，也有四、五名。這一天，天氣晴朗。砂石路上，白白發光。檳榔樹梢，隨風搖曳。不一會兒，我們大家，以錢思亮教務長爲中心，坐在一排。我們的對面，是傅校長夫人（英文老師），以及外國籍神父們，坐在一排。於是，開始了我們正式的考試。在短暫的時間裡，一個一個地用英語作了莫名其妙的問答。考試的結果，全都不合格。

臺大爲了我們，開辦了一個英語講習會。期間爲二個月，於是，我又開始每天騎着那輛脚踏車，奔走於大學本部和修女們的家了。一轉眼，兩個月過去了。可是，我的英語，似乎沒有多大進步。

民國三十九年（一九五〇年）九月。在急忙之中，辭別了前來機場送行的親友。硬被送上飛機，很快的先到香港。我們準備從香港，改乘 President Line 去美國。（圖一—12）

圖一－12. 1950年9月在Gordon號船上，陳烱霖教授與著者（右）

在香港住了幾天之後，我們一行三人我和林宗義（前臺大教授、精神科主任），陳烱霖（現任臺大教授，曾任小兒科主任），（楊思標已先往 Denver ），改乘 Gordon 號輪船，離開香港。渡過臺灣海峽。此時，我們曾親切的遙望着浮在波濤洶湧的「臺灣寶島」。一星期過後，便到了日本橫濱。戰後的橫濱，創傷猶新。日本人，衣着襤褸。赤着足挖土，在撿拾炸彈的破片。在橫濱，只有一小時的登陸停留。接着又破浪航向太平洋去了。

太平洋，一望無際的茫茫大海、看不到島嶼。連一尾魚，也看不到。天天所看到的，只有高高聳立在船上的桅桿，以及飄浮在天空中的白雲罷了。日子覺得特別漫長。這時，我想起，昔日哥倫布(Christopher Columbus 1451-1506)的船員們，或許在這樣寂寞，單調的漫長海上航行中，才發了瘋，亦未可知。林宗義和陳烱霖，倒也悠然自得。只有初次遠離家鄉的我，已無少年時期的美夢與理想了。更無年輕，橫渡日本時的豪情萬丈了。這時，腦海裡所想的，只有「英語」。在船上，我儘量找機會，和從香港上船的中國人接近，好向他們學習英語會話，並也可以打發海上寂寞的時光。

第五章　在波城的日子

一、波士頓生活

圖一－13. Overholt 教授（1950年在 Boston）

我們一行，在寒冷的舊金山分手。我和林宗義在一起。我們經過 Denver，芝加哥，去波士頓。因爲，我們的目的地，都是波城。

我原來擬去 Minnesota（美國西部的一州）亞歷山大教授處。後來，因爲曾經在日本雜誌上，無意中看到東北大學鈴木教授，介紹 Boston 的 Overholt 教授的一篇文章。於是，我便寫信給 Overholt 教授請益。不久，就接到他親切的回信。因此，我便決定到 Overholt 教授那裡去了。

Overholt 教授（圖一—13），是當時最具權威的胸部外科專家。經常在雜誌上，發表有關肺臟的論文。在他給我的信中說，按我的經歷，最好到波士頓來。因為波士頓是美國有數的醫學中心之一。在這裡，除了肺的手術之外，還可以學習「食道」、「心臟」等各種各樣的外科手術。後來，我抵達波士頓一看，果然，名符其實，話不虛傳。

在 Harvard 大學的小兒醫院裡，Dr. Gross 不斷的施行心臟及大血管的外科手術。還有，食道外科權威 Dr. Sweet，常在談笑之間，很輕快的就把「食道癌」，剝離出來。Dr. Overholt 在 Decones 醫院，每天都施行三、四個病例的「肺葉」切除，「肺區域」切除，以及「一側肺」全摘出等手術。在開胸手術中，所使用的所謂「閉鎖式麻醉術」，是幫助開胸手術，獲致成功的最創新的功臣。這種麻醉術，是把一條如食指粗的長膠皮管，挿入氣管內。再連接在有輪子的機器。然後，用手將鼓起的黑膠皮袋，一壓一放。這種新奇而驚異的麻醉術，和各種手術，一切還是我生平第一次看到的。為了吸收這些新知識，我已忙得團團轉。這時想起從前，鳥潟教授的所謂「平壓開胸術」，與這裡的手術比較，簡直是小巫見大巫了。我認為，日本的胸部外科，因為受到鳥潟教授的這種主張的影響，一直發展得很遲緩。

總之，我為了要了解胸部手術的適應，手術手技，以及有關胸部的解剖情形。我已盡了最大努力。後來，承蒙 Overholt 教授的部屬 Wilson 先生的協助，在附近 Francis 街，找到一間公寓，落下了脚。這時，我買了一台手提打字機，從此才安定下來。

當時，林宗義也在波士頓。但我儘量躲開了他。因為，我們倆人見了面，免不了要講臺語或日語了。這樣，將影響我英語的進步。我為了英語的進步，每天，我把當日所見，所聞，所感，全都用英文作成圖表。再用打字機，打成紀錄。而今，看看這些紀錄，簡直不成甚麼英文。但在當時，我總算把一切事物，盡量用英文來做表達了。

我不但曾考察了許多醫院，例如 Decones 醫院，Harvard 大學小兒醫院，Peter Ven 醫院，以及 Massachusetts 總醫院等等。我還時常和 Wilson 先生，到遠在郊外的結核療養所去實習。我倆，曾多少次，在曉星寥落的凌晨，從波士頓出發，走過滿是落葉的森林，好不容易，抵達目的地—結核療養所。在這裡做手術，舉行討論會。之後，再返回波城。這時，又是星斗滿天的時候了。

我對於英語，口與耳，依舊不管用。可是，我幸而有捕捉細節的眼力。過了九個月，我的桌子上，已堆滿了三、四巨冊貴重而又豐富的紀錄資料了。我也買了很多書籍。我自信我已經有把握了。我嘗滿懷信心的暗自欣慰。

然而，每月一百元美金的公費，除了衣食住行所需之外，想要旅行，購買書籍，買些土產，那就不容易了。我住的公寓，每週租金六元美金。所幸，房東老太太，每天早上，都送給我咖啡和厚墩墩的麵包。到了傍晚，又再送給我冰淇淋和餡餅。所以，我的早點，只需要再增添少許廉價麵包，就可以省下在外吃一頓了。關於午餐，以八十仙爲限度。這樣控制經濟的開支，量入爲出，生活還能過得去。

房東太太，已有八十歲了。白髮蒼蒼，身體還算健壯。她說她有一個女兒，在紐約當舞女。但是，我住在這兒十個月之中，我從沒有看見她的女兒回來過。老太太只是孤零零的一個人，和一隻叫「琵琶」的小猫，住在一起。

林宗義先生，很羡慕我在這兒的生活。待我遷至紐約之後，他才搬進我住的這間公寓來。但那位房東老太太，有沒有送給他冰淇淋和餡餅，我就不得而知了。

二、愉快的回憶

在繁忙的波士頓生活中，也有許多有趣的回憶。在這裡，不妨提一提。

我在 Decones 醫院的手術室裡，見習手術時，我經常拿着紀錄用的紙張，背起手來，站在凳子上，參觀手術。有一天，我同樣的站在凳子上，聚精會神的注視着 Overholt 教授，施行肺葉切除術。這時，我忽然感覺到好像有人在我背後，在我手中拿着的紙上，不知在亂寫甚麼？我因專心注意着手術的進行，故沒有理會，就讓他亂寫吧！不一會兒，手術完畢。大家離去之後，我悄悄的看了看那張紙。上面寫着：

「今夜七點，請到我家裡來玩，好嗎？

××街十七號二樓」

字寫得很潦草。署名是「Mariner」。啊！Mariner 是這裡的一位年輕漂亮的護士。但已經結過婚。平時，在醫院裏，常和我開玩笑。她雖已結婚，但天眞活潑，稚氣未減。聽說她的丈夫，正在紐約做生意。她的邀請，充滿了誘惑。眞令人想入非非。如果，一旦她的丈夫知道了，該是多麼難爲情，想了想，我還是不去爲妙！

留美期間，最感頭痛，而又不習慣的，就是「吃」的問題。尤其是，每次吃飯，都要結上領帶，一步一步的走到街頭，實在也夠煩人了。不久，冬天來臨，積雪盈尺。路旁的樹，都落了葉。馬路上，凍得硬幫幫的，汽車無法行駛，步行也不容易。走起路來，一不小心，就會滑倒在地上。說不定，會來個屁股朝天。在嚴冬，雖然冷風刺骨，但仍要出門吃飯啊！

有時，暮色漸近，望着窗外的銀色世界，縷縷「鄉愁」，便會湧上心頭。我已是三個孩子的爸爸了。老么是一位女孩，已有六歲了。一家大小五口，剛剛搬進杭州南路的大學宿舍裡。這間日式舊房子，是公家所有，並不是自己的產業。但比從前兩蓆大的租房，至少已像個「家」了。搬到這兒來之後，妻馬上在後院子裡，建了一個鷄舍，開始養鷄。男孩子，常撿起那些剛生下來的鷄蛋來吃。這些瑣碎的往事，歷歷浮現在我的眼前。現在，他們在做甚麼？「鄉愁」越來越深。令我「歸心似箭」。這時的我，活像個期待出牢的犯人一樣。我常將明天的日曆，提早一天撕下，以期自我安慰。就這樣，漫長的冬天，過去了。眼看着路旁的楓樹，又發出一片新綠。我那焦慮的心，才稍微平靜下來。

三、兩則噩耗

就在這個時候，突然傳來兩則噩耗，令我感到痛心不已！

其一，是傅校長的逝世。另一則，是我父親的見背。

據說，傅校長是在議會上答辯時，突然由於心臟痲痺而逝世。校長與我這個區區副教授，好像距離太遠，沒有甚麼密切關係。但校長至少是提拔了我。給予我留美深造的機會。他期望我學成回國，在胸部外科方面，有所貢獻。至少，他的這一關切，是令我沒齒難忘的。想不到，他沒有看到我的成就，就離開了這個世界。聞訊之餘，令我悲不自勝！這時，我憶起，校長在臺大醫院院長室，親自接見我的時候，他口裡啣着煙斗，神情自若。好像是幾天前的事。我在悲傷之餘，當天晚上，立即寫信給傅校長夫人。告訴她說，我回國之後，必定創立「胸部外科」，絕對不會辜負校長過去的期望，並請她須要節哀順變。

父親，由於腦溢血，突然辭別人間。妻來信，作了詳盡的報告。這一消息傳來，更令我悲傷萬分，痛不欲生。

父親喜愛清靜。所以，我和父親在一起的機會很少。我在小學時，父親常帶我到新莊郊外的小植物園去散步。那時，父親常教我製作植物標本的方法。記得，父親告訴我說，蝴蝶的蛋，是生在樹葉的背面。那些蛋，如何變成幼蟲。幼蟲，又如何變成蝴蝶。父親是農業學校出身。

父親對於我們子女的愛心，令我畢生難忘。

我在澤田外科，當助手時的一件事。有一天，澤田教授廻診時，我因爲有事，沒有在場，一時找不到臨床講義簿。由於我負責臨床講義的緣故，於是，問題就從此發生了。

澤田教授走後，某醫局員（助手）對我說：

「喂！林君，你猜猜看，澤田教授說了你些甚麼！他罵我們臺灣人沒有責任感。眞不像話呀！」

臨床講義簿，是一位名叫於保的日籍醫局員借去了。我覺得，澤田教授這樣的罵我臺灣人云云，是一件莫大的侮辱。是可忍！孰不可忍！於是，怒火冲天！

某某又火上加油的說：

「對了！豈有此理，侮辱咱們臺灣人！」

我聽了某某這番話之後，氣不可遏。我實在忍無可忍了。於是，我馬上向澤田教授提出辭職書。

後來，父親應邀訪問澤田教授。父親回來之後，立即問我：

「天祐，你和某某，是不是不和睦？」

父親問得眞離奇。我覺得莫名其妙。

「不——爲甚麼？」我回答說。

於是，父親告訴我說，當他應邀訪問澤田教授時，一走進教授室，正巧大家都在教授面前討論我的事。無論日籍局員，或臺籍局員，都異口同聲說：

「林君，平時認眞、做事負責、又肯吃苦。沒有理由要辭職啊！」

這時，只有某某，提出相反的論調。他說：

「林君！平時偷懶，陽奉陰違，而且，事事反抗醫局。」

驀地，某某的臉孔浮現在我的眼前。某某在前天還在我的面前，辱罵教授。想不到，他在教授前，又痛罵我。原來，是他從中離間，眞是別具用心。後來，才知道他想除去我這絆脚石，才下此毒手。

事實眞相大白，父親立即前往教室，向澤田教授致歉。這時，澤田教授，也感慨的說：

「我並沒有說過那樣的話！」

於是，一場誤會，霍然冰釋。事情也就過去了。

那個時候的父親，那深刻的滿佈愁雲的慈容，歷歷又在眼前。

我有一位同班同學的父親，和我父親很談得來。今天，這位同學，已擁有一座豪華四層樓的醫院了。但父親看到我這位同學的成就，會不會自嘆，自己的兒子，依舊過着貧窮的生活，而感到「相形見絀」。但事實上，父親却從沒有對我表示過不滿的話。

每到星期天，父親常到我那髒兮兮的宿舍來。他一進門，先把他那燙得畢挺的上衣，掛在牆上。然後，再和孫兒們一同玩耍。然後又靜靜地離開我們。唉!他一步一步地走去的背影，那沉重的背影，使我不由得想起朱自清的散文「背影」來。

記得，來美國的前夕。我向父親告別。這時，父親因患輕度腦溢血，步行已不自由了。但他仍然很關切的對我說：「事事要小心。好好地去做!」

父親說完這句話之後，遂從口袋裡，拿出一枝黑色的派克鋼筆送給我。

那枝鋼筆，如今仍在我手裡。想不到，曾幾何時，這枝鋼筆，竟成了父親最後的遺物。那時，我拿着這枝鋼筆，懷念父親。我的眼淚，如泉水流出。

四、繼續深造

記得，是在一九五一年五月。

從 Francis 街到 Decones 醫院，道路兩旁的楓樹，以及小公園，都發出了一片新綠。每家的窗口，都開着紅，白、紫、黃等等，形形色色的花兒。

自從一九五〇年，來到這裡，已經過了十個月了。希望看的，都已看過了。我想，就此結束學業吧。於是，收拾好了行裝。準備作一次見學旅行。並買好了從波士頓到 Niagara，紐約，Philadelphia, Baltimore，再到華盛頓去的 Greyhound-Bus ，來回車票。

離開波士頓。巴士以高速度，在長而暗的夜路上疾駛着。我獨自閉目沈思，想起這十個月來的波城生活。雖然辛苦，但我認爲收穫却很大。到了 Philadelphia（費城），住在YMCA。用了一個星期的時間，參觀 Dr. Bailey 的手術。到了 Baltimore ，住在 Johns Hopkins 大學醫院對面的公寓。在兩個星期的時間中，參觀 Dr. Blalock 的手術。他是以 Blalock 手術，聞名醫界。俗語說：「十里不同風，百里不同俗」。Dr. Blalock 的血管外科也好，或是 Dr. Bailey 的肺葉切除也好，都和波士頓各位學者的手術方法，有點不同。但各有其特點，足供借鏡的地方很多。

在 Philadelphia 時，曾和我的英語老師會晤。他一見到我就說：

「林先生，你瘦得多了！」

我自己也覺得瘦了。以有限的錢，想要得到豐衣足食，是不可能事。所以，我只有拚命節衣省食。於是，褲帶日鬆。因而，好幾次不得不重新穿孔，以束緊腰帶了。

一個月的見學旅行，結束之後，從華盛頓踏上歸途。在紐約，特去 Colombia-Presbyterian 醫學中心，拜訪外科主任 Humphrey 教授。我在波城期間，Humphrey 教授，和 Dr. Glegarson ，曾一同到臺灣。那時，臺大和哥大，正在計劃學術合作。因此，高天成主任，曾來信要我順便去拜訪他。

到了紐約。經過 Times Square （紐約市中央部的最大廣場，有不夜城之稱）時，看到這兒人山人海，簡直像螞蟻一樣，爬來爬去。我在ＹＭＣＡ卸下行李。馬上到一六八術 Presbyterian 醫院，去拜訪 Humphrey 教授。他的辦公室在第十四樓。有三位女秘書，正在聚精會神的打字。我說明來意之後，即被邀入隔壁的房間。不一會兒，Humphrey 教授就來了。Humphrey 教授，身材高大，鼻下留着小鬍子。紅髮碧眼睛。他的臉扁扁的，好像從兩側壓扁了似的。Humphrey 教授，帶我到另外一間，古典裝飾的房間。我們相對而坐，他一口氣的告訴我說：他剛從臺灣回來不久。在臺灣，承蒙大家熱烈而親切的招待。但臺大與哥大之間的合作計劃，恐怕難以實現了。他的英語，說得很漂亮。我幾乎完全聽得懂。這一點，與波士頓人，如 Overholt 教授等，大不相同了。

最後，他問到我的情況，我簡要的向他報告之後，我繼續告訴他說：

「我現在，正準備回國呢！」

想不到他緊接着對我說：

「甚麼？回國？ Overholt 教授處，只有肺臟外科而已。這裡，心臟、大血管的外科很多。何不在此多躭些日子？」

聽了之後，我嚇了一跳。我已整裝待發，隨時回國。說眞的，這時我的心，早已回到臺灣去了。於是，我想出個理由：

「可是， China Foundation 給我的獎學金，已經用完了。」

出乎意料之外，他竟對我說：

「那不要緊！你就以哥倫比亞大學胸部外科的住院醫師，在此繼續下去吧！須要六個月。關於延期的事，我寫信給錢校長好了。」（臺大傅校長逝世之後，由錢思亮繼任校長。）

接着他又說：

「結果如何？我會通知到波士頓去。」

他沒有等到我表示任何意見，就獨自很快的決定了一切。也許，他認爲我就這樣回國去，學習的是不夠。結果，必是功虧一簣。還是在此，繼續訓練才行。

我回到波士頓之後。又高興，又焦慮。好像出牢前夕的犯人，又被宣告再禁錮六個月一樣。心情很不痛快。我坐在已綑好的行李上面，摸摸下巴，沉思良久。留下乎？回國乎？這時，我好像迷失了方向。

不久，Humphrey 教授來信說：「一切都順利安排好了，請你在六月十日以前，前來報到吧！」我立即將 Humphrey 教授的來信，轉告 Overholt 教授。他聽了之後，也感到非常高興。同時，他也很贊成我到 Humphrey 教授處，繼續再學習一段日子。於是，Overholt 教授，特邀我到他的家裡，接受他一家人的溫暖而親切的餞別晚宴。他的家，是建築在波士頓郊外，遠遠的森林裡。是一所具有十七世紀風味的建築物。

第二天，我離開了值得回憶的波士頓。

房東老太太，抱着小猫琵琶。良久，揮着手，與我道別。

第六章　在紐約的時光

一、當了胸部外科住院醫師

再度抵達紐約，我已不像以前那樣的「鄉下佬」了。

紐約，到處都是櫛比鱗次的高樓大廈。摩天大樓，就好像層層的岩石，覆蓋在馬路上一樣。因此，紐約的馬路，簡直像些多陰的「峽谷」。我走在那裡面，已感到很自然了。馬路上流動的車輛，和來往行走的人群，眞可以說是「車如流水，人似潮。」住在紐約的人們，猶如機械一般，旣無暇旁顧，更無暇交談。整日忙得團團轉。說起來，紐約本身，就像是一個大機械。

美國人，好像「胸無城府」。做甚麼，就說甚麼。不分彼此。性格，天眞而坦率。大家在一起，大家都是「美國人」。因而，我到紐約來，大家還以為我是來自舊金山的美國人呢！由於這個緣故，我在這兒的緊張之感，也就逐漸消失。同時，我也慢慢的被融化於這個大都市的氣氛之中了。

一九五一年六月。一天早上，總住院醫師，帶我到住院醫師的主管——護士長的房間，去報到。在這兒，領取卡片。又到地下室，拍照綴有姓名的胸牌。檢查血型，RH。胸部X光照像。以後，量衣服與鞋子的尺寸。然後，馬上又帶我到分配給我的住院醫師的房間來。這間房間，只有六蓆大小。雖是不大，但看起來，却很舒服。同時，這間房間，窗明几淨。無論床、桌、椅、枱燈、電話，一應俱全。不一會兒，給我送來五件燙過的白上衣、白西裝褲、以及皮鞋。白上衣，是西裝式，做得很好看。在左側的袖上，繡

圖一-14. Humphrey 教授與著者（右）（1951年6月）

着 Colombia Presbyterian 圓圓的大標誌。送衣服的人對我說，需要洗滌的東西，每星期一的早上，裝入箱內，放在門前就好了。我就是這樣，就任了「住院醫師」。當時，既沒有向任何人介紹，也無就職致詞。

第二天早晨，就開始工作了。在醫院的 Cafeteria（自助餐廳），才跟 Humphrey 教授見面（圖一—14）。他先問我：

「一切都好嗎？」接着，他告訴我，如何在 self-service 用餐。遂帶我到大家聚集的桌子之前，在那裡，一邊吃，一邊把我向大家介紹。看樣子，我到這兒來，好像大家事先都知道了。

在這兒，每天都有手術。像 Coarctation of aorta, Patent ductus arteriosus, Pulmonary stenosis, Tetralogy of Fallow 等等，這些先天性的缺陷

，想不到，竟有如此之多。在波士頓小兒醫院 Dr. Gross 處，也是同樣的情形。關於這一點，我想，我們東方人，在人類學上，或許比西洋人進化得多，也未可知。在這裡的胸部外科，所謂「胸部住院醫師」，只有一人。是從 Presbyterian 的一般外科畢業生中，選拔一人，到 Belbew 醫院胸部外科實習，然後，再回來 Presbyterian ，任一年「胸部住院醫師」的，也就是等於胸部外科總住院醫師。

我是一位特別資格的，外國人「胸部住院醫師」。因而，不必負患者的責任。但每次手術，必定派我做助手。除此之外，還要幫助心臟外科門診，血管攝影等等工作，所以，十分忙碌。早上七點左右，就要趕到食堂去吃飯，若一旦遲疑，就趕不上手術的時間了。有時，偶而起得晚一點，常來不及喝一杯咖啡，就匆匆趕進手術房工作。因此，到了中午，也會感到頭暈眼花。儘管如此，在最初的幾個月中，因爲覺得新奇與興奮，並不覺得疲倦。我和在波士頓一樣，把每天所見，所聞，所感，所學，都一一用英文詳細作成圖表。再用打字，作成紀錄。自感我的英文，已有了進步。這樣，日子久了，紀錄的頁數，越來越多，最後，幾乎增加到兩大册了。

我初來的時候，這裡的胸部住院醫師，是一位長得像「四眼田鷄」，胖篤篤的人。他說，他在這兒，工作完成之後，就要到倫敦考察一年。然後，再到波士頓小兒醫院去服務。他經常到我的房間來聊天。有一次，他看到我那些整齊美麗的圖表和紀錄，感到驚異，並對我大加讚揚。以後，他竟拿去給 Humphrey 敎授看。

到了八月，所有住院醫師，總變動了。好像，自動自發的例行調動一樣。此時 Humphrey 敎授，到了波士頓北方的「夏之家」去了。我剛到這兒來的時候，那位引導我的總住院醫師，也要離開這裡，並特來向我道別。新到任的胸部住院醫師，是 Dr. Ford ，是一位身材矮小，平易近人的人。據說，他的太太，是在圖書館服務。

我們沒有暑假。Humphrey 敎授不在的期間，很少有心臟血管的手術。但肺手術，仍是照常。偶而，也有在半夜裡，施行過，生後五個小時的嬰兒，患有「先天性食道缺損症」的臨時手術。夏天過去，Humphrey 敎授回來。以前那樣忙碌的情形，又開始恢復了。我們每天，反覆做着同樣的手術。這些手術，仍不外是 Coarctation of aorta, Patent ductus arteriosus, Pulmonary stenosis ⋯⋯ 等等。久而久之，同樣的手術，旣太多、又單調，多少令人感到厭煩。再加上 Dr. Ford 是個好偸懶的人，到了晚上，就把全部工作，委託我來做。所以，在深夜裡，我經常被電話的鈴聲叫醒。

有一天晚上，電話的鈴聲，又響個不停。我拿起耳機一聽，是一位男人的聲音：

「喂！我是 Dr. Blakemore 。今天，我爲一個手術患者，裝進了『胸內揷管』。現在，這位患者，從側胸部到腹部，起了一片『皮下氣腫』。請你來看看，好嗎？」

Dr. Blakemore 是一位「門脈亢進症」的權威。最近，他對於腹部大動脈瘤的治療，又發明了一種新的方法。方法是將幾百呎長而又細軟的金屬絲，送進腹部大動脈瘤內，使大動脈瘤全部機質化。

這位世界聞名的外科專家，居然打電話給我，要我和他一同爲這位患者會診。一時，眞令我有「受寵若驚」之感。

那位患者，住在個人病房。年約六十歲。瘦瘦的身體。今天，剛剛動過「脾摘出」及「脾腎靜脈吻合」手術。由於脾臟很大，黏着又很烈害，因而，不得不再施行開胸手術。所以，才裝進「胸內揷管」的。

經過檢查的結果，插管以及插管用的玻璃瓶，並沒有任何故障。然而，患者開胸的那邊，胸腹部一帶，嘩啦嘩啦的作響。「皮下氣腫」，已擴散到全面。

「奇怪！空氣究竟從甚麼地方進來的？」

我也感到非常困惑。後來，我拿起曾經照好的胸部X光像片，仔細一看，遂恍然大悟了。在X光像片上，那條淡淡的「胸內插管」橡皮管，有一個側孔，明顯的出現在皮下！正因如此，胸腔內的空氣，才會通過這個側孔，進到皮下來。自然就會迅速擴展到粗糙的皮下組織之中，遂形成「皮下氣腫」。我立即將這張X光像片，指給 Dr. Blakemore 看。並且，我立即下了一個斷語，「發生『皮下氣腫』的原因，就是這條『胸內插管』，插得太淺的緣故」。

Dr. Blakemore 凝視着那張X光像片。發出「嗯！」的一聲。並且，連連點頭。然後笑着對我說：

「謝謝你！」還拍了拍我的肩膀。

人，一旦到了緊張的時候，常會陷入迷惑不解。就是大科學家，也不能例外。

我自己也有過這種經驗。一旦碰到疑難問題，就不知如何解決才好。這時，常被年輕的醫師，一語道破，於是，問題就迎刃而解。所謂「當局者迷，旁觀者清」，可能就是這個道理吧！俗語也說得好：「三個臭皮匠，勝於一個諸葛亮」。

二、異地遇鄉親

日子在繁忙而無變化中度過，由於懷念家鄉，我的「歸心」之火，重又燃起。

妻時常來信。有一次，寄來一張和三個孩子合照的相片（圖一—15）。我看了這張相片，幾乎嚇呆了。因爲妻比以前瘦了很多。眼睛塌陷，兩頰瘦小，顴骨凸出，顯得下巴尖又長。尤其是她那蓬頭淡髮，簡直是一付久病初癒的模樣。妻變成這個樣子，眞令我難以置信。孩子們，都長大了。但他們還穿着從前的舊衣服。手和脚，都露出了一大截，個個都茫茫然沒有笑容。大女兒的臉，更板得緊緊的。我拿着這張相片，邊看邊想，不由得眼淚滴了下來。儘管妻在信中說，大家都很好，讓我放心。但這張相片，所顯示的一切，益令我感到不安與思念。這時，歸心似箭，很想立即踏上歸程。我利用節約下來的錢，給孩子們買了些玩具，如飛機、火車等等，更給妻買了一雙絲襪和皮鞋等等。

圖一 - 15. 「大家都很好。」妻寄來這張相片 (1951年)

我在紐約的生活，比在波士頓好得多了。Presbyterian 對面，恰好有一家中國飯館。我常到這家中國飯館來吃麵，或吃炒飯。尤其是，在這兒吃飯的時候，更可以得到一大瓶免費的茶水喝。對我來說，實在太實惠了。有一天，在這裡，我想不到竟和臺大心理學系主任兼圖書館館長，蘇薌雨教授相遇。

那一天，我照例到這家中國飯店來吃飯，有一位東方人，坐在我的前邊。因爲我們素不相識，所以沒有和他打招呼。可是,他一直看著我,好像對我似曾相識。當我吃完飯,正要走出飯店的時候,他忽然叫住我：

「你不是臺灣大學的林先生嗎？」

我點了點頭。這時，我也想起他就是蘇薌雨教授了。他又說：

「聽說你來紐約深造嘛！」

這個世界，實在太小了，竟在此時、此地和老鄉親不期而遇，眞是一件令人興奮的事啊！

我們倆談得很投機，我們聊了很久。他也是來哥倫比亞大學的。這位有高度修養的老前輩，不但和藹可親，且談吐風趣。從此，我們經常相見。因而，獲益良多。當時，他也吃不慣西餐。我們倆人，就在醫院斜對面的黑人街，找到一家日本二世所開的小飯店。在這裡我們吃加哩飯、燒魚、猪脚等等。每逢星期天，我們相約到紐約各處遊玩。在這個時候，更蒙他介紹，訪問了我國著名的學者胡適先生。

秋將盡！樹上的葉子，幾乎全都落了。落葉，被風吹起，在路上滾來滾去，發出像金屬樣的聲音。

六個月已過去了。我的進修，也告結束。

不久，我被邀到住在East River Side的Humphrey教授的家，接受他爲我準備的餞別晚宴，這次餞別晚宴，給予我深刻的印象，令我難以忘懷。

翌日。我和蘇教授到中央公園散步。我們坐在長凳上聊天。

這時，天空中，飄浮着灰濛濛的雲。地面上，佈滿了落葉。踏在上面，沙沙作響。

「明天回國嗎？」

「嗯！」

我點點頭。我凝視着堆積起來的落葉。感慨萬千。

此次來美留學，眞是「任重道遠」。自感回國之後，責任重大。在美國期間，雖然辛苦一點，但獲益豐碩。十分滿足。

「喔！回國之後，需要好好的幹一番！」

蘇教授不斷的對我叮嚀，囑咐。他的感情與鼓勵，令我感激無已。

「我一定不負你的厚望。爲了報答逝去的傅校長，我也……」

我在心裡對自己發誓，並以堅定而有信心的口氣回答蘇教授。

三、出入境手續

在離開紐約的前夕，我曾遭遇到兩件令我感到困擾的事，迄今記憶猶新。一是我大使館辦事的效率，一是美國政府奇特的法律。

一九五一年五月。我在波士頓，正準備辦理回國手續的時候。突然接到妻的來信說，回國入境手續，已經修改。入境證，須在美國辦理。當時，波士頓沒有中國領事館。所以，我只好到紐約的中國領事館辦理。領事館的職員，也對我說：

「臺灣入境手續，除了在美國辦理之外，別無他法。」

於是，根據領事館的規定，登記，交照片，塡寫有關表格，繳納費用等等，以及經由日本回國的手續，統統都在紐約辦妥了。後來，回到波士頓。不久，即接到從麥克阿瑟司令部寄來的經由日本的「許可證」。但臺灣的入境證，等了很久，未有接到。爲了等待入境證，眞令我等得望眼欲穿，萬分着急。

所幸的是，後來由於我決定在紐約繼續深造，延期回國。等待臺灣入境證的事，就暫時擱置。但在紐約，渡過六個月之後，準備要回國的時候，入境證仍然毫無消息。

後來，妻又來信說，臺灣入境證，可以在臺灣辦理了。並且，隨信給我寄來一張入境證。於是，我憑此入境證，才回到了臺灣。至於，在紐約領事館辦妥的入境手續，爲甚麼始終沒有接到，則令我百思不得其解。

回國之後，不久，突然接到一份通知單，要我參加「回國留學生」的集會。令我感到莫名其妙。我是以臺大副教授的身分，由臺大派遣至美國，作專門進修工作，顯然，與所謂「回國留學生」沒有任何關係。因此，我未前往。於是問題來了。有一天，有一位不明身份的人，直接到我的家裡來，向我申斥了一頓，責我爲甚麼不出席回國留學生的集會。

又過了一些日子。又有人來通知我說，教育部程天放部長要接見我。這時，我不知道程部長接見我，將會有甚麼事。於是，我誠惶誠恐的前往教育部，拜見程部長。部長透過他的眼鏡，看着我，沒有叫我坐。我以立正姿勢，就像小學生般地站立在部長面前。

部長問我留美的生活狀況，我便詳細向部長報告。這時，部長似乎才明瞭我是臺大的副教授，而且是以現職的身份，派到美國作進修工作的。於是，我這才得以「無罪釋放」。從此，就再也沒有接到集會通知單了。後來，我曾問過和我同樣派往美國進修的同事們，他們都說，沒有發生過這樣的事。經過詳細打聽，我才知道，原來大使館將我的申請，登記在「回國留學生」的名冊中了。

一九六一年。我第二次去美國的時候，我還是預備軍醫的身份。按照軍區司令部的規定，到達美國之後，必須向中國領事館報到。那時，恰巧黃申生君，因事要去領事館。我就託他代爲向領事館報到。黃君回來，給我帶回一張領事館的表格，要我填寫。我一看那份表格，又是和從前那些回國留學生登記的表格一樣。我因爲有了上次的經驗，我就沒有塡寫，以免重蹈覆轍。

另外一件事，是有關美國政府一項奇特的法律。

依照美國的規定，凡在美國而要出國的人，必須先到 Internal Revenue 辦理出國手續，弄明白納稅繳完與否。當然，我也不能例外。我想，我在 Colombia Presbyterian 領有月薪，每次，都已繳納稅金，且持有納稅證明書，必無任何問題。於是，我把姓名，年齡，以及擬定某月某日，從舊金山乘 President Line回國等等，都登記之後，這裡的職員問我，在臺灣的月薪若干？我就隨便回答說：兩百元。於是，那位職員，就頻頻在紙上計算。結果，他要我再繳納我在美期間，臺灣收入的稅金，一百八十美元。我聽了這事，立即愣住了。因爲我的口袋裡，只不過剩下美金二十元呢。

「我在臺灣的收入，我已經在臺灣向我政府繳納稅金了。若再令我繳納，不就是雙重稅金嗎？」

「這是美國的法律，沒有辦法。」

我認爲，美國怎會有這種奇怪的法律！結果，我沒有辦完手續，就離去了。

我把這件事，告訴 Humphrey 教授。Humphrey 教授，也覺得奇怪。於是，他立即打電話給院長。院長又再向 Internal Revenue 詢問。結果，還是一樣。

我爲了逃避這項不合理的稅金，我決定到波士頓辦理出國手續。但到了波士頓的 Internal Revenue，又碰到同樣的情形。不過，當他們問到我在臺灣的月薪時，我已學乖了，便改變了回答的方法。我說：

「自從離開臺灣來到美國，在臺灣的月薪，就停止了。」

果然，我很快就領到出國許可書，他們並沒有令我再繳納稅款了。

可是，一波未平，一波又起。抵達舊金山，正要上船的時候。這時，President Line 堂皇的停泊在眼前的碼頭上。要登船的客人，大家排成一行。依序向主管職員，提示「許可證」及「船票」之後，再依序一個接一個地上船去了。最後，輪到我了。那位主管職員，看着我的名字，又再望望我。遂即向站在他身旁的另一職員招招手，一邊指着我說：

「這位就是你所要找的人啦！」

於是，我被那位職員帶了去。他向我提示一封來自紐約 Internal Revenue 的公函。並且，要我立即繳納一百八十美金。否則，就不能上船。這時，我眞不知如何是好。同時，我覺得美國的這項法律，眞令人莫名其妙。

最後，這位職員，仍很耐心的對我說：

「無論如何，你必須依法繳納這項稅款。你對於這張繳納證明書，如果不服的話，你回國之後，可以經由貴國外交部，向美國駐華大使館提出抗議。」

誠然，他說得很對。他只是個公務員。在此，和他講甚麼，都沒有用。幸而，在波士頓，林宗義先生，託我帶回兩百元美金給他家人。我只好先借用一百八十元，繳付這筆稅金，事非得已。否則，我走不成了。

一九六一年，第二次再去美國的時候。回國之前，我又到紐約 Internal Revenue 辦理出國手續。由於這次來美是靠獎學金 (C. M. B)，在美國未領取月薪。照理來說，他們應該馬上把出境許可證發給我。但那個職員，却遲遲不發，並再問起我在臺灣的月薪有若干。

我暗自嗤笑，心裡想：又來了。這次我不會再上當了。事實上，我是停職留薪，但我總不能拿自己國家的錢，來給外國繳納不應該繳納的稅。於是，我機警的回答：

「我離開國家，就沒有領月薪了。」

但那位職員，搔首弄姿，想一想，又再問我。我固執地說：「不！」

他站起身，踱來踱去，搔搔頭，想要絞出腦汁來似的，沉吟着。

我在心裡嗤笑着：哼！我在你就職之前，就知道你們的內幕啦！我是過來人啊！老前輩啊！結果，他終於發給我許可證了。

第七章　奮鬪的人生

一、還　鄉

民國四十年（一九五一）十二月。我登上 President Line 號輪船，橫渡太平洋，到達日本東京。從東京搭乘飛機，返回國門。在船上，在飛機上我曾默默的對於人生問題，作了一次思考與探討。最後，得到了一個肯定的結論——「人生，就是奮鬪。」人不僅是爲自己而活着，也是爲他人而活着。我們必須克服所有困難，衝破生活的障礙，活得有聲有色。

高爾基曾說過：「人正爲了生存的價値，才一天一天的奮鬪下去。」不是嗎？是的，人生就是奮鬪！當我到達松山機場，我好像受到親友們英雄式的熱烈歡迎。臺大外科主任高天成教授，也爲我舉辦盛大的歡迎會。錢校長以及其他教授，也都應邀參加。我曾穿了一件從紐約百貨公司地下室，以十元美金買來的西裝赴會。這時，我感到我穿的西裝，比在座所有人的西裝，顯得時髦而有光彩。確有「出洋鍍金，衣錦還鄉」之味。這時，我又忽然想起一部長篇小說 Quo Vadis ？（往何處去？）裡，描述了一位鄉下牧師 Marcus Venichus ，爲了要赴一位名女人 Lydia 的約會，特別借來一件金光閃閃的貴族服裝，穿在身上的故事。想起來，那時我也許像他這般的形狀吧。

孩子們，看到爸爸回來，特別感到歡欣與雀躍。尤其是，他們看到從來未有看到過的自動玩具火車、飛機，個個都有說不出來的高興與快樂。妻更是高興，在她那消瘦的兩頰上，不時露出了笑容。爲了我要回來，妻特給孩子們添製了新衣。這一天，我們一家大小五口，一起都到植物園去遊玩。這時，柔和的陽光，似乎在祝福我們，暖洋洋的，照射在我們的肩膀上。綠油油的草坪上，紅、黃、白各種花兒正盛開着。已入幼稚園的大女兒，一邊拉着我的手，一邊用她那小巧玲瓏的歌喉，唱着「菊花開」。後來，大家來到小山岡。三個孩子，就站在山岡上，一齊大聲的唱：「爸爸回來了！爸爸回來了！」（圖一—16）

圖一－16.「爸爸回來了！」孩子們歡唱着（1951年12月）

翌日，我們又去動物園、新公園，玩了一整天。並拍了很多紀念照片。孩子們由於和爸爸、媽媽在一起。快樂得一直笑個不停。說起來，這次帶領孩子，全家出遊，還是我和妻結婚以來第一次。

但是，快樂的時刻，以及孩子們的歡笑聲，好像沒有維持多久，殘酷的生活重擔，又重重的壓在我的身上，轉眼間，我們又被推到黑暗的深淵裡去了。出國之前，曾預先借了一個月的薪水。從此，每月需從菲薄的月薪中分期扣還。每月實際領到的薪水，已所剩無幾了。然而，一直令我一籌莫展的事，還是從林宗義先生處借來之一百八十元美金，將如何償還。這眞是重擔子。一方面，物價上漲，幣值跌落，月薪所剩無幾，孩子們又長得很快，處處需要開支。這些問題，這些負擔，迫使我們的生活，趨於黯淡無光。

那時市上，流行着所謂「七羊八羊」，就是類似錢莊的東西。大家都爭着在那裡存款而得到高利。到了窮途末路的我，終於也想去參加了。我們的意圖是，從銀行以低利借錢來，再以高利借給「七羊八羊」實在想得太天眞啊！商量再三，最後，妻託朋友介紹，想向銀行借貸一百元。

但向銀行借貸，又是談何容易。銀行須有抵押品。才可以借錢給你。試問，我從那裡來的抵押品？有抵押品的話，我何必借錢呢。因爲沒有東西、沒有錢，才需要借錢的。向來和銀行沒緣分的我，至此，才明白，所謂「銀行」，乃是有錢人家的保護者。有錢的人家，有的是抵押品。隨時都可從銀行以低利貸款。貸款之後，又可買進大宗貨物。有了貨物，又可作抵押品，再貸款。這樣循環不已，滾來滾去，越滾越多。有錢人的財富，就是這樣形成的。

反過來說，沒有錢的人家，究竟要向誰借錢呢？想到這裡，憤慨之餘，不免悲從中來。

但現實如此，憤慨也不能果腹。長吁短嘆，是解決不了問題的。於是，妻再度去拜訪那位銀行經理，懇託再三，才名義上以盤尼西林壹萬瓶爲抵押品，（當然這是空頭的，其實家裡連一個盤尼西林的空瓶都沒有）借了一百元。我們再將這一百元，以高利轉借給「七羊八羊」。我們就利用多得的利息，補助生活，着實替我們解決了不少的困難。

二、臺大胸部外科的創立

其間，我暫且將現實生活問題擱置一邊，而一心一意的致力於「胸部外科」的創立。但一開始，首先遭遇到的難題是，醫院裡，對於胸部手術之設備，萬事俱缺，一無所有。既無「開胸器」，亦無「麻醉器」。當然，更無有專門能施行麻醉的人才。做胸部手術，必須的最低條件，全然闕如。眞是「天蒼蒼」，「海茫茫」，令我們究竟從何着手呢？

當時，臺北的國防醫學院——是從大陸遷來臺灣的，是一所最具醫學權威的學府。他們從開始，就接受美國式的敎育和訓練。那時，張先林敎授，擔任外科部主任。外科各部門，都有專家負責。盧光舜先生，負責胸部外科。他是一位頭腦淸晰，人品英俊的靑年醫師。當我在波士頓的時候，他也在波士頓的Massachusetts醫院進修。麻醉方面，由王學仕先生負責。他是一位優秀的麻醉專家。他們是先有了麻醉器，再有了負責的麻醉師。一切都是從開始，就建立好了基礎。後來，我承蒙張先林敎授的好意，特別借給我們一台手提麻醉器。並准我們借調王學仕麻醉師。

還有，紅十字會部長劉瑞恆先生（後來，經他一手創辦的血庫，對於胸部外科手術，最有幫助。）特捐贈了一支小兒用的開胸器。由於有了這些條件，我們臺大的胸部外科，竟能夠意外的提早開張。就在我回國的十二月的二十八日，我們第一次施行「食道癌」手術。這個病例，雖然，由於癌的蔓延太大，而不能切除；但至少這是我們以最新方法，施行開胸的第一個病例。也是臺大醫院，踏進胸部外科領域的第一

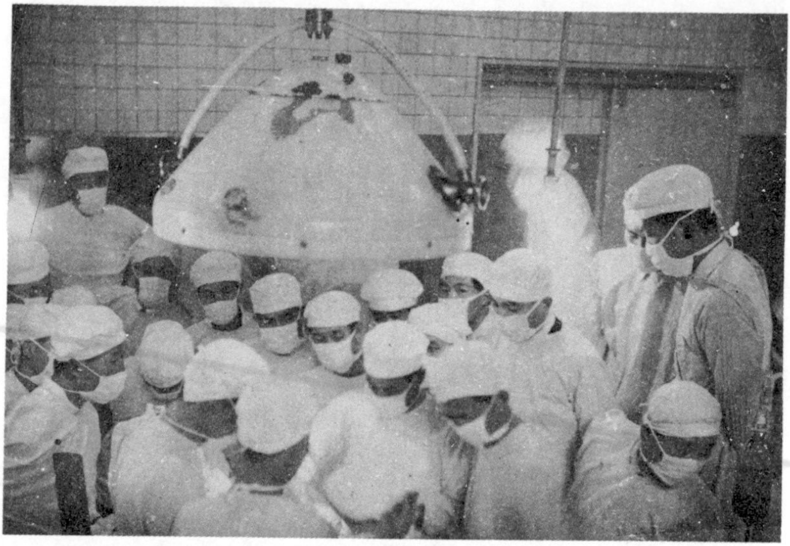

圖一 - 17. 臺大第一次最新方法的開胸手術（1951年12月28日）

步。因此，這次手術，震驚全院。大家爲了新奇，都麕集在我的背後，爭看手術（圖一—17）。記得，站在我背後的人群中，當時，還是做學生，而今已是副教授的胸部外科專家許光鏞也在其中。

十二月廿八日，是一個重要的日子。是一個令我們永難忘懷的一天。我們遂將這一天，定爲「胸部外科紀念日」。我們願從這一天開始，再看着胸部外科的發展與進步。

臺大胸部外科，從那一天開始，就走上艱苦的路途。但初步的進展，倒還穩定而順利。關於這一點，我應首先向幾位和我一起工作的同仁，致最懇切的感謝之忱。臺大的胸部外科，如果沒有他們的熱心、支持，與合作的話，是不會這樣順利就誕生了。在此，我也應向國防醫學院的外科部主任張先林教授（已故），表達我由衷之感激。他不僅借給我們最新的麻醉器；他更派麻醉專家王學仕先生，直接來協助我們的麻醉工作。王先生，每天上午，在國防醫學院，從事麻醉工作，午後才到我們這兒來。因此，爲了配合他的時間，我們把一切手術，改在下午來做。當時，手術室內，沒有空氣調節設備，一到了夏天，就悶熱難當。尤其是，從下午一點就開始，這時是最熱的時候。王先生經常拭着從他那微禿的頭頂上流下來的汗珠。但他永遠帶着微笑，表現着對工作愉快的情緒。我在手術中，更是熱得汗流浹背。手術衣濕透了，又再換一件。經常換過好幾次。

我曾有一次從事極爲困難的「上位食道癌」手術工作，從下午一點開始，一直做到深夜。動完手術之後，走出手術室。天空中，已佈滿了燦爛的星星。我從漆黑而無人影的路邊，一步一步的走回家。啊，那時候多麼年輕、多麼熱情啊！如今記憶猶新。但我深深的體會到，爲了拯救一位垂危的患者，雖然辛勞終日，但完成手術之後，所感到之無比欣慰，實是人生最高之享受。

我們的麻醉工作，總不能永遠依賴王先生之協助。爲了解決今後麻醉工作問題，外科醫局的三位醫師陳博約（現任臺大外科臨床教授），翁廷銓（曾任高雄醫學院副教授，現已開業），陳江水（留德胸部外科醫師），立即在王先生指導之下，研習麻醉技術。他們三人，都很認眞努力。經過不久，他們的麻醉技術，都有了良好的基礎。並且，個個都能獨立主持麻醉工作了。這樣，我們的麻醉陣容增強，一切工作都由我們自己操作，於是，我們手術時間，全部又改在上午來做了。

從前的全身麻醉，是採用 Ether 點滴的開放性麻醉。後來，也使用過 Pentotal 作靜脈注射麻醉。但這些麻醉方法，幾乎都是用於特殊病例。至於一般病例，則全部採用「局部麻醉」。胸部手術開創伊始，不但臺大外科，甚至全院外科系統的手術，也都是同樣的採用局部麻醉，與腰椎麻醉而已。

由於開胸術之必要性，「閉鎖性全身麻醉法」，便應運而生。後來，經過醫局的三位醫師的努力，對於這種麻醉法的安全性，以及它的優點，都有了徹底的認識和了解。從此，除胸部外科手術之外，其他的外科手術，也都紛紛採用。繼而，別科的手術，也開始使用這種麻醉法了。結果，這種麻醉法，逐漸在整個醫院，普遍展開應用。

後來，李光宜先生（後任臺大麻醉科主任、教授），專門研究麻醉部門。不久，林湨鯤（後任臺大麻醉科主任、敬授），趙繼慶（現主任敎授），相繼進來。於是，麻醉人才增加。終於，「麻醉科」成立了。像這樣發軔於胸部外科的麻醉，其後漸次推廣，發揚光大，終於成立了麻醉科，專司其責。但其間不知經過了多少困難啊！

其中令人難堪的是，缺乏 Soda-lime 時的尷尬情形。實施閉鎖性全身麻醉時，所需要之 Soda-lime，是專吸收患者在麻醉中所呼出之二氧化碳氣之用。所以，如果沒有 Soda-lime 的話，這種全身麻醉術，就無法施行。不幸，正當胸部手術漸增，一切工作，正逐漸走上軌道的時候，却發生了 Soda-lime 缺乏事故。這一事故，嚴重的影響了我們胸部外科手術之進展。我們爲此，曾感到萬分焦急與困惑。我們被迫，從日本郵購。但從日本購來之 Soda-lime，由於藥粒過小，一旦使用，就會因化學反應，使麻醉器熱得連手都不能碰一下。因此，只好停止應用。

後來，我們想到，戰後在各地的美援醫療物資之中，定有很多 Soda-lime。這些藥品，恐怕由於用途不明，而還堆集在各醫院的倉庫裡也不一定。

於是，我們開始搜尋 Soda-lime 工作了。

我與高天成院長（當時，魏火曜院長，升任臺大醫學院院長。高天成教授，由外科主任，升任臺大醫院院長），一同先到省立醫院地下倉庫去搜尋。我們進到地下倉庫，撥開那佈滿了的蜘蛛網和灰塵。終於，在倉庫的一角，找到了 Soda-lime 。這些 Soda-lime ，都用已生了銹的罐頭盒裝着。這時，我們的高興和喜悅，眞是非筆墨所能形容。想不到，與多少患者生命攸關的 Soda-lime ，竟藏在這裡。

高院長，已離開人間。但我要虔誠的向他在天之靈，深致敬意與謝忱。高院長尚在世時，每次返回他的故鄉——臺南，他總不忘記，從臺南醫院的倉庫裡，帶來很多 Soda-lime。當時，胸部外科手術的患者，大都是「肺結核」。而且，多屬於免費開刀。因此，對於醫院的利益來說，手術患者越多，醫院的負擔越大。但爲了發展胸部外科，高院長特別准許我們免費給患者做手術。高院長的此一明智措施，不僅助長胸部外科之發展與進步，更救助了不少長期被肺結核蹂躪的患者。

高天成院長，是東京帝國大學出身的才俊。很早就聽說他將要做澤田外科的助教授。因此，我在外科醫局，就久聞他的大名了。當戰爭結束後，我第一次見到他，那時，他高高的身材，習慣把右肩放低，常拄着一隻細長的竹杖走路。眞不知道他的右肺，竟患着陳舊性的肺結核。高院長，爲人溫厚篤實，是一位虔誠的基督教徒。我生平拙於言詞，不善交際，很多事情，表現得很笨拙。而高院長，不僅不見怪，而且，常常如兄長一般庇護着我。

高院長的死，可以說是因爲他熱心過度，溫厚過分所致。假如，政府的要員，或社會的賢達，因病住院，高院長經常親自當看護，比值班醫師更勤苦。這種勤苦，並非一朝一夕，有時，一連數日，數週也不一定。高院長，平日就常害咳嗽。有時，還常有微熱。如果，他能多獲休養機會，不要過分虐待身體，他那陳舊的肺結核，一如原樣不變，就不會再惡化了。但高院長，責任感很重，處事認眞。終於爲了職務，犧牲了自己的生命。

在此，我特別補充一提的是，當時的臺大醫院，大部份已由前魏院長，整頓得很好了，從來，醫院裡沒有的儀器機械等等，也都已經補充完備了。

三、胸部外科的發展

當時一群獻身於胸部外科的熱心青年醫師們，如徐寶黎（板橋徐外科醫院院長），劉炎慶（劉外科醫院院長），余獻章（前臺南醫院外科主任，現任余外科醫院院長），賴富峰（現任三陽汽車公司董事），翁廷銓（前高雄醫學院副教授，今任翁外科醫院院長），許光鏞（臺大胸部外科副教授），陳江水（留德胸部外科醫師），鄭萬發（前臺大胸部外科副教授）等等。他們在胸部外科初步發展的歷史上，有着不可磨滅的功蹟和貢獻。每次動手術，他們幾乎通宵達旦的在病室中工作。因此，我對於這群青年醫師的協助與合作，使胸部外科得以順利向前推展，表示我的感謝與讚揚。（圖一—18）

我最初，施行過的「肺葉切除術」，是一個患了相當嚴重的肺結核免費患者。「右肺葉全摘出」之後的晚上，想不到竟發生了「氣管枝瘻」。患者，陷入極嚴重的「呼吸困難」。我馬上又再施行「再開胸」手術。將胸廓打開，仔細一看，才發現已經縫合好的「氣管枝斷端」，竟張開了一個大而圓的縫兒。空氣就從這個縫兒噗噗的呼出來。於是，便將這縫兒重再縫好。但後來，這個縫兒，又再張開了。於是，我們改用胸廓整形手術，先後施行三次，才治好了他。現在，回想起來，已是二十一年前的事了。那位患者

圖一-18. 和肺結核肺切除病人一起照的紀念相片（1952年），站者楊思標教授（中央左），著者（中央右）和當時獻身於胸部外科的熱心青年外科醫師們。

，現在活得很健壯，並且在鄉下還做着莊稼工作呢！

當初，到我們外科來求治的肺結核患者，差不多都有十年以上的病史。凡是頑固的陳舊性肺結核患者，幾乎全都有「大空洞」。而且，多量咯痰。因此，像這樣的病例，如果在側位施行開胸手術，是很危險的。如果，像 Dr. Overholt 那樣，以 Face down 位施行手術，就沒有問題了。但我們沒有 Overholt 式的開胸專用的特殊手術台。所以無法照他那樣去做。在這種情況之下，我們反將患者，以仰臥位，而由「前方開胸」。

我們的開胸手術，所使用的「小兒用」開胸器又小，再加上採用「前方開胸」法。在這樣的困難條件之下，竟能將那些乾巴巴的，厚墩墩的，黏着的結核肺，摘了下來。現在，每想到當時的冒險犯難，猶覺毛骨悚然。幸而，過去所施行過的手術，好在沒有發生任何事故。反之，如果過去有甚麼差錯的話，我不知將會遭遇到多少麻煩了。我研究胸部外科，只是對胸部外科知識，知道得多一些。但我還談不上是一位胸部外科的權威。然而，那時，醫局的年輕醫師們，能團結一致，發揮團隊精神，這不僅對我的幫助很大。同時，種種困難問題，亦多賴以克服渡過。

值得提一提的是，最初碰上手術後 Massive Oozing （大出血）病例時的情形。這是一種難以理解的術後「合併症」。也是我們在胸部外科手術之後，所遭遇的重大難題之一。我願將這一病例的經過情形，詳述於後。

患者是一位三十歲左右的活潑青年。記得，他還是內科宋瑞樓教授的親戚。由於他患肺結核，乃為他施行了「右上葉肺切除」。他的肺結核病灶，並沒有發生「黏着」現象。所以，在所有施行過的「肺切除」術中，這是最容易，最簡單，也最乾淨俐落的一個手術例。可是，將患者送出手術室，發見新鮮的血液，就從「胸腔插管」，滴滴答答的流出來。雖然經過輸血，但毫無停止的傾向。一小時，約有一百西西的鮮血流出。不久，與胸腔插管所連接的玻璃瓶中，已積存了一千西西左右了。我感到非常奇怪。我認爲這次手術，做得相當理想，血管處理，也很確實。實無出血的理由。但是，血却繼續不停的流出來。已達到一千五百西西了。這時，我着急了。乃決定在當天的傍晚，再行開胸。於是，在氣管內插入麻醉下，打開原來的「縫合創口」。用開胸器，將胸腔打開。定眼一看，遺留下來的殘肺，已經萎縮。胸腔內，充滿了血液和血塊。看來，令人可怕。至於，血管斷端，除了「單純結紮」以外，並再施行過「縫合結紮」。結紮的線，該不會脫落。這時，如果把這些血塊取出，也許更會大出血！我一邊想，一邊小心翼翼的，把那黏住的血塊，全部取出來。但仍看不到出血的部位。到底甚麼地方出血呢？直令人費解。爲了愼重，遂用生理食鹽水，把胸腔洗個乾淨。發現，經過雙重結紮的絹線，依然良好的留在「血管斷端」，沒有脫落。結果，仍然未有發見有出血的地方。那麼，這大出血，究竟是從那裏來的？大家左思右想，仍不能獲得結論。像這樣出血，在過去所做過的一般外科，從沒有經驗過。在波士頓、紐約，也從沒有碰見過。眼看着，不知從那裡來的血液，又充滿了胸腔。出血越來越不止。大家商量的結果，都主張立即施行「胸廓整形手術」，以堵塞「死腔」。這樣，或者可以止血。我也認爲這是惟一可行的良法。於是，我們就這樣做了。但患者竟發生了「術後 Paradoxical motion（奇異胸廓運動）」。呼吸更加困難了。在無法之中，乃把砂囊，擱在胸部。並繼續加強氧氣吸入。大家爲了看顧這位患者，一夜沒有闔眼，通宵守在病室裡。氧氣筒一個接一個用完了。用完了的氧氣筒，林立在病室中。卡車逕從基隆運來新的氧氣筒。儘管如此，

air huger 不能獲得解決。而且，越來越嚴重。血壓，幾乎已測不到了。從「胸腔插管」，出血愈多。由「氣管切開創」，行「氣管挿管」。一面呼吸管理，一面加壓氧氣，靜脈已堵住不通了。只好重新施行「靜脈切開」。這時，一瞬間，患者的心臟就停止了。眞令我們回生乏術了。

我們搶救這位患者，已到達無所不用其極的地步。終於，至深夜三時，在回生乏術之下死亡。這時，正在按摩患者心臟的翁廷銓醫師，看到患者已經無救，失望的縱聲大哭起來。大家，連我在一籌莫展之下，呆若木雞。這是我們第一次遇到的不可思議的出血現象。到底血從何處來，令人百思不得一解。事後，我們調查文獻的結果，才知道，這種由於血液凝固作用的變化，以 Oozing 的形態，出現的大出血。雖然這種病例極少，但在開胸手術中，則時有出現。對於這種出血的患者，除了出血多少，就補給新鮮血液多少以外，別無他法。像這樣的出血例，後來，我們又經驗過五次。個別經過輸血六千西西以上。其中除一人回天無力之外，其他四人，幸全獲救了。

四、胸部外科醫師的培養

當時，臺大胸部外科情況，與民國三十七年（一九四八年）初創時，大不相同了。內科醫師的觀念，不僅顯著改變，更表現得積極起來。他們經常接二連三的介紹病人來。介紹來的病人中，以肺結核爲最多。偶而，也有「肺癌」、「氣管枝擴張症」、或「縱隔竇腫瘤」等等。後來，松山結核療養所發展而成立了結核防治中心。當時的陶榮錦院長，以及星兆鐸醫師、林新澤醫師，都是熱心研究肺結核的專家。隨後，由防治中心、臺大醫院，及國防醫學院，在每星期五的下午，輪流召開胸部討論會。共同研討胸部疾患之診斷與治療。這個討論會，直到我離開胸部外科第一線的今天，還繼續存在着。不久，這個討論會，就發展成爲國際胸腔醫學會中華民國分會了。一九七一年，第二次亞洲大平洋胸腔學會，在臺北召開，由臺大楊思標敎授主持。這時，世界胸腔病專家們，都紛紛前來參加。一時，中外專家學者，齊集一堂，盛況空前。

胸部外科，最初創立的時候。來求治的患者，主要是「肺結核」。這些肺結核患者，差不多都有很多乾巴巴的「空洞」。甚至，一側肺都完全破壞了。這些患者，都是久經病苦，長期治療，藥都用盡了，錢都化光了。如今，只有等待死亡，別無他法了。他們並不是相信肺切除之後，就獲痊癒。他們只是在治療上，到了窮途末路了。與其說是來求治，毋寧說是借免費開刀，提早結束自己的生命罷了。能夠繳納醫藥費的人，一個也沒有來過。他們多是以半信半疑的眼光，望着我們。所幸的，甚至，連我們自己，也沒有想到，他們經過手術之後，竟意外的恢復得如此迅速。結核菌的活動停止。體重逐漸增加。更想不到，「食道癌」的手術，也相繼成功了。

年輕而又好動的我，看到這些患者，經過手術後的良好效果，感到無限興奮與欣慰。於是，我携帶着那些手術標本，以及恢復之後的X光照片等等，到臺中市，向醫師公會的開業醫師們，舉行公開演講。並向他們強調不論肺或食道的疾患，都能利用手術，獲致治療。並且，效果顯著，無須懷疑。由於我的報告，事屬新奇。所以，立即得到大家的良好反應。

由於受到地方上良好反應的鼓舞，民國四十一年（一九五二年）九月，我又策劃全島巡廻演講計劃。並請魏火曜院長爲領隊。我和由美國回國的楊思標、陳烱霖兩敎授爲隊員，一同前往各地，作巡廻演講。

南部方面，特別拜託在嘉義的外科好友林國川先生，代爲安排一切。這次巡廻演講，由於魏院長親自參加。所到之處，受到熱烈歡迎。每次演講，聽衆之多，不僅座無虛席，甚至，連走廊都擠滿了人。因此，這一巡廻演講計劃，獲得大大圓滿成功。我們返回臺北之後，不久，我們三人，又再到宜蘭、羅東等地，繼續演講。同樣圓滿成功。在臺南，開業醫師，每月定期召開了胸部討論會。每次開會，我與楊思標教授，都應邀參加。這一事實，證明了胸部外科，已普遍發揚，普遍受到地方重視。更說明了，臺灣的臨床醫學，在迅速進步的情形。另一方面，中央日報的兩位名記者，蔡策先生，王理璜小姐，自動的在中央日報不斷的報導有關胸部外科進展的實況，以及我們手術的成功。從此，患者日增。從前，那些想死而來的患者，如今已一百八十度的大轉變了。現在，他們是眞正想要治療而來。漸漸的，有錢可以繳費的患者也都來了。相對的，免費的患者，反而減少了。

一年之後的十二月二十八日，我們曾舉辦了胸部外科一週年紀念演講會。我們更舉行鷄尾酒會，來熱烈慶祝胸部外科（圖一—19），在這一年中之發展與成就。其後，一年、二年、三年過去了。其間在胸部外科，所培養的新芽，都已長大成蔭。不久，就要開花結實了。年輕的醫師們，對於胸部外科工作，都有了豐富的經驗，每位都能獨立成爲胸部外科專門醫師了。

我常常這樣想：「大學」，是國家最高的學府，應該經常創新。然後，將創新推廣他處，使其普遍化、一般化。而自己又再創新，又再推廣。這樣，不斷的向前發展，向前進步，自然會提高整體的水準。這才是大學的使命。決不可獨佔獨得，故封自守。爲了實現我這一構想，爲了使胸部外科，後繼有人，又爲了讓更多的胸部外科醫師，普及到地方去。於是，我特意讓每位年輕醫師，都有機會親自施行胸腔手術，

圖一-19. 胸部外科三週年慶祝鷄尾酒會，右前背向有↑印者爲著者，其右站者爲長春醫院陳春波老醫師（1954年12月28日）。

藉以獲取手術經驗。在開始的時候，每當他們施行手術，我也穿上手術衣，戴上手套，站在手術台的旁邊，直接指導他們，直到他們完成手術爲止。偶而，他們在手術中，傷到「肺動脈幹部」，因而發生大出血，而無法處理時；我就立即着手協助處理。但日子久了，這種情況，即不再見了。漸漸的，他們這些醫師，在胸部外科手術方面，都能獨當一面了。這時，我自然沒有必要再站在手術台的旁邊了。這些比較老前輩的醫師們，都能熱心領導後來的新醫師。這樣，我們每年就培養出一位能夠自立的胸部外科醫師來（胸部總住院醫師）。如此，生生不息，推動胸部外科的專門人才，就不虞匱乏了。

胸部外科的臨床，走上了軌道之後，我們又有了另一新的構想。就是進行各種動物實驗研究。例如，我們曾利用動物，作過食道或大血管的代用品實驗手術。那時，翁廷銓醫師曾設計了一個好像 Bubble Type Oxgenator 般的東西，正在作動物實驗。這一設計，可以說是今天「人工心肺」的一項原始構想。那是遠在一九五五年左右的事了。

民國四十一年（一九五二年）我任教授。當時，年三十九歲。

五、患者的恐嚇信

胸部外科，經過數年來之努力，已變爲一般外科化了。每次手術，大家已不必老守在病室裡。和其他一般外科一樣的感到輕鬆，一切總算都走上了軌道。適在此時，有一天，我突然接到一封「恐嚇信」，令我驚訝不已。同時，這封信，更給我帶來心神不安。信的全文如下：

「天佑賜鑒：久聞涼片，知悉威武，刀術神通，醫術專才廣大。病者，均願求生，誰願求死？不幸數次開刀，均被您閣下手術失敗。病體遭遇瘦弱，尤如電桿排骨。開刀失敗，不知其數。這是閣下的天才。病者是若而成亡命之徒。早夕有跟踪於閣下，待機將下毒手。希從今後重開恩救人，免得有不幸之來臨。專此，順祝醫安！」

信中很顯然的指責我的手術失敗，要我痛改前非，否則，隨時都有殺身之禍。信末的簽名是——「上帝耶和華」。

我看了這封信後，一直感到心中不安。爲此，我曾靜靜的反省了一下。從胸部外科開始到現在的手術例子。在所有的手術例中，最初發生「氣管枝瘻」的病例，看來，好像是一個失敗的病例。但最後仍克服了種種困難，已完全把他治好了。至於手術後由於血液凝固不良現象，招致死亡的病例，雖然也有，但這不能說是手術上之失敗。除此之外，所有的手術例，可以說全都成功了。不但如此，連那些已無藥可救，不開刀就活不成的患者，也都經過我們的手術治療，獲得治癒了。來信的這位患者，說我爲他開刀失敗，並稱我爲手術失敗專家。到底是何居心？像我這樣的人，竟然會接到恐嚇信，眞是一件不可思議的事。他說朝夕要跟踪我，隨時要把我殺掉，越想越覺得坐立不安。環顧四周，覺得前後左右，個個宛如兇手一般。更覺得四面楚歌，令我惶惶不可終日。尤其到了晚上回家的時候，走在黯黑的馬路上，好像殺人者就要闖出來似的，益令我感到萬分焦慮。這時，我忽然想起從前曾學過「劍道」與「柔道」。如果到了必要關頭，他如何打來，我就如何招架。想到這裡，一邊覺得渾身發抖，一邊又覺得好笑。終於，我就嗤的一聲，笑了出來。

數日之後，有一天早上。突然發見在醫局的黑板上，寫得下面的幾句話：

免費開刀，試驗報到。
開刀失敗，手術稱巧。
醫生護士，醫德很好。

——遊子——

字體寫得很好。意義，已極盡諷刺之能事。寫這字的人，必定是昨天晚上，偷偷摸摸進來寫的。那麼，這人必是現在住院的患者無疑。從筆跡與文詞看來，此人並非等閒之輩，更不是一位臺灣人。因此，我就從現在住院的患者中，特別是外省籍的患者中，一位一位的調查分析。結果，現在住院的患者，手術全都成功，並且，大部分都快康復而可以出院了。在外省籍的患者中，更無一位術後不良的患者。到底此人是誰？還是不得而知！

後來，我忽然想到一位患者，由於連續咯血的重症肺結核，在兩個月前，經余獻章醫師，爲他施行「左側肺葉全切除」術。現在已完全治癒，並且早就應該出院了。他是一位免費手術患者。最近他曾向我申請繼續免費住院，但我予以拒絕了。——自從民國四十三年（一九五四年），高天成主任升任院長後，由我任兼代外科主任。——或許，這位患者，因此懷恨我？於是，我又想起這位患者，在手術之前，是由內科轉來的，那時，他給我和護士，寫了幾封苦苦哀求救命的信。他在信中一再懇求我「就是開刀會死，也求你給我開刀吧！」並說，「懇求你高抬貴手，挽救我這條命吧！」。這些信，全都附在病歷卡之中。於是，我立即將那些信取來，與前些日子所收到的那封恐嚇信，互相對照一下。結果，顯而易見的是一模一樣的筆跡（圖一—20）。這完全是出於一人之手啊！至此，我才恍然大悟，眞相大白，他雖然開刀病好了，可是一旦出院，吃住問題，立即發生困難。由於要求繼續免費住院，而遭我拒絕，所以懷恨在心，才出此下策。想來，眞是令人可笑。於是，多日來的心神不安，也就輕鬆下來。

我又一想，這位喜愛寫文章的患者，到了夜晚，必定還會悄悄的再來，再在黑板上，大作文章。於是，爲了先發制人，在他光臨之前，我就先在黑板上，替他寫了一首「打油詩」。讓他來看一看：

敬請諸公聽我講，本人來時血不止。
苦苦哀求開爛肺，只是病癒無家歸。

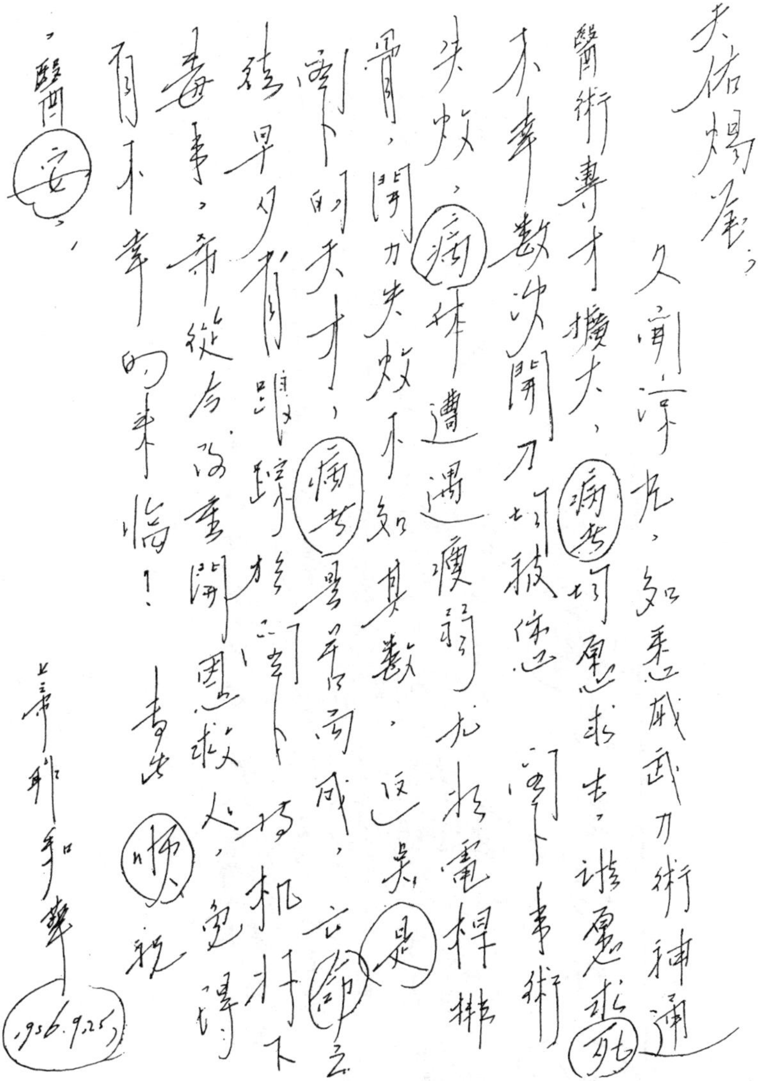
夫佑楊兄：
久聞汝尤，知悉威武刀術神通
醫術專才擴大，病者均願求去，請願求死
不幸數次開刀均被閣下事術
失敗，病件遭遇瘦弱尤於電桿排
骨，開刀失敗不知其數，這是
閣下的天才，病者畏懼而成，而命亡
請早日打銷跟蹤於閣下場机村下
毒事，希從今後垂開恩救人，免得
再有不幸的來臨！ 專此 順頌
醫安
1956.9.25

圖一－20. 患者的恐嚇信與其開刀前的信（見次頁），筆跡完全相同。

No.

護文先生：

請見諒箋！因有吳默要為壽雲外去續樹辦理，不能在院人的未前往這角落事會影響，並終於力大為已矣。故先生纔敢冒昧的請於護郡惠借賜予病假一日，以便前往消滅死角，致先生減少生命史上的日樓造血場的痛苦煩擾，是誤點浩，實感出進便，並先收祝

安好！

麐 朱炎海 謹上

1956.3.16

PAU TSOU BRAND

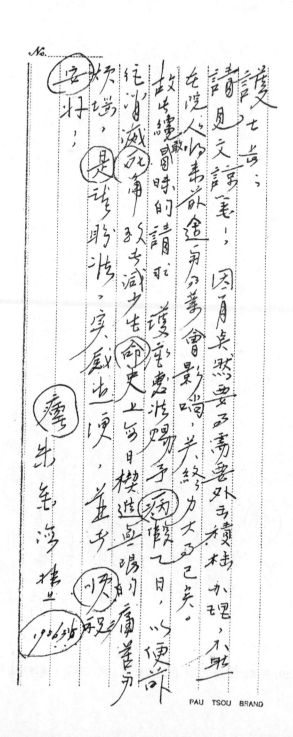

留戀這兒好吃飯，想盡辦法擾醫師。
只要醫師讓我住，享受白住又白吃。
妙計一出都不顧，只怕上帝不保佑。

朱〇〇上

朱某某，是這位患者的眞名字。我這個先發制人的戰略，居然奏效了。翌日，當我到病房廻診的時候。這位朱姓患者，只把他那清瘦的脊背向著我，靜靜的在假裝睡覺。從這一事實，可以明瞭，他已經知道他所做的一切，都被我識破了。後來，我也覺得這位患者，病雖好了，但無家可歸，着實也太可憐了。於是，我拜託社會服務部幫忙，給他找到一個工作。這件令我惶惶不可終日的案件，才告結束。這件事想起來，雖然有趣。但被人致送恐嚇信，總不是一件痛快的事吧！

六、生命的開拓

或許，我把整個興趣與熱情，全部集中於開拓外科新領域方面。那時，生活怎麼苦，我都無暇顧及了。甚至，連孩子們穿着有補釘的衣服，我也無法去注意他們。從銀行借來的錢，以高利貸轉借給「七羊八羊」的一件事，幸而適時結束。所賺的錢一部份買成木炭，堆集在院子的一個角落裡。因為「木炭」是我們生活的必需品。

有一天下午。

在臺北開業的小兒科醫師郭上錦先生，突然來訪。他向我提出一個建議，希望我利用公務之餘——

晚上的時間，在開封街的「長春醫院」，爲病人診療和施行手術。這樣，可以讓我有多一點收入。這對生活十分困苦的我，眞是一件令我夢寐以求的建議。因爲，當時的月薪，只有四百六十元，維持不上三個星期的起碼生活。因此，我便一口答應了，妻也很高興。從此以後，每天下午，過了五點，我就從臺大醫院出發，直接往長春醫院跑。「長春醫院」是以前日本開業醫師所建立的醫院，雖然有點古老，但門面却非常氣派。院長陳春波先生，年逾七十。已顯得龍鐘老態的樣子。自從我到這兒來，來求診的患者，日漸增多。於是，我在此每月的收入，高出大學的月薪，足有數倍之多。當時原是我的學生吳崇雄醫師（彰化吳外科醫院院長），以及何旣明醫師（天佑外科醫院院長，奧林匹克飯店總經理）當着我的助手。這點我應對他們由衷感謝。因爲有了他們的幫助，雖然，我在下班之後，兼做一點業餘醫師工作，但並不阻礙我對於胸部外科之努力與發展。不但如此，生活獲得安定，並燃起我對於研究的慾火，並益增強我的信心，我能把全部精神，貫注在研究胸部外科方面。從此不再爲生活擔憂，不再爲俗務分神。

目前，肺、食道外科，都已走上正規。我必須「更上層樓」，再向「心臟外科」進軍了。這時，迎接心臟外科之來臨，可說萬事俱備。我們枕戈以待者，只是心臟患者了。然而，奇怪的是，在臺灣却不像在美國所見過的，「大動脈狹窄症」，「肺動脈瓣狹窄症」，「Botallo 動脈管開放症」等等病例，那樣多。屬於心臟外科的疾患，幾乎很難見到。爲了網羅患者，我們必須先作宣傳。於是，我又向醫師公會開業的醫師們，以及國民學校的老師們，就「先天性心臟疾患，以及其發現法」爲題，發表公開演講。我請求他們，在這一方面，多多給我們協助與合作。這樣，兩三年過去了。當我每次在胸部外科週年紀念會上演講時，我都在急切的盼望着能有心臟手術例的報告，讓我們早日看到心臟外科的實現。

其間，我在長春外科醫院，繼續做業餘工作。經常，工作到夜晚十一、二時，才回來。此外，我又應嘉義的老朋友林國川醫師所請，每週星期六，再到嘉義去打游擊。到了星期六的晚上，爲了趕上南下十時的火車，我像個神經質的鄉下佬一樣，要提早一小時先到達臺北火車站。我總是站在所有乘客的最前面。翌日早晨，抵達嘉義，我就立即開始手術。下午四時，又再匆匆忙忙的從嘉義登上火車，趕返臺北。從此，從長春外科醫院，所賺之外快，以及由嘉義林醫師所贈送的豐厚的報酬，就成爲我一家賴以生活的泉水。我們的生活，顯著改善，孩子們比以前也顯得肥壯起來，妻也有了餘裕，參加許多社會活動。此時，我更陸續發表了許多學術論文。

七、健全的住院醫師制度

當時，我還年輕，只有三十九歲。自覺滿腔洋溢着熱情。

自從民國三十九年（一九五〇年），臺大醫院，由傅校長改革以來，早就開始實施住院醫師制度。此一制度，完全仿照美式的金字塔式淘汰制。外科也依照這種制度，第一年住院醫師十名。第二年淘汰爲七名。第三年再淘汰爲五名。這種淘汰制度，本來的主要意圖，是激發年輕醫師的競爭心理。另一方面，由於淘汰選留優秀人才。這原是一個無可厚非的制度，然而，事實上，一旦到了年度終了，究竟要淘汰那一位才好呢？眞是一件令人煞費周章的事。幾經斟酌，令人難以裁定，因爲大家幾乎都是一樣的優秀人才，但依照規定，又必須擠出若干名。

我曾留心觀察那些被擠出的年輕人的命運。他們僅在外科進修一年，實在成不了大器，如果讓他們轉到其他科去，他們總覺有落第之感，有點拉不下臉來，終於被逼上自暴自棄之路，落魄潦倒，令人惋惜。這些被擠出的年輕醫師們，都是本校優秀的畢業生，進入外科醫局之後，他們的成績，也不算壞呀！

因此之故，在那個時候，每年外科舉辦「望年會」席上，就常發生不愉快的事。每當酒過三巡，那些被擠出門外的醫師中，總會有幾位鬧酒瘋。有的大吵大罵，有的翻掉桌子，有的摔破酒瓶，眞是不一而足。高教授總是在半途就離席而去。顯而易見的是，每年走出外科之門的人當中，抱怨的人比較多。他們個個都是母校畢業的優秀生，僅在外科進修一年，就棄之如敝屣，也實在太沒有責任了。我認爲對於他們，應該繼續加以指導訓練，令他們能達到自立的程度才對。

自從民國四十三年（一九五四年），我擔任外科代主任以後，我就反對金字塔的淘汰制度。我認爲，外科至少應採用七，七，七的制度。換句話說，從第一年到第三年，一直保有七名。可是在院務會議席上，大家都認爲不能破壞這個金字塔式制度。結果，只採用了七，七，五的折衷辦法。就是第一年七名，第二年七名，第三年五名。最後，總住院醫師一名。此一辦法，乃是限制採用人員。然而，一旦採用，就應負責加以訓練，使成爲一個能夠獨立的外科醫師。最後，再選出一位眞正優秀者，任總住院醫師，而將來令其成爲 Teaching Staff。

本來，我認爲要養成一個能獨當一面的外科醫師人才，至少需要三年。但如上述，我們外科的這個建議，竟遭到大家的反對。乃不得已，改用七，七，五制了。這個制度，開始於一九五四年，直到一九六六年，才如願以償的採用了七、七，七的制度了。由於這個制度，不論在訓練的一方面，或在被訓練的一方面，都可以有計劃的有系統的行事。事實上，從此以後，年年外科人才輩出。最優秀者，選拔爲總住院醫師，進而主治醫師，最後，就步入 Teaching Staff 大道。不能成爲 Teaching Staff，也可以成爲獨當一面的外科醫師，或到各地方醫院服務，或自行開業。如此，獲得成功的醫師，可說比比皆是。此一事實，可以從最近外科「望年會」席上，獲得證實。一年一度的「望年會」，一片 "Welcomehome" 的呼聲。大家都欣然回到教室來，大家聚集在一起。一同談笑，一同唱歌。彼此互道近況。充滿了眞正歡樂親切氣氛。這與從前大家相見時，大吵大鬧，自暴自棄的表現，大不相同了。（圖一—21）

八、首次施行心臟手術

胸部外科之發展，可說一帆風順。凡有關肺、縱隔竇、食道等各方面的手術以及研究，所表現的績效，都非常良好而優異。

民國四十五年（一九五六年），終於有一位患者，第一次前來，請求接受心臟手術。這是我們五年來，等了又等的一個期待。這個期待，終於到達。這是一位患有後天性的「僧帽瓣狹窄」症的患者，我們把聽診器，放在他的胸壁上，很明顯的可以聽到在擴張期中，心臟的心尖部，血液隆隆地在狹窄的僧帽瓣入口處，互相推擠，互相搶先的擁進，而發出來的雜音。這時，我感到無比的興奮。我默默的喜悅。我默默的這樣想，不久，我的手指，即將插入這個人的心臟中，將那狹窄的門打開。於是，對於這次手術，一切都準備好了。

在一九五六年二月某日，我做了這第一個心臟手術的病例。（圖一—22）令患者以「半側位」躺着。然後，打開他的左胸，再打開心囊。於是「心臟」就像小青蛙一樣跳了出

Welcome to Return Home!

敬啓者：

當此一年將盡，四序云終之際，本醫局擬依往例，訂於十二月三十日下午六時在台大醫院外科講堂(第七講堂)會議室舉行望年會大聚餐，敦望我外科先進與同壺偕夫人踴躍參加，是時並備有餘興節目助興，亦正宜多年契濶暌違敘懷豪興佳機，特函奉邀，伏望台駕光臨一聚，並請每人自備交換禮物乙件，萬勿見外是盼！為統計人數起見，參加與否，請將回片鐵定於本月二十日前賜下無任感荷！

專此奉邀　並頌

時祺

台大外科　林天祐　敬啓

圖一-21. 外科一年一度的望年會

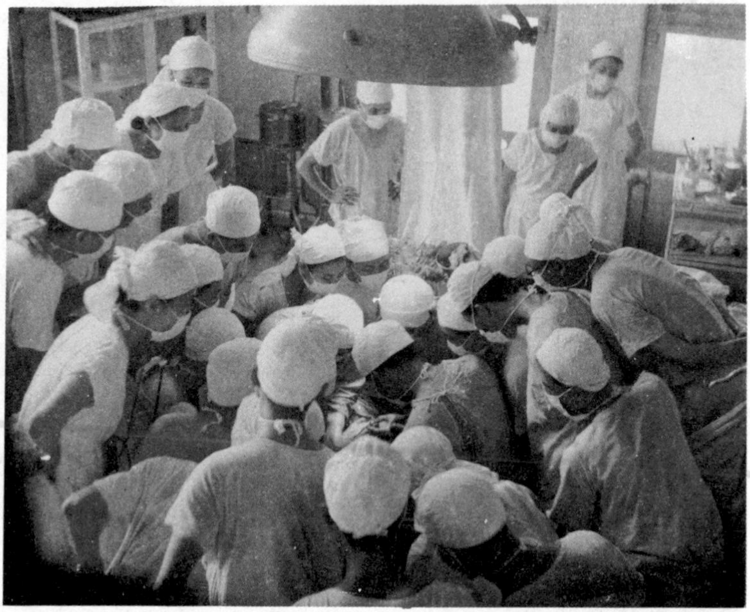

圖一-22.第一個心臟手術(1956年2月)

來。「左心耳」,就像小汽球一樣,汩汩的膨脹着。我計劃要在那左心耳的根都,掛上一條環狀的線。但每次針一接觸左心耳,就由於「搏動」而被彈開來。不輕易靜靜地讓我掛上線針。心臟的這種跳動力量,眞令我驚嘆不已。最後,我終於把線掛上了,很不容易的把食指,由左心耳割開的傷口,揷入心臟內,這時,血液忽地噴出。我自己的心臟,也猛然激動起來。我徐徐把食指向下方推進。終於,變得狹小的硬化的瓣膜入口,被我觸到了。我的手指,幾乎不能通過。哈哈!這就是所謂「僧帽瓣狹窄症」嘛!我直向那變得像魚嘴一樣窄小的瓣膜口裡,使勁將手指揷進去。我的手指尖,清清楚楚的感到一陣陣好像甚麼東西,在克嗤克嗤裂開的聲音。這時心臟的搏動,就好像告訴我說:「怪癢癢的！」瞬間，滴溜地扭轉了一下。這一手術，大功告成。這時，圍繞在手術臺四周的人群，莫不伸長脖子，定睛觀看。這首次心臟手術，大家都感到新奇而驚異。這是自從施行胸部手術以來，第二次外科的高潮。在臺灣，我的手指，還是第一次插進一位活生生人的心臟之內。每念及此，我眞有說不出來的欣慰和感慨。那位患者，手術後經過良好，不久康復。一切都在平靜中結束了。

九、生活的風波

第二天，秋天的陽光，透過玻璃窗，暖洋洋的照射在我的辦公室裡。由於昨天的手術成功，我正在興奮的整理手術紀錄。這時，聽到有人輕輕敲門的聲音。一會，見高院長走了進來。高院長坐定之後，好像有心事似的對我說：

「林先生，說眞的，兩三天前，我就想跟你談談。可是，恰逢心臟手術，迫在目前，很怕會影響你的心情。所以，暫且停了下來。不是別的事，只是聽說你要設立醫院。那眞是一件使我爲難的事。你也知道，那是違反規則。所以，我可不大贊成！」

高院長的這一片話，不僅是突如其來，更令我感到驚訝。於是，我擱下了筆。說實在的，就是那個時候，我大半賴以爲生的長春醫院，發生了問題。

有一天，我正在診察患者的時候。陳春波院長，領着兩三個商人模樣的男人，進到診察室來。查看房屋構造情形。據說，長春醫院就要出售了。我聽到這一消息，大爲震驚。如果這是事實的話，我的生命線，就被切斷了。從此，我又要陷入困境了。孩子們，漸漸長大。都已在小學或幼稚園唸書。而臺大給我的月薪（四八〇元），充其量，只能維持兩個星期。如果，長春醫院眞的出售的話，那我們以後的生活，該怎麼辦呢？這時，我感到非常狼狽，也非常焦慮。

曾經做過我的學生，而今是我的助手的何既明醫師，向我提出建議：

「此時，我們應毅然決然的自己來建立一個醫院，怎麼樣？」

「可是，公務員不可在外營業啊！」

「不管怎麼樣，生活得不到安定，怎麼能去研究？如果我們自己有了醫院，由我和林鼎禮君來經營，醫院名稱來用「天佑外科」，不用林教授的「天祐」的名字。林教授擔任顧問，只在辦公時間之外來就可以了！」

這時，我點了點頭。我認爲這個辦法，是行得通的。無論如何，我非這樣做不可。假如長春醫院，今天出賣了。從明天起，我的飯碗就成問題。所以，現在已到了不是空想的時候了。於是，我終於痛下決心。就如此辦理。可是錢呢？這是面臨的最大問題。到現在，我雖然在公餘，兼做副業，對於生活，有些助益。但收入有限，只不過貼補性質而已。因此，到目前爲止，根本談不上有甚麼儲蓄。何況，若要拿出一筆鉅款，來參加建立一個醫院，那簡直是一件不可能的事。記得，爲此在心臟手術之前夕，我和妻還四處奔走，向親友求援。

當時，老朋友林國川先生（嘉義林外科醫院院長）、老同學黃兆麟先生（三重市生春醫院院長），聽了我的說明和請求之後，立刻各借給了我五萬元。那時，五萬元，不是一個小的數目。對我來說，是一筆大得驚人的鉅款。他們都異口同聲的對我說：

「只管拿去用吧！不要你利息，也不要規定歸還期限。你甚麼時候有錢，就甚麼時候歸還好了。」

他們的友情，他們的鼓勵，使我沒齒難忘！

後來，妻也將她自己的首飾和戒指，都一一變賣了，湊定了款項。於是，和何既明醫師等，共同建立了一所醫院。

最初這所醫院，先由林鼎禮君任院長。後來，改由何既明繼任。我則從始至終，擔任顧問工作。與過去到長春醫院時一樣，還是下午五點下班後，才到這裡來從事診察與手術工作。高院長所反對的就是指的這件事。我也很明白，這件事，將會受到責備。我更明白，公務員不應兼做副業。但為了生活得以安定，為了安心從事研究工作，這實在是迫不得已的事。何況，這個醫院，並不是我自己的醫院。我只是以顧問的身份，在公餘之暇，來服務罷了。

我把這些意思，詳細的向高院長表明。但高院長，仍是不了解。他以沈重的面色，又對我說：「校長很嚕嗦，問得令人厭煩。你將會受到攻擊。我身為主管，也將因監督不周，而遭受非難。」

「我知道。可是，我在公務之餘，在這家醫院兼做一點副業，與臺大醫院的工作，一點也不發生影響。我絕對遵守我和臺大之間，所訂立的契約行為。我不但從早上八點，一直工作到下午五點。有時候，在晚上，在深夜，有臨時緊急之事，我都會立即趕到醫院來。我畢竟也是一個『人』。工作完了，我也和千千萬萬的人一樣，希望早回家休息。有時，也想去看看電影，或者聽聽音樂。但我從沒有那樣做，我只是為了生活，為了安心工作和研究，就像去蹬三輪車一樣，去兼做一點副業罷了。我這樣做，完全是犧牲自己，加倍去虐待我父母所賜給我的自己的肉體而已。至於我和臺大的合同，我沒有侵害一分一秒。」

我懇切的，毫無保留的再向高院長慷慨直陳。事實也是如此。

十年如一日，我每天早上七點起床，七點四十分左右到臺大醫院，一直到下午五點，才離開醫院。在醫院辦公時間內，我從沒有一次到過私人醫院。然而，高院長却責我違反規則，令我如有犯罪之感。因此，迫使我非當機立斷，採取行動不可。

於是，送走了高院長之後，我立即寫好了一份辭職申請書。

第二天早晨，我將那份辭職申請書，送到高院長辦公室。我就收拾起屬於我自己的書籍和什物，一件一件的搬回家去。

唔！這座象牙之塔！自從做學生到現在，在此已守了二十多年了。而今，我就要離開這兒了。說眞的，我眞有點依依不捨呢！

這座象牙之塔，畢竟是用象牙砌成的。不是窮人站得住脚的地方。只有那家有恆產，而不必兼做副業就能安定生活的人，所居留之處。

沈着一點吧！我警戒自己。的確！我必須沈着一點。但越想「沈着」，就越發不能自己。這時，好像一堆濃厚的寂寞的雲層，密密的包圍住我。令我有如被拋擲在荒野之感。

我這個寂寞的人，該何去何從？如果，遵照高院長的話，不再去私立醫院，那麼，下班後就眞的去蹬三輪車嗎？蹬三輪車，和醫業則毫無關係了。對！蹬流動三輪車，總可以貼補一點生活費啦！理應如此，我就這樣做吧！

我必須拿出勇氣來，做這一般人認爲是低級勞動的工作。一位大學教授，蹬三輪車，或多或少，是需要勇氣的！或許，我太擔憂以後的生活問題了。那天晚上，我眞的做了一個奇怪的夢——我已蹬三輪車了。

我借來一輛三輪車，停在大街的一角。悄悄的等候顧客的來臨。等了好久，都沒有人來。這時，突然聽到有人在遠處招呼的聲音。我馬上蹬車前去，我很慇勤的請客人上車。

「先生要到那兒去？」

這時，我抬頭一看，嚇了我一跳，這位客人，不就是就讀醫學院五年級的——我的學生嗎？他穿着畢挺的西裝，儼然紳士模樣。而他竟不認識我這位臺大的教授！當然，他也不會想到一個三輪車伕，竟是他的老師，是一位大學教授啊！他坐上車，立即大喊大叫的催我：

「快！快走！」

於是，我快馬加鞭的向前跑！但是，他還嫌慢，一再大喊大叫：

「快，再快一點！」

於是，我將所有力量，都加在兩條腿上，拼命的向前蹬。

「混蛋，老糊塗，爲何不快一點！」

又是一陣臭罵！我突然覺得這位客人，重重的在我背上踢了一脚。硬幫幫的皮鞋底，踏在我的背脊上，就像被鐵鎚擊了一下那樣響。我立即暈了過去。我恍惚要癱下去似的。渾身濕淋淋，滿頭大汗如珠。我要喊，但喊不出聲來，我要叫，也叫不出聲來。我實在太痛苦了。這時，迷迷糊糊中，好像聽到妻在叫我的聲音：

「你！你！怎麼啦！」

醒來時，冷汗濕透了被褥。我的心口還在跳，眼前一片茫然，背脊上有一陣冷颼颼的感覺。我好像陷入迷惘之中。

但現實還是在眼前，我該何去何從呢？

現在如果離開臺大醫院，有很多要做的工作，就無法完成了。這眞使我留戀啊！再說，離職之後，現住的宿舍，可能被索回。那我又該怎麼辦呢？

咄！我不是懦夫，我需要堅強起來。辭職申請書，既然已經提出，我就應該毅然離去。

第二天，高院長又來找我。同時，將那份辭職申請書還給我。上面還有醫學院魏院長的批示：

「應予慰留。」

高院長凝望着我，一本正經的對我說：

「最好不要太公然的去做！由於事實上，生活有困難，校長總會閉着一隻眼睛的。」

至此，我才放下心了。由於生活的安定，於是，我又熱心繼續從事「胸部外科」，「心臟外科」的研究工作了。下午五時下班後，大家都各自回家去，我便直接到那家醫院去，爲患者診察、手術，幾乎每晚都要工作到十一、二點才回來。

我的事，雖然校方不作公開干涉。但同事們，却有人覺得不服氣。有一位教授，竟在會議席上拿出民國二十八年公布的「公務員服務法」第十三條的規定，來指桑駡槐地加以攻擊。

這時，我只有在心裡想着。我很明白，公務員在外兼差，不僅是犯規。而且，也是犯罪。可是，請先對我寬容一下，讓我完成未了的研究工作吧！到時候，我自會處理的！

十、餘波盪漾

舊調重彈。這問題，近來又被人重再提起來。

民國六十二年（一九七三年），新到任的醫學院院長，附設醫院院長，想大刀闊斧的革新院務行政，不准晚上在家看病。

過去我雖在夜間兼業，但幾十年來，我從未有一天曠職過。從早晨八點的朝會，以至院務、教育、研究等等，我自信已克盡職守。即便在夜間，或必要時，需要我參加的任何事項，我都能一一遵守過。

所以我自信我已充分做好了我的工作。現在，老實說我也不留戀舊棧了。因此，這一問題之發展如何，我既不感慌張，我也無動於衷。況且，我已把創新的東西，都已普遍化了。我的心情，自覺淸白坦蕩。因爲，我已克盡了作爲一個公務員——教授兼外科醫師的職責。我已完成了我的責任，我該滿足了。所以，我現在很快樂。從過去到現在，我願意奉獻的，也已經奉獻出來了。至於甚麼時候，這「大刀濶斧」，會落在我的頭上，我也無所謂了。

不過，我願在此，提供一點淺見，就算我的「臨別贈言」吧！

在日本，對於退休的教授，特別贈予「名譽教授」的榮銜。藉以獎勵他們的辛勞和功績。並對他們的精神，給予更高的慰藉。有的國家，爲保障他們退休之後的生活，特別給予養老金，至死爲止。然而，在我國既沒有名譽教授之贈與，退休之後，也得不到生活的保障。等到你老朽了，就把你棄之如敝屣。我知道，我現在已被列入「敝屣」的一邊了。「棄如敝屣」與「濶斧斬頭」，只不過五十步與百步之差而已。

我並不反對這次醫院的大刀濶斧的改革。說眞的，早就應該改革了，但我認爲，改革應該適應現實生活，顧及大家的實際問題。

「你既身爲公務員，就不要顧慮吃的問題。你應枵腹從公，應爲工作而工作。」像這種口號，已不切實際了。好的，爲工作而工作吧。那麼，現實生活怎麼辦！年邁退休後的生活，又怎麼辦！生活得不到保障，就不能安心工作。於是，自然而然地除了「爲工作而工作」以外，就必須再「爲生活而工作」了。這種雙重生活，很明顯地是浪費又是加重的困苦。誰都不喜歡的。因此，若要改革，我認爲必須要有兩者兼顧，兩全其美的辦法才成。換句話說：「工作即是生活」，「生活即是工作」，才是改革方案的中心要點。

記得，民國五十年（一九六一年），爲了心臟手術的問題，再度渡美的時候。在休士頓，我到 Dr. Cooly 處見學。Dr. Cooly 每天從早上七點開始手術，繼續到中午。手術完了，馬不停蹄的再到各病房廻診。到了晚上八點左右，又要出席討論會。這時，我一面欽佩他那熱中於工作的精神；一面我在心裡想，像他那樣日以繼夜的工作着，他的生活，是怎樣過呢？難道他本來就是一位很有錢的人嗎？後來，我才知道，他是按工計資。換句話說，他是按照手術的人數，抽出幾成，做爲他個人的收入。怪不得，他從早到晚，都那麼喜歡工作啊！抽成的方法，雖然不一定是一種理想的方法，但他們顧及醫師的實際生活。讓他安心樂於工作，亦不失爲良策之一。總之，只要生活有保障，醫院即是我家，工作就是生活。在夜間開演講會，討論會，C、P、C等等，都無怨言。否則，生活不能安定，做甚麼都行不通了。

我任公職已三十三年多，其間，既沒有做過值得受獎的事蹟，又沒有腆着臉面，「毛遂自薦」地推薦過自己是「優良教師」等等。只怪命運乖戾，如今就要被拉上斷頭臺了。

人之將死，其言也善；鳥之將死，其鳴也哀！

我也隨俗，在這裡說出這些淺見，可作改革之參考。也算我的「臨別贈言」！

第八章　我擁有了三輪車

一、有車階級

自從那次之後，我每天仍然夜以繼日的驅使自己爲生活而工作。於是，我們的生活，漸漸的寬裕了。所有的欠債，也都還清了。

到了民國五十三年（一九六四年），我們已有餘力，購置了一輛三輪車。我把它塗成深綠色，塗得亮光光的，並在車的後面，漆上「自家用」三個白字。看起來很順眼。同時，坐起來，也很舒服。最初，我和妻望着這輛私家自用車，倆人不禁都深深的嘆了一口氣。由於我們漫長的艱苦奮鬪的結果，使我們才擁有了這一輛三輪車。想到這裡，眞是感慨萬千。

每到深夜，完了工作，我將已疲憊的身子，重重的倚靠在這輛三輪車上。妻陪伴着我，我們總是經由人跡稀少的衡陽街和總統府前的廣場，搖搖晃晃的回家。

這時，夜已深沉，星光點點。所有的人家，都已入了甜蜜的夢鄉。有時，月亮從我家屋頂，冉冉昇起。給大地瀉下一片銀光。好像一襲輕紗，披在一位少女的身上，眞是美麗極了。說起來，我好像把月亮遺忘得太久了。爲了工作，爲了生活，我一直忙碌着。這可能是我和月亮疏遠的原因吧！車子在寂靜的馬路上走着，微風習習的輕拂着我的面頰。我深深的呼吸着深夜的空氣。「我已有了三輪車了」，一種人生的滿足感，好像給我帶來了心靈上的一點安慰。

然而，在寒冷的雨天，乘坐三輪車，還是一件辛苦的事。有一次，我乘坐朋友的汽車回家，坐在舒適的車中，無懼狂風暴雨的襲擊。若比起我的三輪車來，我才知道，我這位朋友，才是眞正的「有車階級」呢！想到這裡，我發現我在生活上，永遠趕不上時代，永遠落人之後。我很希望有一天，我也擁有一部舒適的汽車！令我成爲一位眞正的「有車階級」。

二、朝會的發軔

民國四十三年（一九五四年）左右。是外科醫局最不景氣的一個時期。當時，醫師們工作的情緒低落。一切表現，顯得特別散漫無章，萎靡不振。每天到了早上十點，連第一台的手術，尚未開始，已是常有的事。這種現象，究竟是爲了甚麼呢？我曾詢問當助手的年輕醫師，他們一致回答說，主持手術的醫師，不會來得太早。我也曾詢問過護士們。她們也回答說，到了早上十點，常常連醫師的影子，都看不到。醫院並不是沒有時間制度。照規定，手術時間，應自早上八時開始。可是，到了十點，主持手術的醫師還沒有來，這成甚麼體統！因此，我認爲這種散漫而無責任的情形，必須嚴格改善。於是，我發出命令，不管醫師來與不來，值班的護士，必須在規定的時間內，一切整備妥善，洗手等待。至於做助手的醫師，也是一樣，不論主持手術的醫師，來與不來，也要準時將患者送進開刀房，一切消毒做好，洗手等待。甚至，等一小時，兩小時，也要等待。這樣的等待，不僅對主持手術的醫師，表示一種無言的抗議，並激發他們良心發現，準時來上班。

當時外科醫局，只有一位醫師值夜班。每到第二天的早上八點。這位值夜班的醫師，就向我報告在他值班期間，所發生的一切事故。這時，醫局的其他醫師們，多半還未來上班。當然，手術也不能按規定時間進行。甚至，門診開放的時間，也往往遲延。我認爲，這樣散漫不振的景氣，實在太不像話了。於是，我決心非改善不可。

於是，我將權充「鬧鐘」的任務。我開始實行「朝會」。「朝會」的時間，規定在每天早晨八時正舉行。在這規定的時間中，不論教授、住院醫師，以及實習醫師；大家都需要聚集在討論室，彼此報告，互相討論。但在必要的情形下，須要手術的醫師們，可以先到手術室去。需要主持門診部的醫師們，也可以先到門診部去。我曾鄭重的向大家聲明：「若是誰不能跟上來，誰就該考慮自己的進退。」於是這個朝會，就這樣的開始了。一直到今天，仍然繼續存在，從未有間斷過。說起來，「朝會」的歷史，已經有十八年了。在這十八年的歲月裡，大家都能同心合力，遵守時間。連職員們，也都能早到，認眞工作。因此，過去外科散漫不振的情形，至此，盪然無存。此一成績，可說歸功於朝會帶來的效果。

這個朝會，時間雖然短暫。但在腦外科、整形外科、胸部心臟外科、一般外科、以及小兒外科等，所有領域，都能充分利用此一時刻，熱烈討論，意趣盎然。我們更時常擧辦特別演講，或邀請外國學者來作學術演講。這些，對於實習醫師，以及住院醫師之訓練，特有助益。最初，我實行朝會之主要目的，除了振奮士氣之外，就是希望對於青年醫師有所裨益。實際上，現在，外科的教授、副教授、講師等，大都是以前外科最優異的住院醫師。

在那時，社會的經濟，已逐漸好轉。各家庭中，大都有了收音機。有的家庭，更添設了鋼琴。大街上，到處興建高樓大廈，馬路也整修得很好。我們的這座「象牙之塔」，也大部份都已修復完了。各科都健全的在發展。這時，最令人感到興奮的事，就是開始有了C.P.C（臨床病理討論會），以及各種教育性的討論會。C.P.C雖然由於組織所見的 slide 太多，略嫌時間太長，但對於學生以及醫生們，都是最有意義的一項活動。這也是最成功的一個討論會。主持 C.P.C 的葉曙教授，是湖北省人。不僅國語標準，同時更能講一口流利的日語。他的日語，比日本人說得好。爲人古道熱腸，經常提供最珍貴的意見。在醫學院裡，他是一位不可或缺的學者。在他的指導之下，有臺灣籍的林文士人、陳海清兩教授，都是今日病理的傑出人才。因此之故，病理教室，無論在研究方面，或在育才方面，都有輝煌成就，而達世界水準。

這座象牙之塔，已有六十多年。整個蒼老的建築物，簡直像一個大古董。像這樣的舊建築，無論怎樣加以修補，也賽不過新建的摩登大樓。然而，這陳舊破爛的科學殿堂——臺大醫院，雖在不完全的設備之下，幸歷經魏火曜、高天成、邱仕榮各任院長的努力，克服了種種困難。終於逐漸改善，成長，壯大。不論在研究方面，或在醫師訓練方面，以及學生教育方面，都收到了顯著的革新成果。當然，還有若干文化機構，如 China Foundation, C.M.B.，國科會，以及 A.M.，M.A.C. 等，從旁援助，相當有力。經過這些文化機構的援助，每年都有若干名青年醫師，獲得海外留學，吸取新知識的機會。尤其是 C.M.B. 更提供了各種研究館，以及研究室的設施。

三、開心手術研究成功

那是民國五十年（一九六一年）左右的事了。

那時，心臟手術，在外科方面，已從「盲目法」（Blind Technic），向前躍進了一步，步入所謂「開心手術」的地步。所謂「開心手術」，就是割開心臟，在直接窺視（直視）之下，施行手術的方法。這一方法，在當時竟然着着成功，步步發展。那時，世界各國早已採用這種新外科手術了。連日本在這方面，也相當成功，我們爲了讓我國的外科醫學，能達到國際水準，所以我們也要力求發展，迎頭趕上。

當時，在外科醫局，有幾位醫師，希望做心臟外科。然而，我認爲他們的基礎薄弱，恐不能勝任這種工作。他們雖拼命爭取，我仍以外科大局爲重，婉然勸阻。等到有適當人才時再說。所以，心臟外科，便暫由我自己擔負這個責任。

民國五十年（一九六一年），經由 C.M.B 的援助，我再度留美了。這次留美的主要的任務，完全是見習開心手術。同時，決定採購心臟外科所需之儀器。我曾訪問過 San Francisco, Houston, Meliapolice, Rozesta, Chicago, Boston, New York 等若干有名的開心手術中心。我不但把許多開心手術儀器的裝配、使用法、洗滌法等等，從頭至尾都認眞見習。同時，對於手術手技更徹底觀察。後來，到了紐約的時候，對於開心手術大體已獲致了一個概念了。至於「人工心肺」，我決定購買 Disc Type 的人工心肺機器。

回來之後，人工心肺的機器運到。我和胸部外科同仁，立即把它裝配起來，並開始做實驗。我們先測定 Pump（喞筒）的力量。人工心肺的「喞筒」，是通過股動脈，打進人體循環，用來代替心臟的。首先要測定唧筒的一個 Coma（刻在計器上的刻度），可以打出幾西西的水。然後再用血來測定。看能打出幾西西的血液。我們先使用豚血來作實驗。「人工心肺」內，一次需要二千至三千西西的血液。採取這些大量的豚血的工作，就落在胸部外科總住院醫師洪啓仁（現在主持心臟外科，臺大外科教授及主任）的肩上。他不辭勞苦的在三更半夜裏，跑去屠宰場，拜託屠夫，運回豚的鮮血。他那種披星戴月的苦幹勁兒，令人感動。如果，他自己回想起來，亦必感慨萬千。

機器的性能，已經明瞭。唧筒的廻轉規準，也已決定。於是，我們便開始用狗作實際「體外循環」的試驗。那時，外科心臟實驗室，尙未落成。所以，這些實驗，都是在手術室的尙未曾使用過的四樓上實行。爲了手術一隻狗，起碼需要犧牲三四隻狗，來充滿人工心肺裏的血液。那時，一隻狗，約値三百元。所以說，那是「經濟的大出血」啊！這樣的犧牲了許多狗之後，我們更在體外循環之下，實際的割開了心臟，亦即割開心室，觀察心內的筋肉。然後，再把割開的心臟，加以縫合。雖然由於「體外循環」，血液沒有進入心臟之內；但心臟依然砰砰的跳動。這眞是一種令人驚異的「搏力」。怪不得，心臟能夠在七十年，甚至九十年之久，一直不休不息的「搏動」。它是生命的原動力，是一個多麼偉大的臟器啊！這種實驗，每一星期，我們曾重複做過多少次，爲了要明瞭狗在人工心肺使用中的病態生理，我們將時時刻刻所採取的血液材料，送到美國海軍第二醫學硏究中心去檢查。因爲檢查的材料，是動物的血液；當時，本院的中央檢驗室，拒不接受我們的請求。開始做這實驗的時候，狗幾乎都死亡了。我們對每一個例，都開會討論，追究死因，謀求改善。於是，依照新的實驗方式，重新反覆實驗。這樣的實驗，大約經過了兩年之後，實驗終於成功。狗能夠活了。割開心臟，擺弄內部，又再縫合。這樣「心活動」停止達一小時以上。其間，雖只靠「體外循環」來維持「生體」，但狗仍能安然無恙的活着。我們曾爲此興奮與歡呼。我們曾輕輕的撫摸着那些接受開心手術，身上還帶着創傷，而走來走去的狗。我們默默的同情它們的犧牲和痛苦。並感謝它們爲醫學進步而所作之貢獻。（圖一—23、24）

我們似乎有了信心，可以對人施行手術了。於是，我們決定即將眞正對人實施開心手術。這時（民國五十一年）因高天成主任，身體違和。我從代主任正式受命任外科主任。

自從民國五十年（一九六一年）開始動物實驗。兩年之後（民國五十二年，一九六三年），我們第一次實施了對人的開心手術。（圖一—25）

這位開心手術的患者，是一位十三歲的少女，她患有「先天性心房中隔缺損症」。其症狀非常惡劣。我們先給她施行全身麻醉。然後，自右心耳向上下大靜脈，再向右股動脈，各別插入 Kanule（插管）。再把它連接於事先已儲好血液的人工心肺器。之後，再繫結上下大靜脈，使體內之血液，全部導入於人工心肺器內。因此，流進心臟的血液，便完全遮斷。如此，「大循環」就全靠人工心肺的唧筒來維持了。然而，一導進體外循環時，意外的發現血壓開始急劇下降。我感到非常困惑。這是以前作動物實驗時，從未有見過的現象。爲何發生這一情況？簡直令人費解。結果，這個病例，終於死亡了。究竟爲何引起血壓下降，實爲此例最大之疑點。我們爲此困惑，眞傷透了腦筋。於是，我們一再重複實驗，尋求答案。結果，疑點終於大白。蓋由於通過動脈導入之血量，與自上下大靜脈流出之血量間，失去平衡所引起的現象也。

那時，我發現剛做完胸部外科的青年總住院醫師洪啓仁君（現任臺大醫院外科教授及主任），是一位適於心臟外科的繼承者。他擔任總住院醫師工作中，是一位最優秀的人才。他不但精通胸部外科，而且，

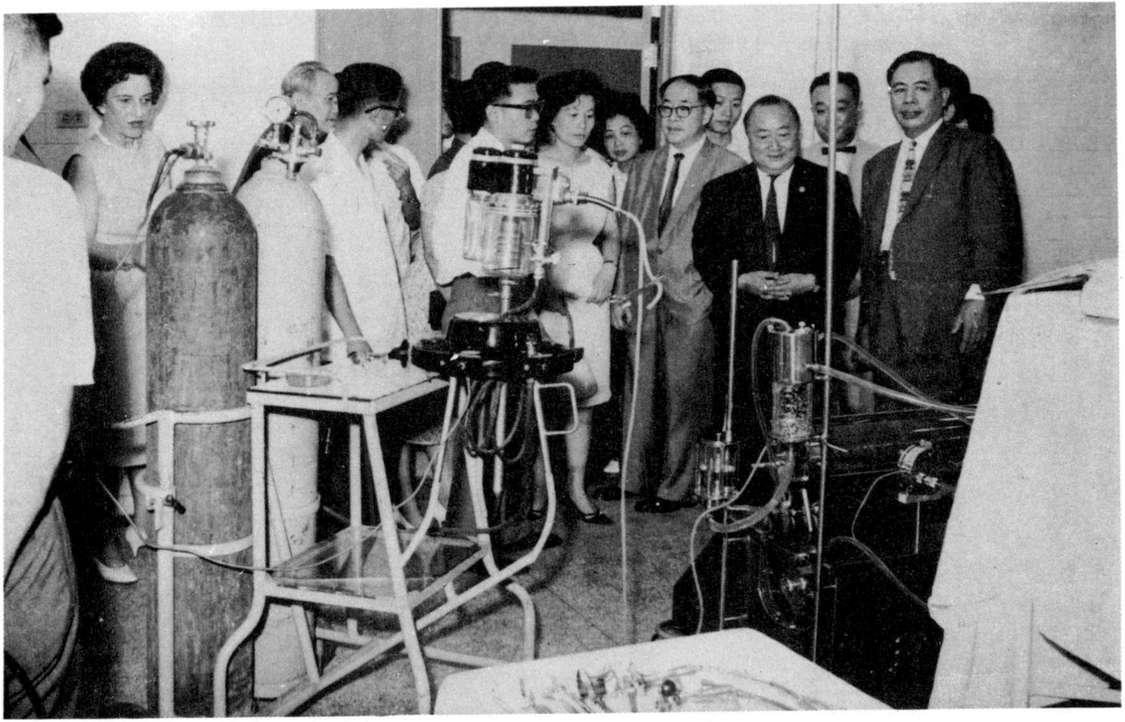

圖一－23. 直視下開心手術動物實驗，右起著者、黃部長、錢校長（1962年）。

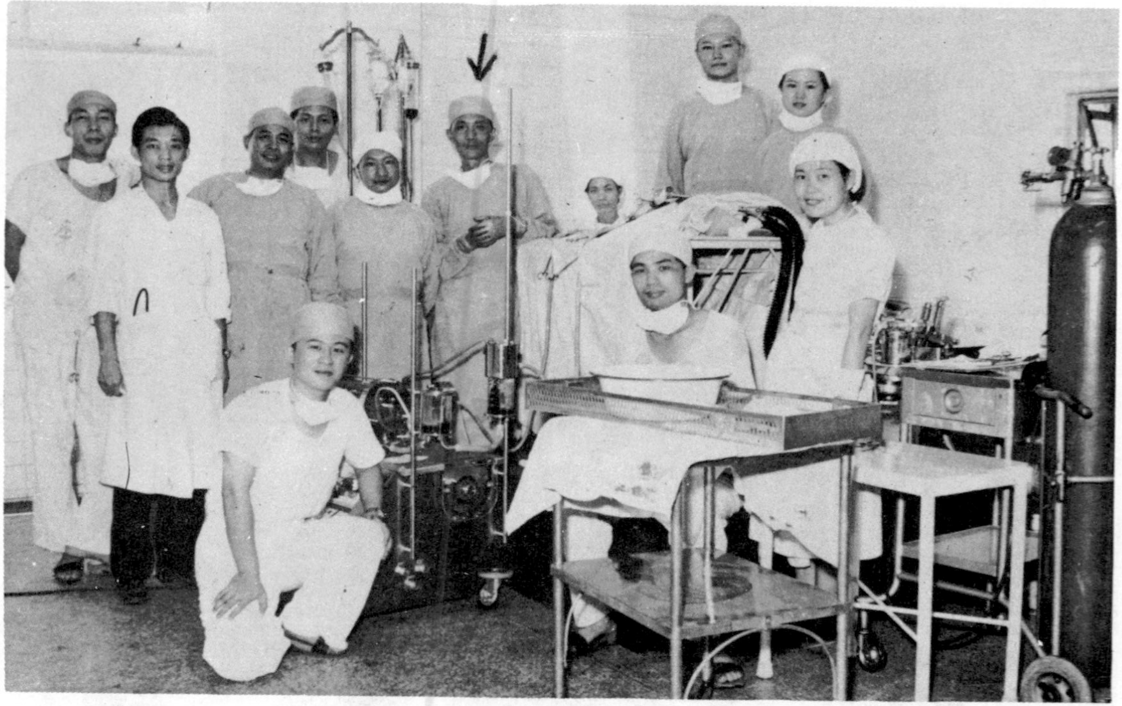

圖一－24. 直視下開心手術動物實驗工作人員，站者左第三人爲著者，↓所指爲現在的心臟外科專家，臺大外科主任洪啓仁教授（1962年）。

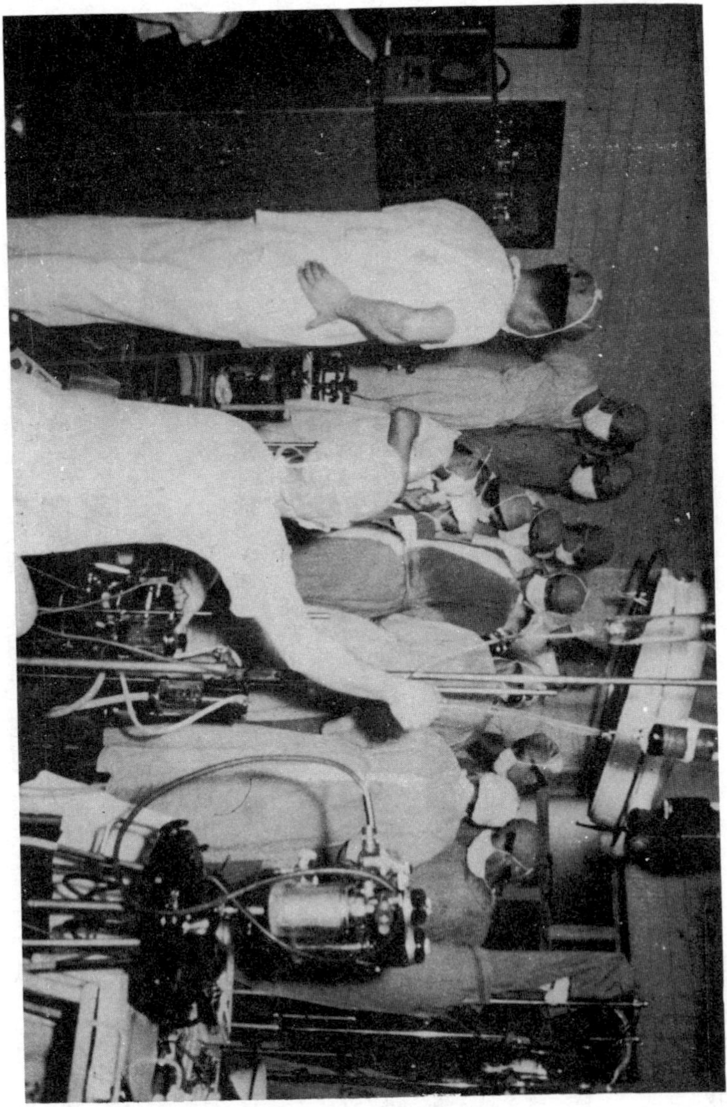

圖一－25. 第一次對人的直視下開心手術（1963年）

經內科陳烱明教授之指導，對於「心電圖」，「心導管法」，以及「心內血流力動學」，亦頗有心得。並且和我們一起工作中，更瞭解了「體外循環」的原理。我相信，他有了這些基礎的知識，如果，再到美國心臟外科中心去深造一番的話，必將成爲一位理想而優秀的心臟外科醫師！那時，他還是兼任主治醫師，並不是正式職員。雖然如此，我仍與正在臺北的 Dr. Humphrey 教授商談的結果，決定派他去哥倫比亞大學的心臟外科深造。我內心亦有所決定，將來心臟外科這份工作，就讓他來承擔吧！

我又實施第二例的開心手術。這一病例，一導入體外循環，相反的發現血壓竟漸漸上升。因爲患者患有「先天性心房中隔缺損症」，爲了關閉這一缺損，乃切開右心房。此時，心臟中理應沒有血液了，但血液竟咕嚕咕嚕的大量噴出來。於是，暫時將心房關閉。遂鬆了一口氣，只是左思右想，不明原因，後來，又再打開心房看看，血液仍大量噴出。瞬間血液充滿了胸腔。這時，我愕然不知所措，遂中止了手術。這一病例，遂因大量失血而死亡。於是第二例的開心手術，宣告失敗。此時，我簡直好像迷失了方向。第一例，發生血壓下降。第二例，却又發生血壓上升。這些現象，在動物實驗中，都是未曾發生過的事。過去的實驗，都進行得很順利啊！於是，我又回到實驗室，爲了追究血壓上升的原因，又反覆的再作各種實驗。

民國五十三年八月（一九六四年），我又實施了第三個開心手術的病例。我永遠不會忘記這次開心手術。這位患者，是一位二十三歲的男子。在他的前胸部，貼耳傾聽，可以聽到相當有勁的持續性隆隆作響的雜音。很明顯的我們便確定這是大動脈竇動脈瘤破裂於右心室的病例。

於是，我們先使用人工心肺器，導入體外循環，這項工作，進行非常順利。我們打開右心室，我們立即看到血液從大動脈通過破損的「大動脈竇動脈瘤」的孔，突然噴出。這個「孔」，清楚的映在我們的眼前。於是，我針對此孔，繫線縫合。然而，縫合部一下子就被強烈的「心臟搏力」裂開了。血液又再噴出來。因此，為策安全計，特在縫合處，按 Teflon （合成樹脂的一種）的枕頭，再在上面繫線。結果立即見效。強烈的血液漏出，終被堵住了。我從萬分緊張中被解脫了一樣，我鬆了一口氣。患者依然在正常狀態中。不一會兒，中止體外循環。恢復原來的狀態。心臟靜靜的，有規律的搏動着。體外循環使用時間，大約一小時半。患者很順利的從麻醉中醒過來。至此，此一開心手術，宣告成功！（圖一—26）

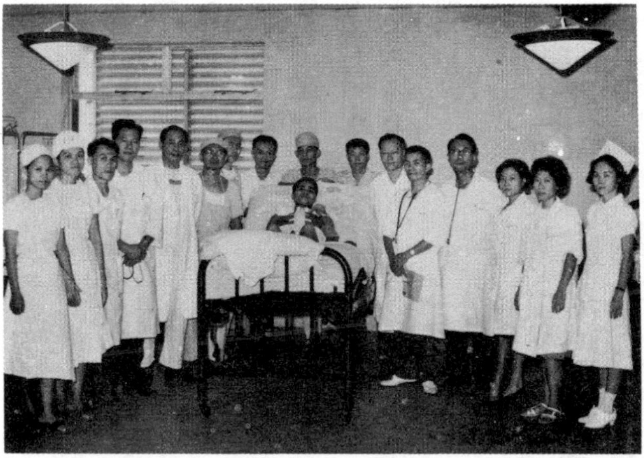
圖一－26. 第一個直視下開心手術成功，左第五人爲著者（1964年8月）。

幾天之後，我們在「李園」設宴，以慶祝這次手術的成功。那時，我活像一頭很久沒有吃過飯的「餓虎」一般，大吃而特吃了一頓「涮羊肉」，記得在這兒的服務生們，還都以詫異的眼光望着我。

啊！過去三四年來，對於「直視下開心手術」的艱苦奮鬪，到現在才看到了成果。而我又再嚐到了像最初開創「胸部外科」時那樣愉快的心情。我眞有說不出來的喜悅，但似乎又覺得有些疲倦了。由於這次的成功，給我帶來無比的信心。在體外循環一小時半的時間裏，居然能獲致如此成績；那麼，三十分鐘以內的手術，當無問題了。此一信心，更給我無限的鼓舞力量。於是，我陸續的又實施了A.S.D.及P.S.等手術，結果，全都成功了。至此，開心手術，已走上了軌道。我們的信心增強，我的精神，益感奮發。

就在此時，洪啓仁君即將從美國回來。我眞希望他能早日回來。因為心臟外科，本來並不是我要想努力的目標，如果洪君回來，繼承心臟外科工作，我將決心洗手不幹了。說眞的，那時我最大的興趣，乃是「肝臟外科」啊！

我最後一次開心手術，是一位患有「上行大動脈的動脈瘤」的患者。擬把它切除，而將人工血管移植上去。然而，這個病例，因術前血管攝影不明瞭，以致誤讀「頸動脈走行」，當搭上鉗子，要切除動脈瘤時，腦波竟然停止。於是，終於死亡了。

民國五十四年（一九六五年），洪啓仁君回國。我立即將心臟外科的棒子交給他。洪君是一位年輕的醫師，精力充沛。他對於診斷、手術、手技，以及術後治療等等，都有着豐富的學識與精湛的經驗。其後，不論先天性，後天性的心臟疾患，一個接一個的經過開心手術治療，都一一獲致最優異的成績。最近，連換心瓣膜手術，也成了易如反掌的工作了。現在，我們的心臟外科，在量的方面，雖然還少；但在質的方面，可說已達國際水準之域了。回想起來，心臟外科，自從動物實驗開始，以至今日這個地步，在這長年歲月裏，實由於外科全體同仁，奮發努力，不畏困難，合作無間，發揮團隊精神之所致。尤其是，胸部外科的許光鏞、李俊仁、謝建民諸位醫師（現任臺大教授、副教授等職），對於這一方面的功績和貢獻，是不可磨滅的！

圖一－27、28. 1967年中華民國外科醫學會成立，著者被選爲第一屆理事長。

圖一-29. 開會時曾請由師大音樂系女同學蒞會和與會會員同唱國歌情形，為大會生色不少（外科學會成立大會 1967 年）。

民國五十六年（一九六七年），中華民國外科醫學會成立。我被選為第一屆理事長。第一屆屆滿之後，並又連任一次。每次在外科學會上，眼看着青年的醫師們，不斷的提出新的研究報告，給外科帶來蓬勃新氣象，從內心中感到欣慰。（圖一—27、28、29）

當時為提高外科醫學的水準，我們也開始研究如何設立外科專科醫師的制度。

四、臺大外科的新面目

臺大醫院的外科，除了胸部、心臟外科，已發展到國際水準之外，其他部門的外科，也都有着飛躍的進步。

整形外科，早在一九五一年，高天成任主任時，就已設立了骨科病房。該科在鄭澤生副教授（已故）主持之下，設置總住院醫師一名。但現在的整形外科，則由留美深造歸來的陳博約副教授，開始予以發揚光大。

後來，整形外科，更由於陳漢廷（現臺大教授）從美國回來，益形活躍。經過他們的嚴格訓練，年輕的住院醫師，大部都能擔當整形外科的工作了。而整形外科的總住院醫師，堪稱對整形外科，獨當一面的專門醫師了。陳漢廷（臺大教授）、廖潤生（現高雄醫學院教授）、陸永熙（臺大講師）、王葳芳（前臺大講師）以及劉堂桂（臺大教授）等，都曾擔任過整形外科的總住院醫師。他們不僅負責教育學生、訓練醫師；而且，對「結核性脊椎炎」，「股關節脫臼」等研究方面，曾樹立了驚人的業績。還有許許多多奇形怪狀的「脊柱側彎症」，是不易爲人注意的。但自從接受過 Lissa 教授訓練的王葳芳醫師回國之後，這些可憐的怪形怪樣的少年男女們，才獲得了救援之手。

腦外科，也是先由高主任的 Lobotomy（腦前葉切離術）帶來好像「腦外科」的意味。但眞正的腦外科，還是發軔於民國四十六年（一九五七年）張簡耀副教授由美學成歸來之後。

腦外科，在張簡耀副教授的孤軍奮戰之下，病例日增。手術例，也逐漸增加。我也爲這門新學問的前途，感到欣慰。然而，創新事業，總是十分艱苦，困難重重。惟有打破困難，光明才能出現。若按當時醫院現有的設備，來發展腦外科，顯然不能謂爲完善。再加上大部份病例，都很惡化。由於診斷遲延，患者遭受長時間「腦壓亢進」，大部份都已進入了失明狀態。因此，手術結果，當然死亡率很高。另一方面，患者家屬不合作，常常導致誤會。爲此，張副教授的手，變得遲鈍了。一股熱情，從此也趨於淡然了。我看到這種情形，我曾百般設法，擬予改善。但當時，在腦外科，還沒有設置專任的總住院醫師。我認爲應鼓勵一位希望專攻腦外科的年輕醫師，來幫助張副教授推展工作。並且，必須增加這方面的人才。

在這樣的一個構想之下，我最初先推薦周桂芳君（現在彰化開業），繼而又推薦林端貞君（現在嘉義開業），讓他們兩位參與腦外科工作，他們兩位，開始時，確是非常熱心。但經過了半年左右，他們便先後舉起了白旗，退却下去了。最後，我選中了洪慶章君（現任臺大腦外科教授）。他眞是一位熱心的青年醫師。他爲了研究腦外科，他曾訪問神經科、眼科、腦病理科等。凡與腦外科有關的部門，他都去虛心求教。我每次在朝會席上聽取他所作的報告，顯示着他有強烈研究進取的精神，和驚人之進步。我爲此暗自欣慰。後來，洪君就在一九六六年，去美國留學，專攻腦外科。

非常湊巧地，民國五十二年（一九六三年），從本院外科出身的林成德君，去美專攻腦外科，學成歸來了。林君（現又在美國）曾擔任過外科的主治醫師。民國四十七年（一九五八年）與黃世惠、黃雲騰等，同懷着一顆專攻腦外科之夢，前往美國深造。我現在還淸楚的記得，當他離臺去美之前夕，是一個晴朗的日子，太陽已經西墜。金灼的陽光，透過滿天的晚霞，照亮臺大醫院前的廣場。這時，林君夫婦，懷抱着初生的嬰兒，剛走出醫院的大門口。他們那一對喜氣洋洋，容光煥發的面孔，猶淸晰的印在我的記憶中。

數日後林君就離開臺灣去美了。爾來，屈指一算，他在美深造，整整渡過五年。他那孩子，也已五歲了。恐怕不會認識他的爸爸吧！林君在美當中，專攻腦外科，埋頭苦學。已成爲眞正有成就的腦外科專家了。因此，臺大腦外科，在林君的努力之下，業務蒸蒸日上。除了腦外傷之外，每個星期，都有三四名開腦手術。年輕的住院醫師，由於林君的熱心指導與嚴格訓練，水準顯著增高。現在的腦外科，幾乎全由他們自己診斷。一般開腦手術，經過也十分良好。一時給腦外科，帶來新興氣象。當過腦外科總住院醫師當中，還有現任臺大副教授的高明見、林端明，兩位都是卓越的腦外科醫師。

一般外科，因爲太過於一般化，向來不大出色。然而許書劍教授，對此並不感覺厭煩。他把「直腸鏡」，揷入幾千個病例的肛門裡，想從中發現「病因」。他這種不厭其煩的研究和努力，値得令人敬佩。後來，他不斷的在大腸、直腸、胰臟等外科方面，表現了優異的工作。他幹得那麼起勁，那麼有精神。眞不知消瘦的他這股勁兒從何而來。隨着病例的增加，一般外科總住院醫師，也從一名增加爲二名。但在這門之中，除了陳楷模教授，就小腸的大量切除手術，提供了有意義的研究之外，一般都稍有平淡的感覺。

一九六三年左右，我曾勉勵尚未決定努力方向的張寬敏醫師（前臺大副教授），去研究「成形外科」。當時，所謂「成形外科」，還沒有鮮明的輪廓，還是一塊新的處女地。因此，張醫師滿懷希望的就幹起來了。雖然匆匆十年之久，但我認爲距離理想，還是太遠。因此，在這一方面，實有加強之必要。爲此，我又鼓勵在整形外科擔任過總住院醫師的李煙景君，亦去專研究「成形外科」。這樣，一來可以灌輸新血；二來可以培養繼承者。

李煙景君，從此孜孜研究「植皮」。終於對於火傷患者，移植猪皮，研究成功。這是空前未有的研究成果。因此，他在世界成形外科論文競賽中，獲得二等獎。他在心臟外科研究手術室裡，默默剝着猪皮的神情，給予我一個深刻的印象。後來，他就利用所獲得的獎金，和C.M.B.的獎學金，特去美國，繼續深造「成形外科」。說起來，成形外科在外科中，還是一個孱弱的領域。希望李君回國之後，能見其開拓與發展。我也曾勉勵他在國外，也研究一些「美容外科」回來。美容外科以科學立場來看，或許一點不像科學醫學。但在現代生活中，如何用外科來改善「美」，我認爲是有其必要的。這門學問，在臺灣還沒有受到重視。我很期待李君能開闢這條路，並能把它發揚光大。

近年來，「小兒外科」，已與「成人外科」並駕齊驅地成爲重要的部門了。不但如此，小兒外科已發展到對於生後兩三個小時的嬰兒，亦可以外科治療的地步了。在這一部門，不僅手術技術，即手術前後的看護，臨床檢查技術等,亦與成人迥然不同。在外國，小兒外科，已成爲一個獨立的一科。有的地方，成立小兒外科醫院，獨自經營的也有。但小兒外科，在我國還是一個較弱的部門。外科的洪文宗教授，負責這個部門，做得倒有聲有色。但是，我認爲仍須要再加強。爲此，我令陳秋江醫師（初擔任胸部外科總住院醫師之同時，也曾負責小兒外科總住院醫師一般的工作，現任臺大教授）於總住院醫師結束後，經由 C．M.B．的援助，即去美國哥倫比亞大學，專攻小兒外科。已學成歸來。現在我們爲了謀求更好的看護與訓練，我們正計劃設立獨立的小兒外科病房。不過，關於這一方面的改善，與小兒臨床檢查室的設立，息息相關。故目前小兒外科之發展，距離理想，還很遙遠。

「手」的外科，也是現代外科中的一個新興的部門。在各國都有非常驚人的發展，因爲，我們是一個大學醫院。所以，我們必須也要迎頭趕上。最初，我派王葳芳醫師到日本去學習「手外科」一年。但他回國之後，不久就到 Lybia 去了。所以，手的外科，約中斷了四、五年之久。

一九六八年，我又命在整形外科任過總住院醫師的劉堂桂（現任臺大教授）到日本廣島大學，專學手外科。他回國之後，曾親到各處工廠，癩療養院等去訪問。對於手的外科，始終鍥而不舍的努力着。人的「手」，若不是由於失去了手指，或失去了活動機能；是不知道「手」的寶貴。而今，社會隨着工業、交通的發達，這種手的患者，也日趨增加。因此，「手外科」的使命，就越來越是重要了。劉君對手外科，有着濃厚的興趣，並且經驗豐富。爲了精益求精，後來又去美國深造了。

此時，我擬購置一台「顯微鏡下手術裝置」。藉以開拓在顯微鏡下的各種微細手術。想不到在外科兼任主治醫師的蔡智民（曾任和平醫院外科主任現在美國），早已私自買了一台。並且已從動物試驗，進入對人的實際手術的階段了。現在，像一——二毫米的小血管、神經，不但可以縫合；甚至連完全被切斷的手指、手、手腕，更可以再行移植了。且有不少的病例，獲得成功。這在臺灣醫學史上，還是屬於創舉。誠然，是一項偉大的工作。手的患者，多半是由於外傷而發生的疾患，往往都是在深夜求診。蔡君爲了這些患者，經常孜孜不倦的在做着移植手術，從夜晚做到天明，實在令人敬佩。

現代外科，已從「切除」外科，發展到「給予」外科了。自從一九六〇年以來，「人工骨頭」、「人工血管」、「人工心瓣膜」等，人工製品，相繼可以安裝在人的體內之後，許多向來不治之病，從此，都可獲得治療了。外科醫師的夢，意猶未足。他們更大膽的實現了「臟器的更換」。換句話說，把破損了而不要的腎臟、肝臟，或心臟，完全切除。再把死人的同一臟器移植上去。也就是把壞掉的臟器，換上一個好的臟器。這些，都已連連成功，已不是新奇的事了。看這樣子，外科的進步及發展，不久的將來，恐怕連腦子都可以更換了。或許，有朝一日，連人類都可以改造吧！

對這個夢想，我們也並不落伍。我們外科很早就有過「人工骨頭」、「人工血管」、「人工心瓣膜」的使用，且已經很普遍了。臟器移植，經過李俊仁醫師（現任臺大外科教授），李治學醫師（現任臺大外科教授）等，不斷的研究與努力，已獲致驚異的成功。他們最初，用了兩三百隻狗，作過腎移植的實驗。然後，於民國五十七年（一九六八年）實際應用於人體。到現在，他們已實施了三十四個病例。除了有一個病例，在術後一星期中死亡之外，其他病例全都移植成功。其中最久的，已經活了十幾年了。至現在，還正常的工作着。這些，可以說是非常卓越的成就。蔡智民、李俊仁兩位醫師的業績，堪稱偉大。說起來，他們的成功，並不是「一蹴而成」的。他們是經過了長年累月的動物實驗，他們付出了永恒的耐心和毅力，他們發揮了千辛萬苦的精神……所換取的成果。這一偉大的成果，照理來說，應該獲得最高的獎勵和榮譽。但相反的，竟將此重大之事，置若罔聞。甚至，反對的竟大有人在。有的人以宗教的立場，加以反對。有的人，竟不明理由，只是盲目的反對。眞是，各持己見，莫衷一是。最令人感到困惑的是，當實施動物試驗時，醫院裏的實驗診斷科，竟以動物的血液爲由，拒不接受檢查。須知，動物實驗，實爲促進醫學進步最重要的步驟。由動物實驗，所獲得之知識與經驗，就是對人實施醫療之基礎與依據。如果經過動物實驗，成績不明的話，無論如何，也不能實施到人類的領域去。

日治時代臺北帝大外科醫局，設有討論室、病歷室、X光照片室、圖書室、病理、化學、細菌研究室等等。不但醫局員有聚會之所，並可自由連絡。更可以隨心所欲的研究自己所喜歡研究的工作。但這種體系，光復後竟在許多所謂新的名義和理論之下，全都瓦解了。結果，在外科除了只有一間夾在東西病房中間的「討論室」，是大家唯一集會場所之外；從此，不再有屬於自己的研究室和檢查室了。甚至，連醫局員的房間，也都分散在遙遠的地方。就這樣，外科便變成毫無體統的狀態了。

綜觀整個臺大醫院，有系統而又像樣的「科」，大概只有「病理科」、「X光科」、「精神科」，以及「實驗診斷科」等科了。我們非常羡慕這些科，仍保有舊日獨特的風範。

我認爲，「科」都應有「科」樣，有完整、健全、統一的設備才對。不但如此，整個醫院也應有一全盤性的、統一的、有系統的計劃才是。如有要求就照要求給你興建各色各樣的美輪美奐的別莊式、或觀光飯店式（用大理石做的）門診部，如無要求，就不管你怎樣襤褸不堪。這在全體的統制上來看，實在不像話。我們外科由於醫院當局常說預算有限，所以向來以克難的精神，一直採取得過且過，從不作過分的要求的方針。結果呢？門診部破爛不堪，討論室和值班室仍然陳舊。這明明表示我們醫院本身，根本沒有統一性的計劃。我想我們應該給我們的象牙之塔，穿着一色的、整齊、清潔的制服才對啊！（這些事近年來都改善了）

五、臺大外科成立二十五週年

民國五十二年（一九六三年），我們承蒙 C.M.B. 以及 Dr. Humphrey 的援助，添設了心臟外科研究室。現在，利用那動物手術室，且能作心臟以外的許多實驗了。其後，實驗手術室裏的無影燈和手術檯，各從一個增加到三個。我們每天都可聽到狗在汪汪的狂叫。由於狗不敷應用，加上實驗室又太狹窄，以致大家你爭我奪，熱鬧非常。看起來，雖然是這麼熱鬧，但比起其他先進國家，仍是落後很多。

從前的動物實驗手術室，是設立在醫學院內。當時，被稱爲「綜合實驗手術室」。我對於設立在醫學院的實驗手術室，並不大贊成　須知，外科的實驗，不像生理學科的實驗，那樣的簡單。躺在手術檯上的動物，——狗或猿猴，我們都是持着對人作手術一樣的態度，來作實驗。實驗的都希望今後能夠用到人體的新手術的實驗，所以實驗複雜、更飛躍。因此，一切的設備，必須一應俱全。譬如，在準備上必要的東西，如痲醉器、吸引器、氧氣喞筒、輸液、藥品，以及各種特殊手術器械，手術用消毒衣服、手套、床單、紗布、監察器系統 (Monitor system) 等等，每當要作一次實驗時，都要將這些東西一一搬運到醫學院內，由於人手不足，在搬運上實是一件最麻煩、最困難的事。

當時，我曾在這綜合實驗手術室，作過「肝切除後肝再生」的實驗。內乳動脈結紮後的心冠狀動脈壓的變化，以及人工動脈管移植等等。然而根據上面所說的理由，在此要想做更大的手術，是不可能的事。這間所謂綜合實驗手術室，以後就沒有人再使用了。同時，更沒有管理的人。從此，就取消了。

在此，我要特別強調，我們現在對於許多患者，都很成功的施行過「開心手術」、「腎移植手術」。導致今天成功的這些手術的前階段的動物實驗手術，全部是在醫院內四樓手術室（那時，還未啓用），以及心臟外科實驗手術室內實施的。因此，這兒實是我們外科開放花朵的地方。

我們的外科，從前只有「一般外科」。但在這二十五年中間，經過繼續不斷努力的發展，現在已有了「整形外科」、「腦外科」、「胸部外科」、「心臟外科」、「肝臟外科」、「手外科」、「小兒外科」、「成形外科」，更躍進到「臟器移植」的領域了。在外科，能有這樣繼續不斷的開拓新天地者，乃各部門開拓者努力、奮鬪、辛勞的結果。我願在此，藉着這本書，表達我由衷感謝之忱。不過，這些成就，當然還不能說是臻於理想。仍須繼續努力，不斷追求。

不久，我即將離開這座「象牙之塔」。我認爲對於外科過去發展的經過，需要有整理之必要。藉以作爲今後外科新飛躍的基礎——跳板。民國六十年（一九七一年）十一月十八日，欣逢臺灣光復二十五週年。這一天，也是臺大成立二十五週年的一天。我們也特別在這一天，召開了「臺大外科成立二十五週年紀念慶祝大會」。並隆重展出這二十五年來外科發展的全部資料。藉以供諸社會人士的參觀。（圖一—30、31）

圖一-30. 臺大外科成立25週年紀念慶祝大會展覽會會場（1971年11月18日）

在大會上，我曾報告說：

「今天欣逢臺灣大學二十五週年。我們外科，也能藉這個機會，來慶祝本科成立二十五週年紀念日。我感到非常高興和愉快。今天更承蒙魏院長、邱院長、各位長官、貴賓，在百忙之中，親臨參加，和我們一起慶祝這個盛會。令我們外科全體同仁，都感到非常的榮幸與興奮。我願在此，代表外科全體同仁，向各位致最誠摯的謝意。

圖一 - 31. 臺大外科成立25週年紀念慶祝大會展覽會會場（1971年11月18日）

在過去的二十五年漫長的歲月裏，我們外科，究竟做了些什麼？我想藉這個機會，向大家作一個簡單的報告，並將這二十五年來，外科發展、進步的全部資料，同時展出。希望大家對於我們臺灣的外科，能有個更深的了解……。」

於是，我扼要的報告完了之後，我好像對於過去的這一大段，點上了一個「句點」，作成了一個「段落」。這時，我內心深處，激動無已。回憶往日歲月，眞是感慨無限。我對於過去一直和我在一起「同奮鬪，共患難」的外科同仁，更有說不盡的感激之意。他們在外科活躍的事實，將永遠深刻的留在我的記憶裏。

第九章　肝臟外科

一、肝癌手術研究成功

一九五四年，我在胸部外科，施行「肺切除手術」的時候，是採用 Overholt 教授的方法，實施肺葉的區域切除。此種方法，乃是將手指逆行性地揷進脆弱的肺組織內，一面弄碎肺組織，一面切除肺組織的方法。

有一天，一位患「肝左葉原發性肝癌」的患者，前來請我給他開刀。

「肝臟」本身，是一種由動脈、靜脈、門脈，以及膽管相互織成的像海棉似的充滿血液的「脈管臟器」。它的組織，非常脆弱。出血時，結紮十分困難。以此之故，從來，很少有人施行肝臟手術。這時，我有一個新的構想。就是將應用於切除脆弱肺組織的方法，來施行切除脆弱的肝葉。這一構想，就是將以前人們所認爲阻礙肝臟外科發展的肝臟組織脆弱的缺點，加以利用的一種念頭。換言之，就是將手指直接揷進脆弱的肝組織內，一邊弄碎肝組織，一邊把弄不碎的脈管（血管、膽管），像撈鰻魚一樣，從肝內用手指一條一條的拉起來，再用鉗子，加以切離結紮的方法。在歐美，從來切除肝葉的方法，都是在肝臟之外，先游離肝動脈枝，門脈枝，肝管以及肝靜脈。再切離，結紮之後，方施行肝葉切除。惟這種方法，有一個最大的缺點，就是往往在游離血管時，尤其是游離短的肝靜脈時，常弄破肝靜脈，或下空大靜脈，以致發生大出血，而當場死亡。如果沒有當場死亡，至少需要輸血八千西西，乃至一萬西西以上，方獲得救。因此之故，肝葉的切除，向來被視爲一種最危險的手術。同時，死亡率也很高。所以，有些外科醫師，常在手術之前夕，深懷戒心，暗中求神保佑。

我的肝葉切除的方法，因爲不必費很大的工夫來游離大血管。所以很單純，也很少弄破血管。因而，既不會大出血，當然，也不需要大量輸血。肝葉切除手術，大約在一小時內，就可以完成。手術進行中，就好像開盲腸炎手術那樣輕鬆與簡單。約輸一千或二千西西血液，就可以了。

儘管如此，當我初次使用這一方法手術時，我仍然感到十分緊張。

民國四十三年（一九五四年），我實施第一個病例——左肝葉切除手術。

當我準備要將手指，插進肝組織的時候，我立即想到，當手指插進去的一剎那，是否將會引起大出血，而無法抑制？想到這裡，我立即出了一陣冷汗。因爲，肝臟是一種充滿血液的所謂「脈管臟器」，在臨牀上，即使要採取一丁點兒的肝組織，而作試驗切片時，甚至只用針輕輕的對肝臟刺一下，就往往血液流個不停。如今，要把粗大的手指，直接插進裡面去，將會發生甚麼情況？眞是令人不可思議。理論是理論，但實際情形，又將如何？這時，一邊想，一邊切開肝臟的漿膜，立即將手指插進肝臟內，在此瞬間，我在緊張與恐怖中，感到膽顫心驚。遂命令加速度輸血！這時，輸血以加速度進行，但實際上却未發見嚴重出血的發生。尤其是，將肝動脈枝，用鉗子夾住，加以切離之後，更不會怎麼出血了。約不到十分鐘，就很簡單的把肝葉切除了，於是手術也就完成了。這一新手術法的成功，眞令我感到興奮不已，雀躍三丈。

當手術開始時，在恐懼心驅使之下，實施加速度大量輸血。後來想起來，眞是一件多餘之事。因爲，根本沒有那樣輸血的必要啊！

我把這種手術的方法，命名爲「手指切肝法」(Finger fracture technic)。其後，我又實施了三個病例——左肝葉切除手術。均獲成功。於是，於一九五八年，特在臺灣醫學會雜誌，撰文發表此一手術方法(臺灣醫學會雜誌，第五十七卷，十一號，七四二頁)。其後，一九五九年，更進一步，對於更大的右肝葉肝癌，也使用此法，予以切除，亦獲同樣成功。由此，證實了此一「手指切肝法」的優點與確實性。由於這是一種簡單而安全的方法，於是，我便在美國外科雜誌上，正式撰文發表(Surgery Vol. 48, No. 6. P. 1048, 1960)。後來，或許此一肝臟手術的效果，受到社會人士的賞識，「原發性肝癌」患者，遂一個接一個的前來求醫。從此，肝臟手術，也就名聞遐邇了。同時，我也很明白，這種患者，在臺灣很多。向來被醫師看作是「絕症」。因此，他們既聽說這種絕症，可以開刀治療了，怎能不前往一試呢，於是就趨之若鶩，接踵而來了。(圖一—32、33、34)

我對於肝臟手術的研究，發生極濃厚的興趣。我決心繼續研究下去。說眞的，研究「肺」與「心臟」手術，亦很重要。但以我們現有的環境與條件，永遠趕不上研究設備完善的歐美先進國家。要作研究，必須「創新」。我們必須選擇人家所沒有研究過的東西，或人家研究不了的東西來作研究。於是我便選擇了「原發性肝癌」的手術。

「原發性肝癌」，根據病理解剖上的統計，在歐美只不過佔百分之〇·二。但在非洲與亞洲，却佔百分之三乃至百分之五。實在太多了。由於這種患者衆多，我利用我的「手指切肝法」施行肝臟切除手術

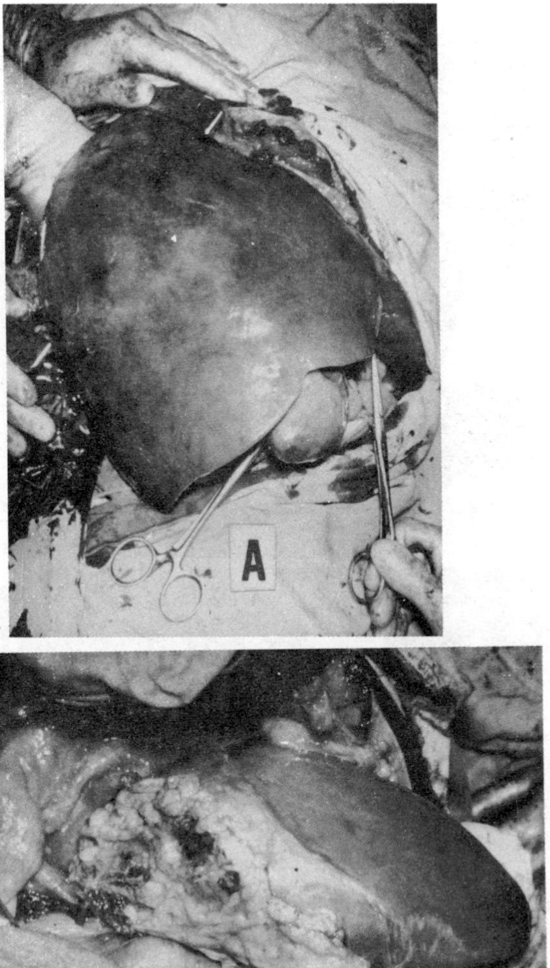

圖一 - 32. 右葉肝癌及肝葉切除後

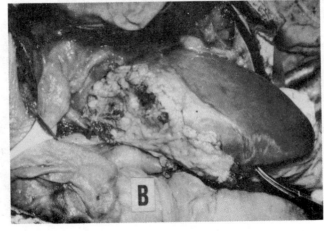

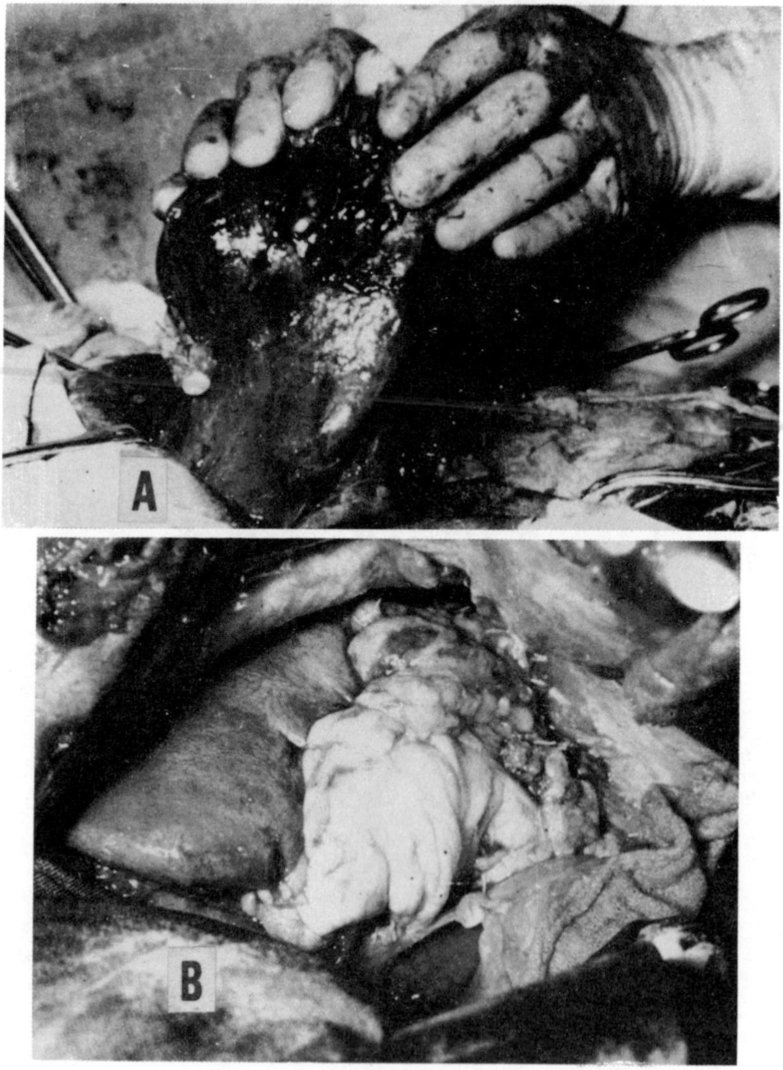

圖一－33. 左葉肝癌及肝葉切除後

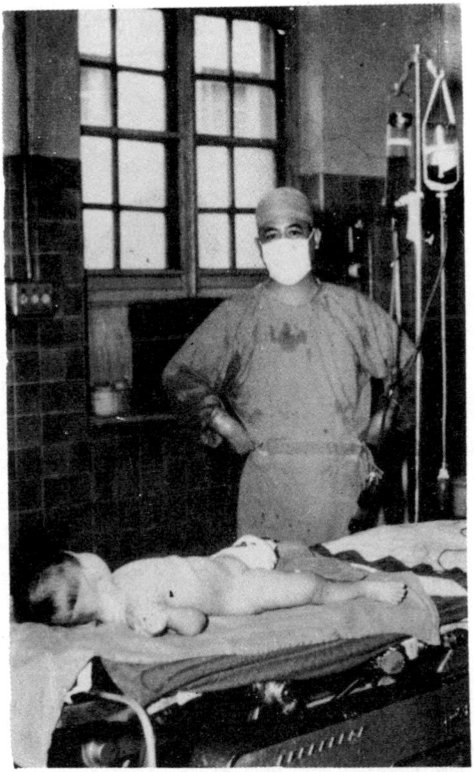

圖一－34. 著者剛完成四個月小孩的肝癌肝切除手術（1959年）

的病例，也就一天比一天增多。由於手術效果良好，輸血不多，死亡率低，前來求醫的患者，也就絡繹不絕，接踵而來。在不知不覺之中，我對於「原發性肝癌」的肝臟切除病例，其數目之多，已達世界首位。同時，成績之優良，亦居世界之冠。一九六六年，我便將這些手術經驗和成績，在S.G.O.(Vol. 123, P. 289. 1966.) 發表。又將小兒肝癌切除成績，亦分別在 "Surgery" (Vol. 60, No. 6, P. 1275, 1966) 發表。藉供全世界的外科臨床，作為參考。

在外國陸續的發表了以上所述的這些論文，一時，竟轟動了各國的醫學界。尤其是我的手術法及其成績，更受到各國的重視。為此，於一九六一年，我曾接到日本外科學會，今永一會長之來函，邀我前往對有關「肝癌外科治療」作特別演講。同年，德國 Leber Chirurgie（肝臟外科）作者 Stücke 教授，特來臺北訪問。其後，馬來西亞，對肝外傷，曾施行「肝切除術」的 Dr. Balasegaram，也來訪問。新加坡大學的 Chan 教授，從美返國途中，特順便前來，參觀我的手術。其後相繼專程而來的人士中，計有 Surgical diseases of liver 的作者，又是 Principle of Surgery 的編輯長 Schwartz 教授。Philadelphia, Thomas Jefferson 大學的 Goldsmith 教授。Mexico 的 Dr. Hidalgo。Philippine 的 Dr. Alvarez。University of California 的 Longmire 教授。南非的 Dr. Retief。印度的 Dr. de S.A. 韓國的 Pai 教授。英國的 Torrance 教授。日本東京大學的石川教授、管原講師等等。眞是濟濟多士，絡繹於途。哥倫比亞大學的 Humphrey 教授，適正在本科擔任客座教授期間，亦特來看我的手術。並且，在我手術的影片上，替我配上了英語的錄音。（圖一—35）

一九六六年，在東京擧辦第九回世界癌學會時，我馬上提出了我的演講題目：「原發性肝癌的外科治療」。當時演講的時間，雖僅有十分鐘。但這次演講，對我來說，是第一次在國際學會上發表演講。又是我第一次用英語演講。因此，這次演講，給我留下一個難以忘懷的印象。說到用英語演講，回想光復時，我連 East West，到底那個是東？那個是西？都分不清楚。那時，我做夢也沒有想到今日竟會登上國際舞臺，用英語演講。不過，當我走上講臺，開始演講時，仍不免感到緊張。記得，爲了那次演講，事先我曾在每一個夜晚，加強練習，把原稿背誦得滾瓜爛熟。雖然初則緊張，但後來，却漸趨鎭靜。結果，很順利的亦很圓滿的，按時結束了我的演講。當我走下講臺時，適值用茶時間，許多各國醫師，都前來向我道賀。更有幾位蘇聯醫師，帶着一位翻譯，也來向我請教。這次演講，可說是一次成功的演講。我爲此感到無比興奮與愉快，我更爲此感到無限榮幸。我曾暗暗爲此歡呼。記得，那天晚上，到了晚餐的時候，我曾獨

圖一 - 35. 來訪客人 (A) Dr. Tung(德國)

(B) Kahki 教授(伊朗)

(C) Soleto 主任（西班牙）

(D) Wichel 教授（瑞典）

(E) Stücke 教授（德國）

(F) Goldsmith 教授（美國）

(G) Kassai 教授（日本）

(H) Pai 教授（韓國）

(I) Humphrey 教授（美國）

圖一 - 36. 出席第九屆國際癌學會（1966 年）

個兒喝了一瓶啤酒。我曾擧杯爲自己祝賀，爲自己乾杯。（圖一—36）

二、肝硬化症能否以外科治療

自從在國外陸續發表了有關肝臟癌的「手指切肝法」以來，確在各國外科界激起了很大的影響。各國的外科學者，不僅重視這一新的手術法。同時，他們更陸續的直接到我國來實際見習這種手術。一九六五年，日本奈良縣醫科大學寺脇副教授一行三人，前來臺北，直接見習一個星期。一九六七年，東大石川外科，河野講師一行四名。一九六八年，日本信州大學林外科佐野醫師。一九七三年，東大第二外科菱田他二名。先後都以一星期之時間，前來臺北，親自學習這一新的手術。沈寂的外科臨床，竟由於這一創新的手術法，而放射異彩，受到各國外科之重視，實是一項我國醫界之榮譽。

這時，我對於肝癌患者，又發見了一個新的問題。從這一新的問題上，我又有了一個新的構想。我曾注意到，大凡肝癌患者當中，都很顯然的伴有「肝硬化」的症候。對於這種合併「肝硬化」的患者，我的態度，一向不問是左葉，或是右葉，我都一律施行「肝葉切除」。但我對這些切除患者的興趣却是在肝癌手術後，「肝再生」的問題，是一個不容忽視的重要問題。我們都知道，「非硬化肝」，經肝葉切除之後，很明顯的顯示着肝的再生力量。甚至經過兩三個月，肝臟就會恢復到原來肝臟的大小（尺寸）。這一事實我在一九五八年，從狗的實驗中，也獲得了證明（臺灣醫學會雜誌五七卷十一號，七四二頁）。

然而，硬化了的肝臟，經過肝葉切除之後，究竟會不會有「再生」的能力？這在過去的動物實驗報告中，有與否之說，也紛紛不一，莫衷一是。對於人類，從來沒有人作此研究。因之，對於人類，更無法獲知詳情。因此之故，我對於這一問題，油然發生了濃厚的興趣。我期待着在這一問題上，能得到一個結論。如果，把硬化了的肝臟，切除之後，果能再生，變爲「非硬化肝」。或者，由於再生，而能夠再恢復肝臟機能的話，那才是一件眞正了不起的事。果能如此，那麼「肝硬化的外科治療」，不就可以解決了嗎？想到這個理論與這個新的希望，我的情緒立即被激動起來。我覺得我也變得年輕起來。好像又回到做學生時代，在鼷鼠脊背上塗抹瀝青時一樣。令我熱血沸騰，精神抖擻，我幾乎放聲大叫起來。

於是，我對於二十一個「肝癌」合併「肝硬化」的患者，施行肝葉切除手術時，就在那殘留的肝葉四周，用金屬性別針，作上記號。然後，每過一星期，就拍攝一次X光照片。這樣，測定別針間的距離，藉以明瞭肝臟再生之大小（尺寸）與變化。除此之外，我更利用同位素，來觀察殘留肝臟的大小與變化。這樣作定時的追踪測定。其中，觀察時間最久者，達切除後一年六個月。但這樣研究的結果，竟得到了一個「否」字。我感到非常的失望。此一新的研究，雖然落了個「否定」的結論。但此一研究，至目前爲止，尙屬初創。過去從沒有人做過這樣的研究工作。因此，由於這一研究結果，對於人類「硬化肝」切除後的動態變化，可以獲致進一步的了解。僅就此點，已是有重大的意義和價值了。

這篇論文，於一九六五年，發表在 Annals of Surgery (Vol. 162, P. 959, 1965) 上。發表之後，曾被編輯先生，稱讚爲是一篇唯一獨特的論文。一九六八年，一年一度的日本「肝癌研究會」，在東京 Prince Hotel 舉行。我曾蒙會長石川教授之函邀，前往專題演講。其後，先後應邀，曾去「東京醫學會」，「北海道大學」，「京都大學」，「大阪大學」，「奈艮醫科大學」，以及「名古屋愛知癌中心」等等，作過多次的演講。那時，在那一連串的演講中，最令我難以忘懷的是在日本的醫師腦海中，仍保留着深厚的師生觀念。東大集團，和奈良醫科大學集團的一部份醫師們，曾到臺北，親自向我學習肝切除手術。時間僅僅一個星期。但當我在日本逗留的期間，他們簡直把我視爲恩師，招待無微不至。（圖一—37）

同年十月，我又飛到澳洲（Australia）的墨爾鉢（Melbourne），參加「第三屆亞洲太平洋消化器學會」。我同樣提出了「原發性肝癌外科治療的成績」的演講題目。這次演講，是我第二次使用英語。我並沒有感到緊張。排在我後面的印度學者的演講，因故中止。會長曾當場宣佈，把他那十分鐘時間，特別讓給我繼續使用。當我聽到這一宣佈之後，雖然，我知道這是一次難得的機會，但我並沒有表示任何驚異的態度。於是，我一邊演講，一邊從容的把手術的影片，放映給他們看。那時，我的演講和影片，似乎相當引起大家的興趣。第二天，學會的學報，特別爲我報導此事。後來，又再應了向隅聽衆的要求，利用「飲茶時間」，爲他們再作演講，再放影片。

後來，我又到了雪梨（Sydney），又應 Sydney 醫院，Sydney 大學，以及 Concord 的 Veteran 醫院的邀請，連續又作了數次演講。(圖一—38）這時，我對於使用英語演講，已無恐懼之感。好像已有了自信一樣。我雖不善於講英語，但大致還勉強過得去。從澳洲返國途中，在新加坡大學的總醫院，又作了一次演講。第二天，我在歡迎討論會中，我更將我曾在 Annals of Surgery (Vol. 168, No. 5, P. 921, 1968) 所發表的有關「多發性肝囊腫的最新外科治療法」提出來向大家報告。在馬來西亞曾受到 Prof. Young 和 Prof. Pai 等歡迎。並在這裡號稱遠東第一豪華、壯麗、嶄新的 Malaya 大學醫院內的高而呈傾斜的講堂裡，就「肝癌的外科治療」，作了一次演講。總之，這次旅行，我感到十分愉快。看起來，這次旅行，好像是一次巡廻演講的旅行。在我人生的旅途中，留下了不少的回憶。

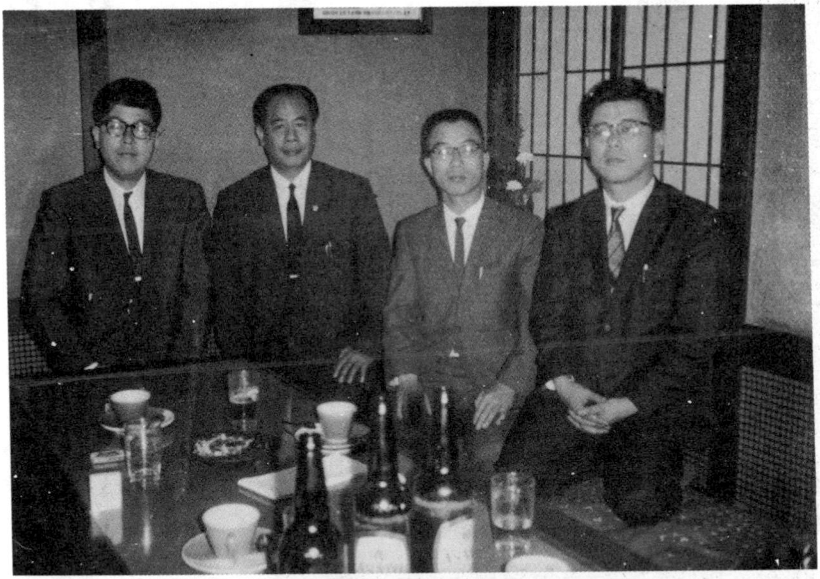

圖一-37. 師與弟子（坐轎子者爲著者）

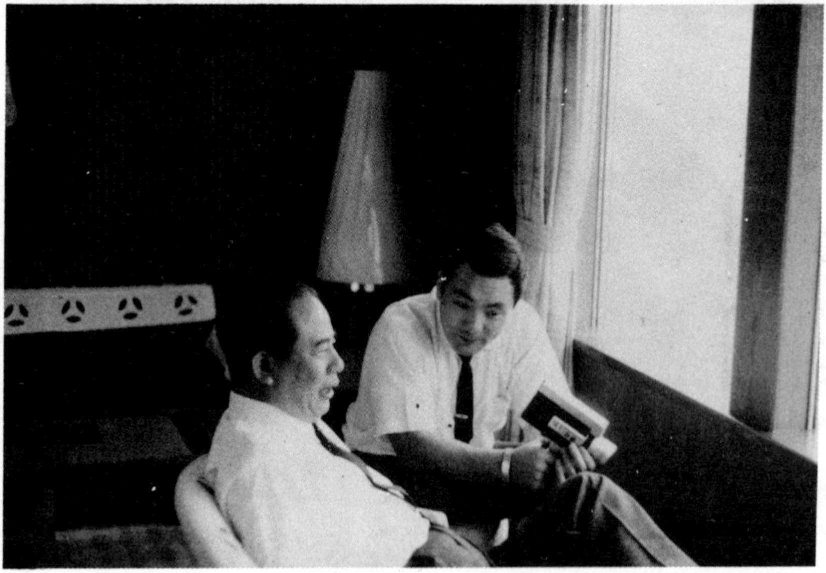

圖一 - 38. 在澳洲Sydney大學演講後合影（1968年）

到達香港，香港大學 Queen Marry 醫院的 Dr. Koo 在機場迎接。這裡的老朋友 Prof. Ong 還沒有從澳洲回來，所以沒有見面。據 Dr. Koo 對我說，在四天之前，他曾施行過一次「肝癌破裂」的手術。因爲該患者的肝癌，局限於左葉，恐怕手術困難，遂中止手術，又把它縫起來。他要求我在演講之前，爲此患者，再試行手術。我到達醫院一看，是一位貧血很嚴重的患者。遂先給他輸血，第二天，便給他開刀了。這位患者，是「左葉局限性肝癌」，並沒有併發「肝硬化」。我使用我的「手指切肝法」，輕而易擧的便把肝葉切除下來了。這次手術中，我却發見香港的麻醉法，做得太好了。縫合腹壁的時候，腹壁是那麼柔軟。這與我們令外科醫師最感爲難的麻醉法相比，大有天淵之別。記得，一九六七年，我在馬尼拉 (Manila) 應 St. Thomas 大學醫院的邀請，爲一位華僑，施行肝癌手術。這位患者，由於肝硬化很厲害，終於無法切除了。但這時，我曾發見，他們的麻醉法，做得實在好，腹壁柔軟鬆弛的程度，一個人就可以縫合，也可以結紮。和香港的麻醉法，一樣的優秀。想到這裡，眞是「他山之石，可以攻錯」。在馬尼拉逗留期間，曾應邀在 St. Thomas 大學和華僑總醫院，作了兩次專題演講（圖一—39）。這時，我已不必看原稿。就很順利的用英語演講了。講完之後，我自己也感到很滿意。

三、世界消化器學會

一九六九年，接獲在哥本哈根（Copenhagen）擧辦的第四屆「世界消化器學會」的通知書。邀我參加該會，就「原發性肝癌」問題，發表專題演講。演講時間爲一小時。討論時間爲半小時。當我接獲此項通知書時，簡直令我朝夕不安。因爲，在如此大規模的國際學會上，要我發表一小時的英語演講，簡直是做夢

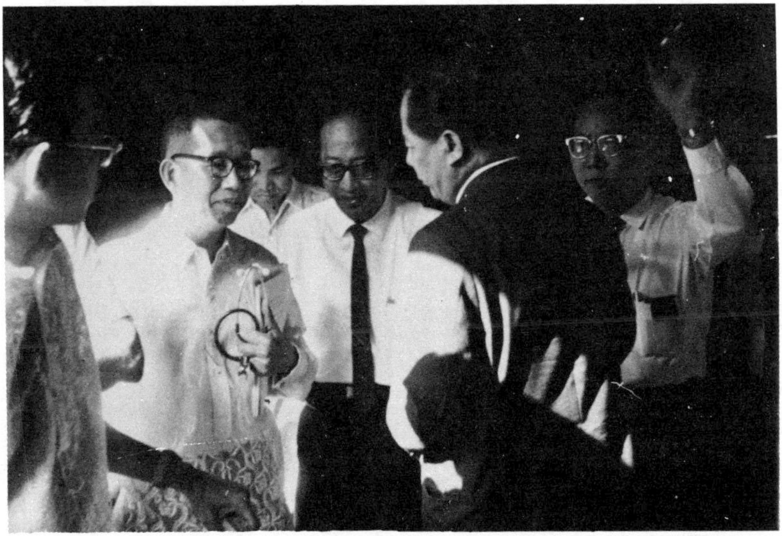

圖一-39. 在馬尼拉 St. Thomas 大學及華僑總醫院演講（1967年）

也沒有想到。雖然，能被邀參加此項會議，是一項殊榮，但內心總是戰戰兢兢，深感不安。這時，深深感到平時對英語不用功，到了用時，已悔之莫及了。此項通知書，是在開會之前的一年接到的。那時我正結束在日本鹿兒島第三十一屆臨床外科學會，以及日本第四屆肝臟學會西部會演講歸來。距離到哥本哈根開會，還有一年的時間。按說有足夠充分的時間，可作準備。一小時的演講，我可以讀預先準備好的原稿。但那半小時的自由討論時間，似乎太長了。萬一聽不懂他們的質問，或者我不能用英語作解答時，我該怎麼辦呢？何況，當自由討論時，是將英語立即譯爲德語或法語。德語，或法語的質問，亦立即譯爲英語。那時，我只能用 Earphone（同時翻譯裝置器）來聽取這些發音了。我雖然爲此感到不安。但我仍然計劃加強準備。我曾把我的演講作成錄音，自己隨時聽取，修正，或測定時間。我一心一意，爲促使此次出席國際會議，能獲致圓滿成功而作準備和努力。

於是一九七〇年七月，我經日本，繞道北極，直飛哥本哈根。那時，到了日本，連正在大阪擧行的「萬國博覽會」，都無心去看。丹麥的首都哥本哈根，我從前曾來過一次。現在又來到這兒，有舊地重遊，倍增親切之感。這時，北歐的天空，蔚藍晴朗。還不像北極的白夜，但在遲遲日暮的馬路上、廣場上，可以看到男女嬉皮，漫無目的地到處遊蕩。

我到了哥本哈根，馬上跑到會場。預先看一看我將要演講的地方，藉以熟悉一下這兒的環境。開會的講堂，非常寬濶廣大。全場排滿了座椅。大約可以容納二千人以上。每個座位，都裝置了 Earphone 。講臺與影幕，都很大且有氣派。我認爲在這兒，足能將我的幻燈片，分成兩列，同時映出。和我同樣的參加 Quadrennial Review 演講題目的，共有十位（圖一—40）。我的演講，排在第四天。因此，在我演講之前，我便先去聽聽排在我之前的幾位演講者。(Popper 教授和 Sherlock 教授）我主要的目的，是要看看演講之後，自由討論的情形。這時，我心中暗暗想，如果演講完了，沒有自由討論，該是多麼好！——可是，當他們演講完了，全場中，到處爭先恐後的擧手，討論之聲四起。他們一個接一個的用英語、法語、德語，提出種種質問。我看到這種情況，眞是感到心神不安。不過，我看到他們的幻燈片，只有一個，且小而貧乏。遠不及我有兩個，可以同時映出，且豐富夠神氣。我認爲，單靠這一點，我必會得到大會的另眼看待。想到這裡，心神安定得多了。

儘管如此，一個人到海外旅行，的確辛苦而寂寞。尤其在這種場合，多麼希望有更多的伙伴在一起。記得，一九六八年，當我澳洲 (Australia) 之行時，幸而與仁愛醫院內科陳寶輝主任同行，方免路途的孤

Organisation Mondiale de Gastro-enterologie

4th World Congress of Gastroenterology

Copenhagen, Denmark
12th—18th July, 1970

CONGRESS · PROGRAMME ·

Organized by
The Danish Gastroenterological Association

Wednesday 15 July morning
Room 1

Quadrennial Review
Simultaneous translation

Time
09.00–10.30 S. Sherlock (UK): Causes and effects of acute liver damage
CHAIRMAN: N. Tygstrup VICECHAIRMAN: M. Bjørneboe
15 minutes pause

Wednesday 15 July morning
Room 1

Quadrennial Review
Simultaneous translation

Time
10.45–12.15 H. Popper (USA): Current concepts of cirrhosis
CHAIRMAN: K. Winkler VICECHAIRMAN: P. Christoffersen

Thursday 16 July afternoon
Room 1

Quadrennial Review
Simultaneous translation

Time
15.15–16.45 Tien-Yu Lin (Taiwan): Primary cancer of the liver
CHAIRMAN: H. Baden VICECHAIRMAN: A. Schmidt

圖一－40. 在哥本哈根舉辦的第四屆世界消化器學會目錄（1970 年）

單與寂寥。但這次到了丹麥來，却是孤零零的只有我一個人。聽說，宋瑞樓教授也要來，但我到處去找他，都沒有看到他的影子。

七月十六日，下午三時，終於到了。我在講臺上一邊演講，一邊望着臺下黑、白形形色色的人種——坐滿了大講堂裡的聽衆。這次演講，我顯得特別鎭靜。完全按照平時練習時的聲調發音。麥克風的聲音，似乎高了一點。但我那美妙的彩色幻燈片，配合着我的演講，兩列同時放映，非常順利，並沒有發生任何障礙。同時，我的演講，按照預定時間進行，未有分秒之差，準一小時就結束了。演講結束，進入討論時，第一位起立提出質問的是老友 Prof. Stücke 。他坐在會場的右端，最初我竟沒有注意到。繼而，美國、非洲、泰國等，紛紛提出討論。所幸討論的內容，都是我最熟悉的問題。因此，我駕輕就熟的回答各個問題。竟不知不覺的忘掉了討論規定的時間，三十分鐘很快的就過去了。那時，在另外的一個房間裡，放映着我的手術電影。或許，大家對於我的手術法，認爲獨特，而大感興趣。觀衆竟然爆滿，站立的人也不少。後來，應觀衆的要求，竟連續放映了三次。於是，這次我參加國際學會的使命，圓滿成功。

我如釋重擔，身心輕鬆下來。我一個人，走進路邊的露天自助食堂，一邊曬曬太陽，一邊喝些冷飲。這時，看到大街上成群的鴿子，昂首挺胸，在人群中，走來走去。但不一會兒，這些鴿子，又一哄而散，飛向天空。其後，又看到一群一群的「嬉皮」，赤着脚，穿着拖到地面的髒兮兮的大衣，搖搖擺擺的從人們的面前走過。北歐的風情畫，一幅一幅的映進我的眼簾。

四、美國消化器學叢書來函索稿

從哥本哈根回來之後的第二年（一九七一年），突然收到美國著名的「消化器學叢書」的總編輯Bockus教授的來函。要求我爲此叢書，寫一篇有關「惡性肝腫瘤」的論文。以便編入該叢書第三版的改訂本。美國的「消化器學叢書」，是世界最權威性的醫學刊物。我完全沒有想到，竟來函向一位外國人而且是在這個區區小島的我索稿，給我帶來一項意外的榮耀。我在歡欣之餘，我接受了這項請求。於是，我馬上將該叢書的第二版找出來翻閱。我發現在該版的這一項目，是由 California 大學的 Berk 教授所撰寫的。我讀了一遍，我認爲大部份都需要重寫。因此，我對於我自己的稿子，已有了自信。我並相信，將會比 Berk 教授寫得更能出色。一九七二年我就將這篇稿子寄出了。相信不久，該叢書的第三版改訂版，將會問世。（一九七六年出版）

那時，我正在埋首於另外的兩項新的研究工作。並且已接近完成的階段。兩項新的研究工作，其一是對於原發性肝癌患者，出現 Alpha-fetoprotein 問題之研究。尤其是，肝癌切除之後，此種特異蛋白質如何變化的問題。這些問題，從前曾未有人做過詳細的研究。其二，是對於新的肝葉切除法的研究。我的「手指切肝法」，雖然是一種簡單而又安全的方法。但當手指，插入肝臟內，要弄碎肝組織的時候，雖僅僅在十分鐘短暫的時間內，即可做好，但還是會有不必要的出血。因此，在手術中，必須加速輸血，始可防止血壓下降。此時，主持手術者，仍不免感到緊張。這實是「手指切肝法」惟一的缺點。因此，對於這一缺點，我必須設法改善，藉以促進此法更趨完美。於是，當我從哥本哈根回國途中，我坐在飛機上，一邊凝視着高空中雪白的雲海，一邊思索着這個問題。經過左思右想之後，終於想出一個辦法，就是當弄碎肝組織的時候，能將鉗子，直接夾在肝臟上面。出血現象，必定改善。那麼必須先製作一種肝臟鉗子，以適合在肝臟之上應用。

回國之後，我立即埋首於製作肝鉗子的研究。終於我設計出一種獨特的「肝臟鉗子」。（圖一—41）而在一九七〇年十二月，我就利用這個創新的肝臟鉗子，使用於第一個病例，而獲得成功。（圖一—42）接着又施行過十個病例，更證實了這一新方法的優異成績。使用此法，幾乎在無須輸血狀態之下，就可以更簡單更安全地將肝葉切除了。這一價值極高的研究成果，我願立即公諸於世。所以，在 Bockus 叢書徵文之同時，又把 Alpha-fetoprotein 論文，以及「肝葉切除的新手術法」的論文，一共三篇，遂一氣呵成，全都寫好了。

我雖然不是命運論者，但回顧往事，我想人的命運就像秋天的浮雲隨風飄流，而且向一定的方向飄流似的。飄流既是無可奈何，只是隨風而定罷了。在那個時候，我正為了一件私事，而陷入煩惱。此一煩惱，對於我的精神，百般虐待。令我感到痛苦萬分，令我感到人生乏味。好像命運之神，向我挑戰。令我無法抗拒。雖然如此徘徊在死的邊緣，我仍然趕寫這三篇論文。日以繼夜的寫。後來，那件煩惱的事，自然離我而去。這時，我的三篇論文，也就一氣呵成了。我寄給 Bockus 教授的論文，已被採納。Alpha-feto-globulin 已在 "Cancer" (Vol. 30, P. 435, 1972) 發表。新肝葉切除手術法，也在 Annals of Surgery (Vol. 177, P. 413, 1973) 發表。

五、出席國際肝學會

一九七二年，當我以中華民國射箭協會理事長的身份，率團參加在德國慕尼黑 (Munchen) 舉辦的第二

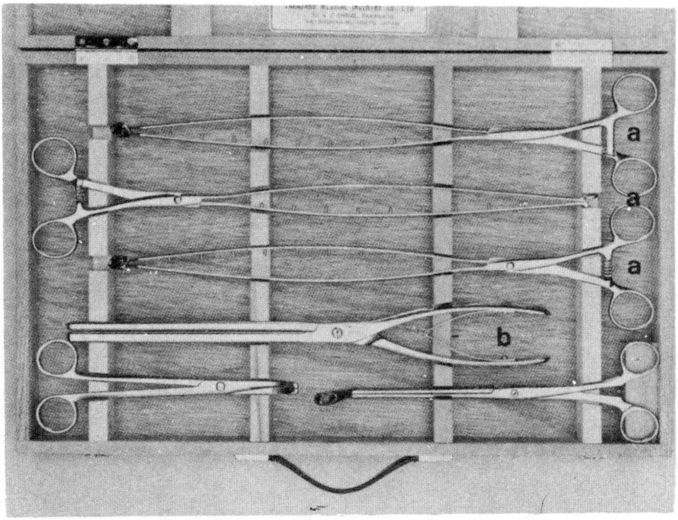

圖一 - 41. 著者的肝臟鉗子及壓碎鉗子

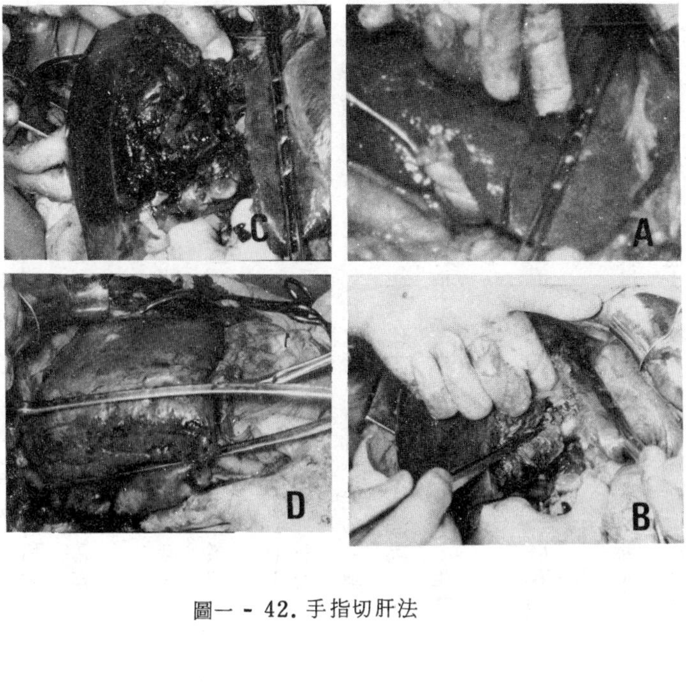

圖一 - 42. 手指切肝法

十屆奧林匹克運動大會之前夕，曾接到兩封自非洲寄來的聘書。一封是自非洲 Cape Town 寄來的。Cape Town 大學的 Terbreshe 教授，邀我在一九七三年一月，在「國際肝學會」上，對於「肝葉切除法及肝癌手術成績」發表演講。另一封是從 Johannesburg 的 Witwatersrand 大學寄來的。該大學的外科主任 Dr. Deplesis 教授在此信中說：「閣下，諒必駕臨 Cape Town 的肝學會。希望順便光臨本大學演講，並作肝葉切除示範。」

這時，我已決定九月要到慕尼黑去。而在三個月之後，再去南非。在時間上，實在太匆忙了。繼而一想，非洲是「原發性肝癌」最多的地方。早就很想去看一看。此次非洲來函邀請，豈可失此良機。於是，我立即接受了。

一九七三年一月。我和妻一同去非洲。當我們遊罷 Florence，Nice，以及 Monaco 之後，一月十六日下午十一時抵達 Johannesburg 機場。這時 Myburg 教授在機場迎接。他看到我之後，立即交給我一封主任教授 Dr. Deplesis 的私函。信中告訴我，所排定的日程，略有變更。希望我在十八日作正式演講。又要求我在十九日，再作一次非正式的演講。於是，我全都答應了。並且決定非正式的演講的題目是：非硬化肝及硬化肝的肝葉切除後，肝機能及再生問題。

一月十七日早上，Mini 教授接我到大學醫院，參觀 Myburg 教授在宏偉的動物手術室裡的「肝移植手術」。十一點半，與中國醫學生會晤。這時，妻也由 Mini 教授夫人陪同，到附近參觀去了。中午十二點，醫院院長，設宴招待，妻與 Mini 教授夫人也回來了。所有的教授、職員，以及護士長等，都參加了此一宴會。到了晚上，我們又接受了中國醫學生，以及開業醫師們的聯合盛大款待。他們雖然都是中國人，但却沒有一個人能說中國話。

一月十八日，我利用三隻豚，做了手指肝葉切除的示範手術。下午，和幾位教授，舉行討論會。每人三十分鐘。下午五點半，我開始正式演講。同時，放映我的手術電影給他們看。晚上，赴 Myburg 教授之歡宴。凡主任以及其他的外科教授們，都偕同夫人，前來參加。宴會隆重而盛大。Myburg 教授的住宅，清新，華麗，庭院草綠如茵。一夕歡聚暢談，令我永難忘懷。

一月十九日的早上，由 Lawson 教授陪同，參觀非洲醫院，並到肝癌病房廻診。下午五點，在此又做了一次非正式的演講。在此停留期間，每日都由教授夫人輪流陪同妻到各處觀光，或購買些土產。十九日的晚上，主任 Deplesis 教授，在其寓所，正式設宴招待。陪賓有 Witwatersrand 大學校長伉儷。以及 Deplesis 教授的幾位老朋友及其夫人們。此一宴會，顯得非常莊嚴而隆重。鈴聲一響，穿着白裙的女服務生，一個接一個的把葡萄美酒，和各種山珍海味，都一樣一樣的端上來。盛情盛意，更從主人的笑容，流露無遺。

一月二十日早上， Deplesis 教授，特別爲我安排了一個討論會。開業醫師們，也來參加。在討論會，有問有答。對於重要的問題，我都作了詳盡的解釋和說明。同日下午，在他們熱烈的歡送之下，我和妻搭機飛到 Cape Town 。至此，雖然旅程匆匆，但一切順利，頗感欣慰與愉快。同時，我的英語，似乎也進步了不少。

到了 Cape Town 機場，就聽到廣播叫我，接着看見一位高個子的紳士，走來迎接我。他穿着便服。他更穿着一雙好像登山的鞋子。最初，我認爲他是醫院的一位職員。沒有想到，他竟是這次主持國際肝學會的會長 Terbreshe 教授。他親自來接我，眞令我感到驚喜不已。

自從一月二十一日起，我和其他的與會代表一樣，同住在 Cape Town 大學的宿舍裡。除了在會長寓所，接受他個人招待以外，並參加大會所安排的三次歡宴。還有大會招待的遊覽節目。藉此機會，更到非洲最南端的「好望角」遊覽。當我少年求學的時代，非洲的「好望角」，就已深植我心。今日能抵達此處，眺望南海風光，眞有說不出來的興奮與快樂。（圖一—43、44、45）

這次國際肝學會，共有二十六個國家的二百位學者代表參加。這些學者代表，都是眞正對於肝臟有研究的專家。所以，對我來說，眞是獲益非淺。我的演講，排在第三天。當演講結束時，曾獲得全場的熱烈掌聲。且掌聲如雷，歷久未停。由於這種情況，可知我的演講，已深受大家之歡迎。此時，我內心覺得這些掌聲，好像在祝福我這次，或許是我最後一次的「國際演講」似的。

六、最後的工作

我以爲事情都做完了，可以擱筆了，走出這個象牙之塔。但想不到，事情又繼續而來。

一九七三年八月 Peter 教授和千葉大學的奧田教授擬出版一本「原發性肝癌」的書，要求我爲他們寫一篇關於外科治療的項目。一九七四年三月，美國 Popper 教授也來函，要求我爲"Progress in liver disease" Volume 5 寫一篇「肝手術的進步及手術成績」。

更重要的一件事就是我又想出了，更簡單、更進步的肝臟手術法了。發端於一九七〇年十二月，利用我所創新的「肝臟鉗子」與「手指法」操作的「肝葉切除法」。雖然這是一種優秀的方法。但將食指挿入

INTERNATIONAL LIVER CONFERENCE

CAPE TOWN • SOUTH AFRICA

INTERNASIONALE LEWERKONFERENSIE

KAAPSTAD • SUID-AFRIKA

22-26 JANUARY, 1973

SOUTH AFRICAN MEDICAL RESEARCH COUNCIL • UNIVERSITY OF CAPE TOWN • CAPE PROVINCIAL ADMINISTRATION

SUID-AFRIKAANSE MEDIESE NAVORSINGSRAAD • UNIVERSITEIT VAN KAAPSTAD • KAAPSE PROVINSIALE ADMINISTRASIE

圖一－43. 1973年1月在南非開普敦(Cape Town)舉行的國際肝學會，會員全體合影。

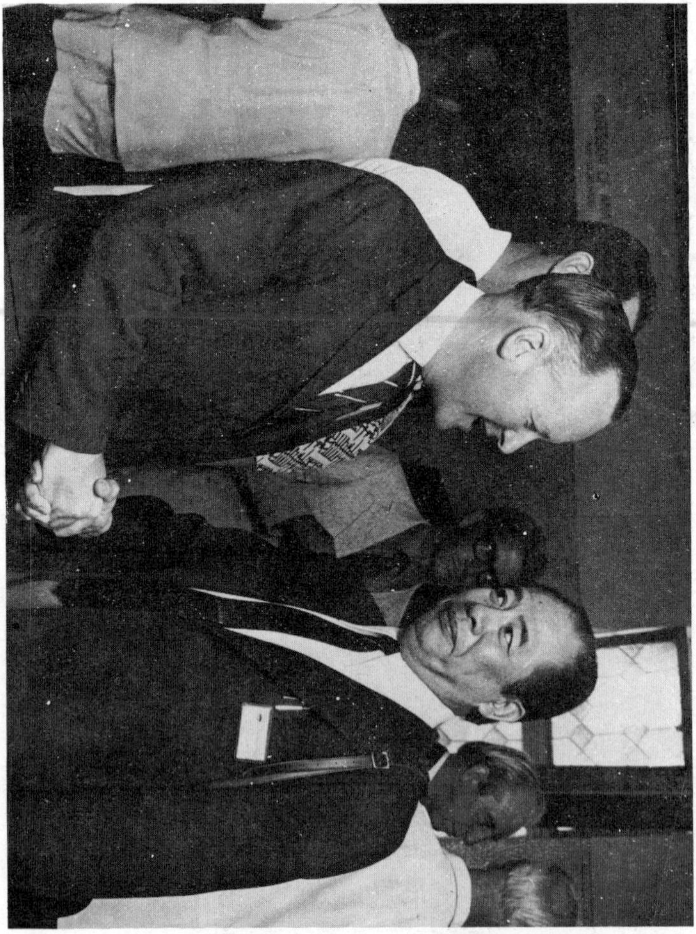

圖一-44. 在南非國際肝學會上，與 Saunder 教授握手言歡。

圖一 - 45. 國際肝學會會長Cape Town大學 Terbreshe 教授（左）及美國 Eiseman 教授（右）與著者（中）（1973年在南非）。

肝內，摸索那些重要的脈管，對於不習慣於此法的人，仍有不妥。因此，於一九七三年四月，我更進一步的研究出一種最新的所謂「壓搾法」。並且，應用此法，曾做過五個病例。證實了其顯著的優點。爲了要將此一嶄新的肝葉切除法，公諸於世，我必須完成這篇論文不可。因此，我又不得不忙了。這個新方法，一旦發表(Annals of Surgery, Vol. 180, P.285, 1974)，我相信，勢必再引起國際醫學界的重視。爲了要向醫學界發表，必須把手術攝製成電影。但不幸的是作爲教學醫院的臺大醫院，竟連一台可以攝製學術電影的 16m.m 攝影機都沒有。所以我不得不在一九七三年十月，應邀參加日本小兒外科學會，發表「肝切除的病態生理」的機會，便自己掏腰包，購買了一台 16m.m 攝影機回來。要完成這幾項工作，恐怕還需要半年以上的工夫吧。

我希望這些工作是我在這座象牙之塔中，最後的工作。因爲說眞的，現在我已不再留戀這座象牙之塔了。因爲它已變質了，變形了。同時已失去了所謂大學的學府精神(Spirit of Academy)，它已經變爲一個空洞的「牛角之塔」了。

第二部

徘徊

（一九七三—一九七六）

第一章　序　詞

四十一年的人生，像雲一般地飄過去了。給我留下的，不過是一場夢。不能再出現的夢。這場夢，如今回想起來，眞像一場又長、又苦、又悲、又喜的人生劇。但就全體而言，也算是一個燃熾希望，充滿活力的人生中某一個段落吧！

然而，以後的自一九七三至一九七六年的數年，我將踏上了處處充滿了矛盾的旅程。雖然在此文中，我論及文章及繪畫，也寫出喝咖啡的樂趣和悠閑，然而在我心的深處，却常盤旋着矛盾與暗鬪。經常上帝與魔鬼、沉滯與飛躍、決心與誘惑，在掙扎搏鬪。使我的內心，欲止不息。在不安之中，徘徊左右，達數年之久。

但是最後哪，我終於覺得疲倦了。我不願像陷入漩渦一般，老是在同一地方猶疑徘徊。因爲這樣，對我而言，可說是一種毫無意義的浪費。

因此我要求我自己「螞蟻呀！勇敢地步出象牙之塔吧！」而今我將不再在此徘徊了。

第二章　一場風暴

一、新生活

做完了「我最後的工作」後，老實說，我早就決心由大學退休，因而在此之前，便準備退休後的計劃，等着駛往人生的另一個航向，也因此肩頭有如卸重擔，心情也格外輕鬆起來。

就是在這麼一天，我穿上診察用的白衣，將坐在紅椅子上，才滿一歲的小孫子的彩色照片爲藍本，在畫布上繪起油畫來了。原來在醫院裡，爲『福馬林』所沾汚的這件白衣，不覺之中却滿滿地，染上了紅、黑、綠等各樣顏色的油彩。看起來，這個診察用的白衣，也正好適合於畫室用的外套哪。這間臨時畫室，設有冷氣，若是將畫布朝向窗口，由南方投進來的光線也不太反光，所以再適當不過了。

這個房間，原來是我的臥室兼書房。在房間的三分之二處，以壁櫥作區分。因此臥室與書房之分隔，一目瞭然。在這八張榻榻米大的書房裡，堆着成堆的書類及稿件。最近由於考慮到退休，因此更增加了不少世界小說名著和畫集。近日又再加上了紅樓夢、水滸傳、三國演義、西遊記等中國古典文學作品。說來，較之一向所接觸過的，生血腥臭的醫學書本，清秀優雅得多了。何況，住家外面，正是剛剛整頓好的仁愛路。檳榔樹高挺，楓葉紅紅，碧草如茵，整條大路宛如一座大公園。若由二樓眺望，好像是我自己的庭園。對於想步入一個嶄新的藝術生活的我而言，實在是一個最佳的環境也。

「鐺！鐺！……」

室內電鈴響起。不久樓下的女佣人傳來

「臺大醫院段醫師來訪。」

「好的，請他進來。」我回答。

自從我在「象牙之塔夢廻錄」，暗示走出象牙之塔後，便有許多朋友來訪，他們都勸我停止深思。不過由老巢臺大醫院來的客人，段醫師倒是第一位呢！

輕輕的叩門聲，接着門打開了，女佣人引着外科的段醫師進來。

「喔！老師，你在作畫呀？」

看到我穿着滿佈油彩的白衣，手上拿着調色彩板和畫筆的姿態，他楞了似的瞪圓了雙眼，兀然呆立。

「請坐，請坐，正在畫着孫兒呢。」

「老師，你今後可要成畫家嗎?!」

他望着我的眼睛，特別強調「今後」這兩個字，彷彿是歲非我予了！他坐在我平時所坐的旋轉椅之後，他似乎還沒能從驚異中醒過來。瞪圓了的雙眼，看來更圓了。他將椅子，向畫布的方向轉動，椅子發出了「嗤——」的聲音，他再度細瞧畫面和我的姿態。畫面上，孫子的畫，即將大功告成。

「畫得眞好，老師，果眞你想成爲畫家？」

他好像要得到確定的答案，再次問我。

「不，這也不盡然。」

「那麼，像個自由畫家，純屬娛樂性的？」

「不，倒非如此，我想退休後做個文化學院的學生、藝術系的學生哪。」

「這麼說，當眞要做畫家囉？」

「能不能成畫家，這可不知道，不過，總希望能以自己的意念，表達美的眞髓。」

「但是這幅畫已畫得這麼棒了，已是個畫家了。」

「那裡，那裡，也許畫得很美，但這幅畫是哥耶（Goya）的畫呢！」

「咦，難道不是老師畫的麼？」

「當然是我畫的！我總不能停止於一百四十年前的哥耶畫的時代吧！」

「但……」

「是這樣的，我用哥耶的畫法畫的，所以不論畫得怎麼好，也還是屬於哥耶的東西，不能說是我的。無論是醫學、小說或繪畫都是如此。以醫學而言，如果不是發明性、獨創性的研究論文，便無價值。繪畫也是相同。因而，畫家們雖然生活貧乏，但也是拚命地努力，找尋他們自己的新的美的表現法。達文西（Leonardo da Vinci, 1452–1519）的名畫「蒙娜麗莎的微笑」即爲一例，他突破十三世紀宗教畫時代，一向呆板死硬人物的畫法，而首次畫出有人情味的人物畫，這便是他有世紀性的獨創力，因而有價值，有名氣。換句話說，他是第一個發現「人」的畫家，畫家多如過江之鯽，成千上萬，然而能留名青史者，如梵谷（Van Cogh），塞尙（Cizanne）、莫奈（Monet）、馬蒂斯（Matisse）、畢卡索（Picasso）等人的畫，都是因爲他們把任何美，都用各自獨特的感受，獨特的靈感的表現法表達出來的。」

我一時興趣，如同演講般的滔滔不絕。

「這麼說來，老師你的肝臟外科的成就，也將會傳流於世了？」

「我，這倒沒有自信，不過我確實就肝癌研究方面，提出了許多獨創性的論文。」

「我看世界上無論那一本書或雜誌，只要提到肝臟問題，必然引用老師的論文。」

「啊，這對我多少是一種安慰吧！」

一瞬間，那段過去曾埋首於象牙之塔內，把許多如雨後春筍接踵而至的新問題，一個接一個，以窮追不捨的精神，熱衷研究的往日情景；不覺一幕幕的重視在眼前。

「請用茶。」

女佣人端來熱茶，我也以沾上五顏六色油彩的手，端起了茶杯。油彩未乾，色彩也沾上了杯子。不經心地想起了從前的事。以前也曾在手術終了時，我常戴着沾血的手套持杯喝茶。當時茶杯上也像這樣沾上了血液。一時我又激動得無法自持。一邊喝茶，一邊又談了下去。

「你不要以爲中國畫都是千篇一律，清一色是筆墨畫吧？」

「但是，每幅畫看起來，不都差不多嗎？」

「你仔細瞧瞧，便知筆法各有秋千。各名家都各有其獨特的個性，而各有不同的表現法。」

「老師也畫中國畫嗎？」

段醫師又瞪大了眼睛。

「不不，只是喜歡欣賞而已。我是門外漢。因此，我的看法，有錯誤也說不定。前些日子，我到故宮博物院，花了一個早上，細細看了很多畫。以前早就想去，好好地慢慢欣賞。這個總算宿願已償。那兒，主要的中國畫，好像都是各朝代呈獻給皇帝的國寶。仔細瞧瞧，雖然同樣是山水畫，也不難發現有的筆法粗壯豪放者。有的細膩纖緻者，也有的像馬蒂斯一樣，簡潔幾筆，像抽象般的畫。」

「喔——。」

段醫師對我的解說佩服的又瞪圓了眼睛。他似乎連作夢都沒有想到，過去在研究室中，以腥臭的犬爲對象做過開心手術和肝臟移植實驗的，這位表面冰冷的老教授；竟然對於繪畫，發生了這樣的濃厚的興趣。

「畢卡索從土人的藝術中得到靈感，馬蒂斯也許是從中國畫獲得靈感，而創出他們獨特的畫法，這是我的看法。」

「這麼說來，老師也想去博物館，想由其中得到什麼感觸了。」

「是的，一點兒也不錯。或許我這個門外漢，見解過於大膽。我對於現代中國畫家總覺得有點不滿。因爲誰也不敢大膽而革命性地，開拓中國繪畫的新境界。當今雖然不乏有名的優秀的中國畫家，但是他們的畫正如你剛才所說，和幾百年前的畫，幾乎無啥改變。依然是同樣的山水、同樣的竹林、同樣的花鳥，同樣的人物，沒有人活用中國的畫風，來描繪現代的景物。他們應該從中國畫的這一片大曠野開拓出一個新的境界。但他們却太保守所謂「傳統」了。」

「眞了不起，老師在這樣的年紀還……。」

他又提到了我的年紀。

「老師，你已六十三歲了吧。還說要上文化學院，果眞進得了嗎？」

「不，正式入學是不會被准許的，因爲有大專聯考的關係。我只打算找個時間，向校方提出申請，請他們允許我當個旁聽生。」

老實說，我的心，可未嘗響起「六十三」這一大把年紀的感覺。不久，將要向我新計劃的人生出發。因此，我應算是剛誕生的新生兒。事實上，我正滿心期待着，今後的生活計劃，以及它的成果。

二、情感之山

八月落日的餘暉，由南窗投射在畫布上。我繼續修飾孫兒的畫像。段醫師似無歸意，停停走走，到處察看我房間的四周。在這八個榻榻米大的小房間裡，鑲着直條的三夾板牆壁上，掛滿了我自己所繪的油畫。以及過去到丹麥、美國、法國、荷蘭、意大利、希臘、德國、英國、印度、南非等各國旅行時所買回來的紀念品、洋娃娃、碟皿、繪畫和鹿角等等。面向裡邊的地方是書櫥。在另一個角落，則放置着二、三具長長的日本和弓，以及西洋弓、箭、釣具、野外用的陽傘、小型三脚畫架等。高爾夫球具，只有一枝一號桿放在裡頭。

段醫師好奇地到處參觀，來到書櫥前，便開口說：「老師已不再研習醫學了嗎？」

他那突然而來的質問語調，帶有難解、不滿和攻擊性的火藥氣味。

「不，何以這麼說呢？」

「不是嗎？醫學的書一本也沒有了，這裡全部都是藝術方面的書了。」

醫學的書，其實是有的，不過只有五、六本而已，關於肝臟的書，則放在書櫥下方的小角落。大部份，的確都是藝術方面的書。英文的「世界文學全集」，日文的「日本文學大全」、「諾貝爾文學獎全集」，中文的中國古典文學集及幾本現代文學作品集，還有由巴黎買回來的「世界名畫畫集」、「世界名畫精華集」等等。段醫師大概就是看了這些而有微詞吧！

「不，醫學的研習，怎會休止。那是我們的本行、我們的飯碗啊！」

「不過既然已經沒有醫學的書，不就等於離棄了醫學嗎？」

「你的理論很正確。但是我只考慮離開學府派的醫學領域而已。換句話說，我只想走出象牙之塔罷了。因爲今天的象牙之塔，已無昔日的學府精神了！」

多少帶點諷刺意味，我如此放言，我的眼前，在不覺之中，浮起了過去曾在象牙之塔內發生的兩、三件事情。

「你來看看這個吧，這是我的人生計劃表。」

由肝臟的書籍當中，我取出一張放大的照片，我交給段醫師看。這計劃本來是用粉筆，寫在我臺大醫院辦公室的黑板上。當時爲了留作紀念，我特地拍下了這張照片。黑板上，以白粉筆標出了一九七〇年到一九七七年的年號。在各年號之下，有着二十五週年紀念，Bockus, α-feto., New Technique 以及 Cape Town Liver Conf., Crush method, Peter 等簡單的備忘記事。到一九七四年止，各年號和備忘記事都有一個「×」的記號。一九七五年一月的地方，則記有「Popper」字樣。此乃受 Popper 之託，要爲他第五冊的「肝病的進步」(Progreises in liver diseases) 撰寫一章。在這一記事上面，也同樣有個「×」

的記號。唯獨其旁，尚留着未擦掉的，「肝臟外科」、「肝再生問題」等字樣。

「這個×記號，即表示已實現完畢的意思吧。」

「沒有錯，這是我七、八年前，就已經決定的人生計劃表。」

「這麼說來，老師還有兩件工作，尚未完成吧？」

段醫師指着沒有劃×記號的備忘記事說。他似乎仍不死心，想要把話題轉向醫學的工作。

「嗯，肝臟外科的書，我曾爲 Bockus, Peter, Popper 等的書寫過一部份稿子。如今大部份的材料都已齊全，因而計劃將文整理成書。目前我正鞭策自己，積極進行中。雖然『肝再生問題』尚未完成，但是已近尾聲了。」

「這又是什麼呢？」

段醫師指着一九七五年下邊，「↓」的大大的箭頭指示，以及在其下所寫的「Out」字樣。不知是否太過用力之故，箭頭的前端，白色粉筆破碎開花，堆起了一座小白山，坦白的說，這座小白山，正是當時爆發出來的一座我的「情感之山」。

三、臺大醫學院改進委員會

尊奉一九七二年的新法令，臺大醫學院、以及臺大醫院的主管全部須要更換。從醫學院院長、醫院院長到各科主任，全都要換成新面孔。不用說我也在內。於是我便利用非主任的空暇時間，完成了受託的美國二、三本教科專書的有關章節。同時也打算寫一本「肝臟外科」的專書。同時也考慮解決人類在經過肝葉切除之後，肝再生究竟會持續到何時，而在何時停止等問題。

然而，象牙之塔內的人事移動就緒後，兩位新院長立刻成立了改進委員會。提出了對醫學院（事實上僅針對附設醫院的教職員而已）的改進政策。對新來的兩位年輕有爲的院長，我本有所期待，尤其是對於附設醫院的缺點，如研究設備不完全，研究費缺少，診療設備落後，以及機構缺乏統一性，教學設施的強化改善（不僅沒有教學研究用的十六厘米攝影機，其餘教材製作的設備不足，著實叫人痛心），的確亟待整頓。好給今後從事研究的年輕一輩，以及來院接受治療的病人，帶來福音。當時，我寫在黑板上的人生計劃表，曾在一九七七年的地方注上↓Out、也就是表示那年退休的記號。照我的想法，是時我已六十五歲了，年屆公務員退休之齡，同時在此之前，若能在任職「臺灣大學醫學院教授」的頭銜期間，來寫成 Bockus 等書的章節，以及「肝臟外科」專書，總是比較好的。

然而，叫人吃驚的是，院長所謂的「改進」計劃，竟然和我所期待的完全是兩碼子事。而是對「臺大醫院的現任醫師，一概不准在夜間自行開業看病」的一道命令。看來不僅是命令，而且來勢兇兇，大有違反者，要被高舉着的斧頭，劈破腦袋瓜子之勢。此命令從七月開始，先由各科主任下手。十二月起全面實施。同意者發給獎金六千元。不同意者，無論是誰，都無法升任科主任。結果有兩、三科，科內雖然有名氣的教授在，只因他們晚間在家行診，因此便把科主任授給下級的副教授擔任。對於此事，令我震驚之至。在歐美、日本、科主任的職務是極受重視的。非對教學、研究有指導能力的一流權威，則難以爲之。萬一自己院內無適當人選，也要由外校延聘過來。而今我們却是「只要不在夜間開業看病……」，無論是誰都可能成爲主任。不知這是改進，還是開倒車？豈非打算捨棄我們所辛辛苦苦建立起來的象牙之塔的權威？

「Oh！NO！」

我感慨良深地，搖頭直嘆。

很快地，十二月到了。命令也到了全面實施的時候。當時院中生活淸苦的低薪中堅青年醫師，幾乎個個都到處打游擊，幹着夜間診療（非開業診所）的兼差。因此問題愈演愈嚴重。

「晚上在家看病的醫師，完全沒有研究的時間，也沒有研究的精神。」

這些就是他們的改進口號，在報紙上和醫學院學生的雜誌「青杏」上，都發表了他們有關的談話。

「睜眼瞧瞧吧，今天在臺大醫院內眞正獻身研究，而且呈獻出一番優異成果的人，究竟是誰？」

每當我讀到他們上述的談話時，我的心裡不禁要想狂呼大叫。事實上，縱觀全醫院，繼續提出優秀的研究成果，或指導種種討論會，而且又是最活躍的人，全是他們所謂的夜間行業醫師。這些醫師們，一整天埋頭於院內，作教學、研究、治療和學術討論的工作，而所謂的診療行爲（包括打游擊），只不過行之於夜晚下班之後罷了。

他們和我同樣，都是爲生活所迫，不得不走上此道的。過去我也曾被高院長所逼問過。當時我曾辯解說：「我所借用的是犧牲了受之於父母的血肉之軀，至於我和醫院所訂的契約，我並沒有貪汚一分一秒。」

由於我是親身體驗，因此對這些事情，最爲瞭解。請大家不要誤解吧。這些醫師們都是爲了要做研究工作，才不得不利用夜晚的時間，辛勞地去賺一點錢了。同時也可確保生活（我常把這種診療行爲比喻作拉無照三輪車）。這樣才能夠有充沛的精神，熱忱而全心的去研究了。

「以目前這樣的薪水，實在無法生活。」

醫師們都異口同聲的這麼說。

「你們雖這麼辯，請看我，同樣的薪水，不是生活的很自在麼？」

院長如此回答。但是誰都知道院長大人，家有祖產，除了兼任幾個地方的顧問，支取車馬費之外，還有好幾幢房子出租呢。

就算公務和私事，同具醫務性質，但是夜晚醫療行為，絕不是公務時的研究性學院工作醫業，而只不過是為了生活而出此下策。

昔日，在師範學校時，我擁有無數的美夢。常愛閱覽傳記文學。其中，在一部繪製天文圖的天文學家『克卜勒』(Johannes Kepler 1571-1630) 的傳記中提到，一貧如洗的『克卜勒』，為了研究製作極其正確而為萬世奠基的天文圖，一心一意地做着研究工作。然而由於饑餓難當，他終於不得不利用夜晚，在寒冷的街角，擺攤子開業。所開之業，雖仍與天文有關，但却是非科學的冒牌「占星術」。當然這並非是他的本意。自始至終，『克卜勒』都是一位崇高的天文學者。只因生活所迫，不得不幹上此道。最後，舉世聞名的「克卜勒天文圖」，終於大功告成。然而他却愈加貧病交迫，而在一個嚴寒冰雪的日子裡，在向朋友借錢的途中凍死了。所謂「開業醫師們」，在夜晚的私人性醫療行為，可以說是『克卜勒』的占星業吧。

為了生活所從事的，夜間私人副業，如果自己本行的醫業不准的話，那麼拉三輪車、擦皮鞋總該可以了吧。臺大醫院的教授們下班以後，在西門町的路旁列隊擦皮鞋，該沒話說吧。並非戲言，擦皮鞋的工作是很神聖的，還記得在報紙上看過「公務員不准在公務以外的時間，開計程車以及在歌廳吹喇叭」的記事。依照我的看法，只要工作的性質正當，無論什麼工作都是崇高的。爲了生活所驅而從事正當副業，至少比起搶刼、詐欺、賄賂、貪污要好得太多了。

四、我贊成改進

坦白說，我並非反對臺大醫院的改革。在忙過了一整天的醫療、研究和教學工作之後，那個人不喜歡快點回家，洗個熱水澡，輕輕鬆鬆地看看電視，欣賞音樂，或者看看書呢！又有那個人，希望回到家之後，依舊繼續和上班時的緊張情緒，而繼續從事醫療工作呢！那不簡直是虐待身心，雙重勞動，純屬浪費麼！因此確實有改革的必要。但是改革必須要合乎現實，方才有意義。依我個人之見，仍如前在「夢迴」之中所主張者。我深信最理想的辦法，莫過於使大家能做到「工作就是生活」「生活就是工作」。倘若不能完全做到，起碼也要研究出一個，如何充分利用白天上班的時間，使大家提高工作效率，滋長研究醫療和教學熱情的有效政策。對於公務以外的夜晚私人時間，則不該橫加限制。對於事實的眞相，不加以深入瞭解，只是一時地發佈「斯巴達」式的命令，是行不通的。

然而，院方終於提出兩個方案，強迫大家，選擇其一。

㈠在外（包括夜間）無診療行爲者，獎金一萬元。

㈡在外有診療行爲者，無獎金。

結果大多數的人選擇了第二案。而選擇第一案的人則寥寥無幾。有些人甚至選了第一案，拿一萬元獎金後，依然在外開業。院方由於缺乏證據，對他也無可奈何。與此相反的是，按照院令，選擇第二案的人，不久便聽到「作此選擇的人，在七月年度更換之際（就是改聘時），將自動地不予續聘」這種消息。換句話說，選擇第二案的人，就要被解聘了。

我是選擇第二案的人。

那時，我的聘用日期是到一九七五年七月。於是我便決定到這時退休吧。因此，我就把黑板上在一九七七年下的「↓ Out」記號，移往一九七五年之下了。唯一感覺遺憾的就是，我的書付梓出版時，已無「教授」的頭銜了。不過想開點也罷！

「自動地解聘」一詞，却由少壯派為首、衆皆嘩然。各科都召開會議，予以討論。結果大家都懷着「如果要殺頭（解聘），那麼就來殺吧！」的覺悟。如果說，七月起就「自動地」解聘令生效（所謂『自動地』（Automaticaly）的意思乃即使不提出辭職請願書，也自動地解聘），那麼恐怕全院的中堅以上的大半教職員，都要被「殺頭」了。到時候全院成眞空狀態，重要部門的醫療及一切研究都要停止。象牙之塔的心臟，可要休止不跳動了。

外科的朝會，頓然顯得散漫了。整個醫院的工作情緒低落。研究室中也冷冷清清。一向喧嘩的實驗室中，連狗吠聲也聽不到了。惟獨選擇第一案的，少數有錢人家子弟，攜著煙斗，洋洋得意地，幌着白白的長衣，在中央走廊，走來走去。

然而此案，不知是由於上級的忠告，抑或院長的心魂被嚇跑了，突然宣佈暫停實施。我鬆了一口氣，就把黑板上我的人生計劃表上移至一九七五年的「↓ Out」記號，又悄悄地移回了一九七七年之下。

五、牛角之塔

自動掉頭（去職）的恐怖解除之後，理當一切恢復原狀。然而不安和警覺的氣氛，依然瀰漫全醫院之中。工作效率低落，研究心衰微，造成臺大醫院有史以來未曾有過的冰點。

解聘的問題，因暫停實施，而一時似乎風平浪靜。然而不久又因「升級」的問題，這座象牙之塔，再度沸騰不安起來。

每年七月，為臺灣大學教員升等的改聘時節。醫學院從二月或三月，就必須開始作論文審查，舉行投票，提名候選人等事項。依往年慣例，論文審查，分為講師組、副教授組、和教授組。各組的審查員是在醫學院的行政會議上，由教授中選出而組成的。各組對於論文審查均極愼重從事。因為通過論文審查者，方有資格名列黑板，成為候選人。然後，行政會議委員（主要由院長、科主任和幾位教授代表組成），再由這些候選人當中，參考他們平日的表現、態度、能力及人格，而投票選出為數極其有限的優秀人選，分組推薦給大學作升級參考。然而在新院長主持的這次升等選擧（一九七三年），是否事先吩咐了論文審查組呢？總之，我在旁聽了某科主任以及少壯派醫師的意氣憤慨之言後，令我大吃一驚。他們說：

「眞是不可思議，某人所提出的一篇在去年論文審查中獲得通過的論文，今年再度提出時，却因他選擇院方第二案（夜間診療，不受獎金）而被評為不合格。相反的，去年審查不合格的某人的論文，今年却因他選擇第一案（不開業，接受獎金）而變成合格通過了。」

這就是所謂最高學府嗎？候選人因為行為不當或因違反規則而在行政會議的投票中落選，那倒沒話講。但是論文應是一種純科學性的東西啊。其價值的判斷，也應從純科學的立場來予審查。即使作者是個死刑犯，也不應減低該論文的科學價值。我年輕時，曾讀過偉大的生理學者『克羅德貝爾納爾』（Claude Bernard，1813-1878）的「實驗生理學入門」。其中有言「進入實驗室時，要脫除文獻的外衣」，來勸戒從事實驗的人。我對這句嚴正態度的銘言，迄今猶牢記在心。審查他人的論文時，也應如同進入實驗室，必須忘却作者的個人條件。而純由科學的立場，來判定其價值才對。至今我也好幾次曾受教育部委託，審查教授、副教授和講師的資格論文。那些論文，教育部事先都將作者姓名和服務機關，以黑墨塗掉。此乃避免審查者，因知其作者姓名而感情用事，影響審查的公正而採取的措施。教育部的這種處理，完全正確無誤。

這一次醫學院的處置，更進一步地破壞了臺大醫院的研究熱潮。無論如何全神貫注，花費多年苦心，研究而提出的珍貴論文，只因生活所需作夜間診療行爲，便落得毫無價值了。那又何必當初呢？這無異因爲兼作「占星業」討生活，便否定『克卜勒』天文圖的價值。（據說一九七四年的論文審查無加減分，代之爲合格的候選人，若不答應簽署「不開業的條件」，醫學院便不向大學推薦。）

我雖是老了，但血氣依然剛強。此事叫我怒火直冒。學府精神究竟何在？昔日象牙之塔的權威又何在？早知如此，不該稱爲象牙之塔。而應叫做牛角之塔了。這種地方，那裡有我厚着臉皮戀棧不去的價值呢。好吧！退休走吧，下定決心，我就再度把原來放回一九七七年之下的「↓Out」記號擦掉，然後再在一九七五年之下，以堅定的決心，狠狠地用粉筆重寫上「↓Out」。憤怒的激情，在粉筆端爆發，粉筆因用力太重劃了↓而迸裂。有如我內心的爆發，而這就是現今表上，在箭頭尖端，突起「白墨小山」的原因。

六、人生計劃線

在短暫的沉默中，段醫師似乎查覺到我的眼光，釘在箭頭之處。

「老師打算一九七五年，也就是箭頭記號的地方，退休嗎？」

「是的。就是今年呀！」

一股莫名的激憤之情，不禁又湧上心頭。

依照我原來計劃，並不打算在這時退休呢。老實說，當時我剛發表了「Icteric type hepatoma」的新的肝癌臨床型於法國的 Médecine & Chirurgie Digestives 1975 之後，不久，我還有好幾個有關肝癌的研究構想。這些工作，都想陸續進行。

抑止住洶湧的怒氣，我轉移了話題。

「你瞧，這是我的人生計劃線。」

我指着由一九七〇年到一九七四年以高曲線，一九七五年以後漸次下降的曲線給段醫師看。

「這曲線便是我的醫學人生計劃線，你看，由一九七五年開始，雖逐漸下降，但一九七七以及其後，也還在繼續着。這表示，只要我一天還活着，雖然曲線已極低，也不會抹消這條醫學的生命線。先前你問我是否就不幹醫學了呢。我想你看看這個，便會明白了吧。」

段醫師望着我，落日餘暉，柔和地投射在畫布上。孫子的畫像，色彩和輪廓，愈鮮明地浮現出來。

「那麼，這條曲線又是什麼呢？」

段醫師指着旁邊的另一條曲線問題。那是一條由一九七三年開始，然後自一九七五年之後，以急快的速度，無限延長上昇的曲線。

「這就是我的新人生計劃線。充滿希望的新人生計劃線呀！」

我略帶興奮地說。那是我許久之前，就有的夢想和計劃，恨不得早一天投入的新生活計劃線。

「那是什麼樣的生活呢？」

「一言以蔽之，是藝術性的生活。」

「繪畫……」

「不僅如此，還想寫小說哩。」

段醫師「喔」了一聲，又把眼睛瞪得圓圓的，接着又瞧了書櫥中那一整排的藝術書籍。

「寫小說……」

段醫師脫口叫道。

「小說和繪畫都是一樣啊。畫是固定的一張作品。而小說則是由許多畫組合而成。就宛如剪貼畫一樣。畫是靜態的。小說則屬於動態的。例如微風的輕拂與呢喃，以及所反應出來的微妙心理變化，都可由小說方式，活生生地表現出來。」

「那麼老師打算寫些什麼呢？」

「有好多喔，大多是很早便在心中構想好的。只是尚未寫成文章罷了。」

「有些什麼呢？」

「有呀，好比『釣魚』、『孤獨』、『最後列車』、『最後一篇論文』、『菊花曲』、『誤解』等等，大約有百來篇吧！」

「嗄！那麼多呀，是從那兒搜尋的故事材料呢？」

「嗯，小說的材料呀……」

我心中自問，段醫師比我外行得多了。於是我便加油添醋地大吹法螺！

「小說常常是作者本身的故事。當然也不全然都是如此。也有別人的故事。總是如剛才所提到的，將這些收集剪貼而成一部剪貼畫，便是一部小說。不過故事的主體，還是以作者的遭遇爲多。例如紅樓夢，作者究竟是誰，議論紛紛，不一而是。我是贊同胡適先生的看法，應當是曹雪芹。紅樓夢又稱「石頭記」。由石頭的故事開始。這便是這本小說一開始，就表現出最高明而又漂亮之處。我認爲不僅作者是曹雪芹。而且小說內容之主體，也許是作者本人的故事。男主角賈寶玉不正就是作者本人嗎？」

「嗄，老師何時作此深入的研究？」

太過吹牛，也不好意思，我便告以實情。

「那裡，這是外行人胡說八道的推測，並沒有什麼特別論據，不負責任的。」

「不過像我所要寫的『菊花曲』，倒是以我過去所發生的事情爲基礎。另外加上種種想像的情節，而構成一個故事。文中有一老一少，其實都是我本人的化身。爲了要描繪我所想像的老人，好幾次都到公園、街上，到處尋找那樣的一位老人。」

「找到了嗎？」

「前些日子，偶然在街的一角發現了……總而言之，小說就是這麼一回事，這也是我的看法。」

「但是，老師請你也要繼續作醫學工作啊！」

段醫師似乎打抱不平似地，對我的論調大澆冷水。認眞的段醫師，似乎還是不大贊成我所畫的人生計劃線。

「我還是行醫呀，現在還是差不多每晚作胃潰瘍、大腸癌、膽結石、甲狀腺、乳癌等手術呀，即使退休之後，仍然一樣呀。」

七、魔笛的呼聲

事實上，在決定退休的前一年，我又著魔似的，對某些工作，又挑起興緻。我常會著魔，每當一件工作即將完成之際，魔笛的呼聲，總會又在耳邊響起。使我的心歡騰、沸騰，進而再產生新的構想。回想過去四十多年來，一直把自己關在象牙之塔內，便是爲着這些魔笛的呼喚。

一九七四年，因爲前述的理由，終於決定捨棄一切眷戀，把未完成的工作，在一九七五年底之前全部完成。然後斷然決定退休。我的心意已決，雖然內子、朋友以「退休年紀未到」爲理由表示反對；但是退休之心已堅。那就是畫出我指給段醫師所看的一九七五年之下「→ Out 」的記號。

但是在我下定決心的另一面，魔笛之音，再度響起。又動搖了我所想自我毀滅的心意。那微妙的響音誘惑我，唆使我，一直鼓舞着我的心。我似乎永遠是那魔笛的俘虜。

新的魔笛之音？即是當時我正孕育構思着，肝癌的新治療法。肝癌的外科治療，隨着肝臟切除手技的改善，雖已變得簡單，安全而且順利達其目的。然而實際上，能夠實行肝切除的人，僅占全部病患的百分之三十左右。百分之七十的大多數病人，都在無法施以手術的狀況之下死亡。對這些不幸的病人，我一直試想着，有無什麼新的化學療法。

有一天，在外雙溪的山上，曾靜靜的思索。我突然想起了，把「社會之癌」與「人類之癌」相互做些比較。結果發現兩者的治療法，倒有共同之點。尤其社會之癌的治療哲學，似乎也可以利用到治療人類之癌的方法上。過去在醫學界，原本就有所謂癌的化學療法。這是將癌細胞視為微生物般的人體寄生物，而以殺死微生物（細菌）同樣的方法，來除去癌細胞的一種化學療法。這種方法實際上也相當進步。發明了不少藥品，也能實現某一種程度的效果。此法如逮捕處死那些被稱為社會之癌的歹徒惡人一樣。亦可謂為「總攻擊療法」。然而，這些惡徒，如果是來自國外的外國人（如細菌）、眼睛、鼻子、臉型等都不相同。要發現逮捕他們，就好辦得多了。但是如果是本國人（如癌細胞是由同一體內的細胞變化而成的）的話，一切都和善良的國人無啥差異，因此要發現逮捕他們，可就吃力得多了。弄個不好，連善良的人們也會被誤殺（此即化學療法的副作用）。如今我所考慮的是如何逮捕國內惡徒的辦法。對逮捕社會惡徒所使用的是一種叫做『陷阱』的方法。換言之，便是利用惡徒的壞興趣，誘引他們進入某些特定地方（如賭場、酒家、舞廳等），悄悄地以酒或藥使他們墜入「陷阱」，然後再一網打盡。對於肝癌，如今依舊採取經靜脈注射，或者以導管揷入肝動脈，而直接注射藥物，以行攻擊之方法，只是效果仍不甚理想。我便想着，如同上述的社會之癌處置方法，將癌細胞先置於容易攻擊的狀態，然後再注射藥物，看看是否效力提高。亦即「誘敵攻擊法」。利用這種方法是否對肝癌可以行得通呢？這個構想便是我心中魔笛的第一聲。

再看處置社會之癌的辦法中，除處死以外，也有將惡徒關入監獄或送往外島，嚴使他們與社會隔離，達到不危害社會的方法。有一回我到東京，夜晚乘車走過「六本木」（街名）的時候，看到前面有一列，長長而靜靜移動的人羣，規模並不太大。

「什麼事情呢？」

問了車內的日本朋友。

「是學聯（共產黨系學生聯盟）的示威。」

「示威？」

想像中的示威，應該是騷動不安、投石頭、擊玻璃、和警察起衝突、相格鬥才對；但這個示威實在太文靜了。車子馳近一看，說是學生聯盟，見到的全是武裝警察。

「沒有看到學生嘛！」

「不，有的，他們在中間。」

仔細一瞧，果然中間內側，滿滿是頭結白帶，穿着襯衫和破牛仔褲，裸露黑黝黝的上半身，手裡擧着掛上旗子的長竹竿。一面高聳着肩膀，彷彿打敗戰的白虎隊似的長髮學生。四周水洩不通地，將他們緊緊包圍起來的頭戴鋼盔的武裝警察，則隨着示威隊伍前進。我想着，能否利用這種方法來治療人類之癌呢？也就是用什麼法子來強化生體，而在癌的四周，造成像警察團那般強大，具有抵抗力的防塞。如將社會之癌全部集中一處，以相同道理圍之以高塀，我們也可以防塞，牢牢的圍住癌細胞，使之雖然存在，但是不能作怪。亦即可稱爲「和平共存療法」。如今流行的中藥當中，聽說有治癌者，若眞有之，那必是一種和平共存性質的效果了。由此進行硏究下去，或許可以發現些什麼，於是魔笛之音又在耳際響起，魔笛的呼聲，似乎又在向我呼喚。

治療社會之癌中，還有一個辦法，就是在職訓單位中對惡徒施以再訓練、再教育，使他們改過自新，重作良民。肝癌細胞不同於外來的細菌，是原來的正常肝細胞，經由某種錯誤，而在DNA的發展機轉中引起某種錯覺，因而不能推行正常的細胞分裂過程，仍在幼若型過程裡反覆分裂廻轉，以致於轉移成癌細胞。（當然這是我的大膽假說，專家或許會訕笑，但是我倒不以爲忤，只因我是個愛好夢想的人），因而肝癌細胞應是和肝臟細胞屬於同一宗族。因爲如此之故，如今是否可能像以再教育，令其改過自新一樣，用什麼化學方法，使惡性的肝癌細胞再恢復成正常的肝細胞呢？要再教育社會之癌，使其重新作人，當然有所困難。同樣地，要使癌細胞恢復正常細胞的這種「改過自新療法」更是難上加難。但是我深信並非完全絕望。

以上的「誘敵攻擊療法」、「和平共存療法」乃至於「改過自新療法」，皆爲迥異於一般過去的化學療法的新構想。我曾想投身埋首於此，繼續硏究。因此雖然我曾在「夢廻」中說，在所謂「最後的工作」完成之後決定退休。但是那魔笛之呼聲，却不斷地誘惑我的心，使我無法抗拒，而隨之手舞足蹈。

八、我的象牙之塔

一九七四年，爲了主持第二十八屆世界杯射箭賽的最後選拔決賽，身爲中華民國射箭協會理事長的我到了嘉義。到嘉義，我總常在寫着「雞肉飯」的小飯店裡吃飯。那不是冷氣設備的豪華飯店，而是無窗無戶，朝着大馬路敞開的小飯店。或許因爲便宜，生意奇佳，時時都是滿座。由於只賣雞肉飯，所以也用不着點菜。只要一坐上椅子，自然有一碗雞肉飯端來。若要喝個什麼湯，也只要點一下就可。一碗十五元。以今天的物價說來，的確便宜。雖曰雞肉，也不過是肉屑而已。也許淋上雞湯吧，味道相當不錯。我若有事到嘉義，總是避開朋友的招待，經常到這兒來吃飯。吃過後，便沿着旁邊的圓形廣場，順着南邊的馬路一直地走下去。前頭路旁，便可看見各色各樣寫着「麵食專家」、「水餃大王」、「牡蠣大仙」等等黑紅七彩的招牌成列。站在熱氣騰騰的大鍋前，忙着工作的店主，一有人走過，就競相大喊「請進」、「請坐」。

那一天，吃過雞肉飯之後，我又進去一家寫着「麵食專家」的露天小攤。或許因爲在路旁的關係，也或許椅脚磨損的關係，圓椅子跛巔不穩，一坐上，椅子總不平衡地搖動着。一會兒，來了一個肥胖個兒小的女人，便道：「煮麵、魚丸麵、排骨麵、魯麵。」

她毫無表情地像放連珠炮似的。在此地、教授、工人、車伕，一律平等，用不着客套哪。

「煮麵一碗。」

「要什麼湯嗎？」

「不要。」

女的在熱鍋下了油，「喳——」的一大聲，舉起鍋子的瞬間，火勢由爐灶中燃旺了上來。女人的臉像著火般地映紅了一下。

臺北下着雨，此地却晴朗。明朗的陽光，照射着頭頂上露天屋頂的帆布，透過帆布上的破洞，陽光便形成圓形的光束，投在我座位前的桌子上。風一吹帆布搖動，圓形的光束宛如蟲般地，就在桌面上移動爬來爬去。桌面上所舖的綠花模樣的塑膠布，看來已頗有時日。處處有磨破的跡痕，露出底下廉價的木料。桌上擺着一瓶醬油，以及一個插着已使用有日的舊筷子的竹筒。

外邊的大馬路，白白地亮着。計程車、脚踏車以及剛放學的學生，一羣羣的走過。

「麵來了！」

不久，女店員把煮麵端到我的面前。從筷子筒中挑出一雙比較新的筷子給了我，我就弓起了背，開始吃了起來。

前頭桌子，有二、三個工人模樣的年輕人，正在狼吞虎嚥。這桌就只有我獨個兒。吃着吃着，不覺中想起了四十多年前的我。當時我是個沒有薪水的窮光蛋。也曾在臺北朝陽齒科下面的攤販，混雜於工人勞動者之中，吃過「白飯」「鹹菜」。

「時光匆匆，歲月易逝！」

「六十三歲？」

重新再思索一下六十三歲之齡，刹那間，心中感到一種不安的踉蹌。這麼一來，再過六、七年就要年屆七十了呀。如今尚以三、四十歲的心情自居。工作，尤其還想要建築自己的象牙之塔。於魔笛的呼聲中，再度奔入肝癌的化學療法新構想。實際上，我的身上還沸騰着年輕人的血液。然而回頭一想，六、七年也是一轉瞬。屆時將在不可抗拒的現實之下，成爲七十歲的老人。那是一椿鐵的事實呀。想起來，我都忘了這一點。

我的三種新式肝切除法，應是最高手術法了。較這更簡單更安全的辦法絕不可尋。但這還得讓全世界的醫學界早日認識哪。而距離決定退休的一九七五年只剩僅僅一載了。

「不行，不行，已經沒有漫漫悠長的時日可待了，在這世上，再也沒有多少時間了。」

想到這兒，我驀然地把兩手一扶桌緣站了起來，也許太用力的緣故，這時原本就不平穩的椅子，「砰」地一聲倒在地上。

麵還沒有吃完。

「沒有關係啦，不要緊啦，還要麵嗎？」

「不，謝謝了。」

女店主搖幌着肚子，跑過來幫我扶起椅子。我付給她錢就邁開大步，走了出去。街道依然明亮，或因午飯時間，行人少得多。我走回旅社。因爲午後尚有一場比賽，要到明早才能北返。我感到全身焦燥難耐，由於適才查覺時間緊迫的現實性，內心不禁爲之沸騰。人生短促，來日無多，不儘速完成這些工作，怎麼可以。我心雀躍，我的象牙之塔激盪沸騰。

九、路

走出象牙之塔的決心，續留在象牙之塔的想法，以及耳邊的魔笛的呼聲，令我舉棋不定。經過數日依然難決。值此時刻，下起綿綿細雨，更令我心頭沉悶。

說來也巧，在一個突然放晴的早上，宛如被誘惑了般地，一個人坐上計程車，經由大直的隧道，到了外雙溪。

微暗深長的這座隧道，脊處黃色電燈，一盞盞地排成兩列，看下去隧道本身好像一條大毛蟲。前面細小的出口處，外頭光線看來白白的，乍看之下就像是毛蟲的頭部一樣。車子疾馳而行，越接近出口處，這條毛蟲白色的頭部，也愈來愈大。突然成爲一個張開的大口，我隨同車子被吐到一片光明的大氣之中。

視野一亮，綠野青山，白色房子出現在眼前。不久車子馳過稀疏的行人，通過故宮博物院，來到了外雙溪山莊之前，寫有「劍南橋」的橋頭。從這兒開始，是我和內人常走的路。這條道路向右方蜿蜒，而沿着不高的山路爬登，越過山，便可走到大直。

橋橫跨着寬濶的外雙溪。大概因爲不是星期天——若是假日，總有一大羣年輕人在溪邊戲水，岩上烤肉，非常熱鬧——，今天從溪的上游到下游，不見半個人影。許是下了兩三天的大雨，溪水大增，滔滔而流，流過大小無數的岩石，鑽入岩縫，捲起白色的渦流。

遠山偶而傳來白頭翁朝着晴空淸叫，相思樹的造林把眼前的山抹上一片綠意，山脚下、路道旁，全都開滿了像掃帚模樣的白色蘆葦花。

「秋天已近了嗎？」

睹物而驚時光之飛逝。此間的樹葉不像北國的葉子會變黃或轉紅。若不是見了這競開的白色蘆花，也眞不會感到秋天的來臨。

獨個兒慢慢地在無人的路上漫步，十一月的太陽，柔柔地灑在肩上。雨後的微風，舒暢地拂過臉上。路旁的山坡上，菠莖長出新葉，簡陋的竹棚上，菜瓜和枝豆的蔓藤，懸着葉兒匍匐着。瞬間覺得有什麼在動，仔細一瞧，原來是一隻帶着小鷄的母鷄，頻頻地用足爪扒着黑色的泥土。也許偶而掘出小蟲或蚯蚓、小鷄們一見有食物，搖搖倒地都圍攏過來。不知何處的草叢中，傳來深沉的蟲鳴，聞聲益發感到秋已深了。忽然，頭頂上一陣活潑的白頭翁和畫眉鳥明亮的叫聲，廻響於青空。覺得晚夏的風情也未完全消失呢。

我喜愛道路，這條路每週總要走過兩三次。漫步當中，常會浮出種種的感傷，撫慰苦惱，產生新的靈感。因此，這條路對我而言，可說是一條安慰之路，避難之路。尤其在目前的這般徘徊中的心境下，更可爲我洗滌靈魂。

少年時代，我曾常行過故鄉三張村田裡的，約二尺寬的畔路。那時的道路，可不同於現在，完全是歌頌春天的夢之路。那時，毫無邪念，更無雜念，一邊走着，一邊踢着道旁的野草。時而有受驚的青蛙，「噗通」「噗通」地逃入揷着秧苗的田裡，將頭揷入柔軟的泥土中。牠們雖打算這麼躱藏，却不知屁股露出淺水，伸在外頭。我常折取一根長長的樹枝，碰碰牠們，覺得很是有趣。飼養的猫兒狗兒倒也和睦相處，跟隨在我的後面。青空之下，放眼看去，蜻蜓忽上忽下，忽快忽慢，飛來飛去，逗得小狗猛追。

走到路的盡頭，有一處微微高起的土堆，好像是誰的墓，這兒綠草碧茵，蒲公英花盛開。我每到那兒，我都要在雜草上躺一會兒。這時，眺望視野廣濶，那一片春天青綠，夏日金黃的田疇，盡收眼底，我更凝視飄浮的白雲，描繪一個快樂的美夢。

啊，那眞是一條謳歌青春的夢之路呀！然而，如今所走的這條路，已無春情。雖然有時靈感如同透過雲縫所射下的光芒一般，令我生氣盎然。然而大部份却是爲了苦惱的解脫而來此路。

今天也是爲了解除象牙之塔內的不愉快以及連日陰雨的鬱悶而又來到這兒的。越過幾個土壟之後，不久抵達「九蓮寺」「五福洞」「忠勇殿」等幾個寺廟。廟的入口處，較道路高了一段，有一棵很大的蓮霧樹、楊桃樹。樹蔭底下，圍着石桌，有幾個石椅子。每當我與太太走來，我們總在此休息一會兒。我嘗坐了下來，點上煙斗，在淡紫色的火光裡，冉冉昇上去的煙圈，旋即被微風吹散，不久便消失在大氣之中。日薄西山，對面山脚下，似有一堆枯草正在燃燒，一團紫煙昇了起來。對着日光，白白發亮。遠處公鷄拖着長長的聲音高啼，崖下農家的母鷄，突然「咯嘰、咯嘰」地像受驚般地大叫，似乎剛下了蛋。

楊桃樹已被摘取一空。地面上僅留下了兩三個腐爛的。我就這樣銜着煙斗危坐，我獨個兒既無意眺望落日照射的遠山，也不想些什麼，只是不動的坐着。突然似有什麼東西掉落在我的頭上，跟着便落到地面。一看，原是隻又枯又黑的老蟬屍骸。我凝望着牠，驟然想到若妻子老去，剩我孤獨一人，再步上這條道路，必是一種蒼然呆坐的情景。那時我的模樣，不就是像這隻老蟬麼？相反地，我若先去，妻子一人來此時，她必也會同樣傷感。我想，那樣的時日，似乎也不會太遠了。

心境忖忖不安，我想寫幾本小說散散心。

十、兩本小說

寫些與醫學無關的東西是我的興趣，因此我常試寫些小說和詩歌。

我的小說「菊花曲」，幾近完稿。這篇小說的故事，是有一次前往歷史博物館，順道走進植物園時所獲得的靈感。大約三十年前，當時住在杭州南路。常在星期假日帶着唸幼稚園的大女兒（當時才五歲左右）來此遊玩。從日據時代即已存在的植物園，雖然並不很大，但是有着幾百種形形色色的植物。並且每株樹前，都立有學名的牌子。池裡長滿水蓮。一到秋天，從匍匐在水面的大荷葉之間，吐出紅色、白色的蓮花。植物園的一隅，有一處野花園，常開着楚楚動人的黃色菊花。每到該處，女兒必牽着我的手，以出谷黃鶯的可愛歌聲，唱起從幼稚園學來的「秋天來了、菊花開，菊花開得眞可愛………」，留給我的印象極爲深刻。如今不論在何處看到菊花，我就會想起女兒所唱的「菊花開」的歌曲。眼前也隨着浮起當時女兒可愛的模樣。

其後，我就不曾再來植物園，而女兒也長大出嫁了，如今已是兩個孩子的媽媽了。

久違重訪植物園，進入園內，樹木依舊，只是鋪上柏油的道路兩側，被高高的柵欄圍住，看不到昔日的自然面貌。漫步中，想起了過去滿開菊花的野花園。於是，便四處找尋，無奈却找不着，在焦急萬分中，我仍不失望地繼續去探尋。就在此際，突然將自己想像爲到處探求菊花的老人，而產生了如下的故事。

話說老人，年輕時被充爲軍伕，派往南方戰場，這當兒，炮擊臺北，炮彈落在携帶兩個孩子逃命的妻子附近，妻子和男孩當場死亡。唸幼稚園的五歲小女孩，負傷獲救。這個孤單的女孩，不久被住在香港的親戚接過去撫養。戰爭結束之後，很久很久老人音訊全無，女兒已經長大了。以爲父親死在戰地。而故事中的老人，如今已眞正白髮蒼蒼，却回到了臺北。然而幾十年之間，眼前景物已全非。房子、街道，行人都是那麼陌生。家人更不知流落何方？孤苦伶仃的老人，賣着愛國獎券，夜宿防空洞，過着像乞丐般的生活。然而一心仍在探尋家人的下落，雖日夜探訪，從不間斷，但是依然全無消息。結果他想到了植物園，至少該看看那個菊花園。回憶昔日小女孩歌唱的「菊花曲」，雖是夢幻也好，起碼可以會見愛女。然而，眼前景物皆非，連唯一希望所寄的菊花園也不知去向。但是老人並不絕望。他朝朝暮暮，不問寒暑晴雨，爲尋求夢幻而無謂地找尋。發現那個奇異老人者，是我這個剛由南部調回的年輕教員。我發現病倒而危弱的老人後，連忙將他帶到就住在附近的家裡，請來醫生。剛好那天晚上，電視播映着由香港尋父而來的姑娘，彈着編入「菊花曲」的鋼琴自作曲，節目主持人加以說明「希望藉着它，找到慈父」。

「秋天來了，菊花開，菊花開得眞可愛……」聽到這首樂曲，奄奄一息的老人，眼中現出一絲生氣。是愛女常唱的那首「菊花曲」呀！

「沒有錯，老人就是在追尋這個，準是他的女兒不錯」。

我奔往電視公司，帶來他的女兒，然而老人已是彌留之狀，父女終告死別。

這是當時靈感一來而構思出來的故事。爲了寫這篇小說，無論春夏秋冬，甚至雨天，我曾多次到植物園。同時爲了描繪那位老人，也在街角到處搜尋同樣類型的老人。

當落筆完稿，再三重讀之後，發現描寫得不夠生動。到底自己的文筆，尙不能充分表達其深蘊的意義。但回頭想想，這不過是粗枝大略，就像草稿，今後將再添枝加葉，醮彩潤飾。

其次，我計劃寫別一篇「最後的論文」。

那是很單純的某一位老教授的故事。他是一位外科教授、好公務員，從年輕到現在，一直從事診療、教學和研究，忘了時辰與歲月。生活雖然貧乏，也無從事夜間診療或其他副業，他在學術上稍有建樹，但由大學所領取的菲薄薪水，自然無法如願地供給兩個孩子學業和事業的需求。孩子們也早已死心，都出國淘金去了。這期間，老妻也因心臟病而過世，只剩他孑然一身住在大學的古老宿舍中。步入老境，退休在即，他深知退休之後，以他的老邁和貧窮是無法開業的。

當時，醫學界，正好在爭論某種毒素引起肝癌的原因。這種毒素藏於自然界的幾種食物之中。以動物實驗，已確知百分之百的導致肝癌發生。但是就人類而言，是否引致肝癌，還不明白，也無從實驗。於是老教授考慮以自己的身體作實驗，反正此衰老之軀，不久即成廢物，像張衞生紙被扔棄一樣。終於，他決心如此實驗，呈上最後的論文，作爲一切的了結。

擬好實驗計劃，就依據計劃，每天吃下兩克毒素。然後，每天仔仔細細地記錄自己身體的變化。自己感覺的症狀以及他覺得的變化。經過三、五個月，啥個事兒也沒有。但是一進入第六個月，開始感到疲倦，食慾減退。再過兩週，體重漸漸減輕，他更加仔細記錄。每天皆觸摸腹部察看，但是依然沒有異樣。然而再過了一週，右季肋部之處，發生脹痛情形，觸摸之下，好似肝臟腫脹。隨着呼吸好像會碰到什麼東西的邊緣。他吃了一驚，果然開始了！一照鏡子，自己的確消瘦許多，肋骨間的肌肉深陷，肋骨突起，右季肋部較左邊腫脹，皮膚發黑，不過低陷的眼球還白白地發亮。沒有黃疸的症狀。過三天，他再觸摸右上腹部，果然有一硬塊。他喘的一笑，絕對錯不了了，終於勝利了。他繼續服用毒素，並開始起草論文。

「………本論文恐怕是有史以來，初度以人作爲實驗的記錄，它將永久有意義地供給醫學界作參考資料」。

這樣寫下序言，再寫實驗方法，病情經過所見以及結論。論文中唯獨病理一項留下空白。由觸及肝瘤後，經過三個多月，論文也將完成。那時老教授已明顯地瘦衰，腹部肝臟的腫大已如小山般地到了臍處，的確是個典型的「肝癌」。

「老師，你爲何不住院呢？」

「我要是住了院，別人豈不少了一份床位。」

對於來探望的醫務人員，他總是洋洋得意半開玩笑的回答，愈使大家感到疑惑。有一天，他獨個兒到山上父母和妻子的墓地，作最後的道別。是夜，將一張簡短的信，附在論文原稿之上，然後滿足安祥地自殺了。信致外科的陳醫師：

「這是最後一次麻煩你了。請將論文翻譯成英文，刊登於「 Cancer 」雜誌之上，空白的病理欄，在將我的屍體解剖之後，拜託病理的醫生將所見記入。最後請大家不要爲我埋屍造墓，火葬後把我的骨灰扔棄原野就可以了，來世再見。」

像這麼簡單的故事，文章本來是著重於主角的心理描寫，但是能否寫得好，我覺得要比醫學上的手術困難多了。

十一、徘徊

一九七五年六月二十七日。

突然由醫學院送來通知，要求附設醫院的教職員簽署「不自行開業」的承諾書。不簽署者，則於改聘時不予考慮。嘎！又是那一套自動殺頭問題嗎，老戲又上演了！

當時，我被新加坡大學聘爲客座教授，正值出發前夕，因而顯得有點徬徨。徬徨的原因，並非擔心被革職，反正我已決心，自新加坡回來，馬上提出辭呈退休。所以對於離職一事，早有決定。唯一不同之處，是我自動請辭，而非被革職。不過萬一在出國期間，若是以未提出承諾書爲理由而被革職的話，則將如何呢？這一來……屆時，就不會有在國外常見到，爲退休所舉行的盛大「花甲還曆慶祝會」、「歡送會」或授與名譽教授等等美夢了。回來一看，自己的頭已沒有了（被革職了）。因此也許連退休金都拿不到也不一定。四十年服務於大學如一日，即使沒有功勞，也有苦勞，應該拿的退休金，當然我還是想領取的。

事非得已，在我回國提出辭呈之前，還是自保職位吧，於是我便寄出了承諾書了。不料消息走漏眞快，一下子便傳開了。應該不會理會這檔事的我，竟然寄出承諾書，大家都極爲驚訝。

有兩、三位教授來訪。

「不，反正我已打算退休了，不過由新加坡回來之前的這段期間，不暫保職位不行呀，否則被革職了，退休金將會一毛錢也拿不到哪。」

「新聘書已經出來了呀，每年總在六月三十日之前便出來了。」

「咦，是這樣嗎？」

雖然過去長久以來，身爲主任，我全心貫注工作，不曾注意及聘書，因而對於發聘書的日期也毫無概念。於是，我便把發出的承諾書又收回來。

新聘書果然在六月三十日領到。聘用兩年，到一九七七年七月底有效，薪水七七〇圓。在此期間只要不犯重大罪行，保有職位，當不成問題。難道說不提出承諾書，就構成重大犯罪不成？而校長的聘書一旦發出，又怎能隨意取消。

於是我放心地去了新加坡。（圖二—1）

整潔清新的新加坡生活很是愉快，這是我第五次訪問新加坡。每回來此，便見豪華的大飯店激增。由政府興建漂漂亮亮的白色高層國民住宅，滿滿地圍繞着購物中心以及辦公中心。夜晚，由小山上往下眺望

SURGICAL PROFESSORIAL UNIT, GENERAL HOSPITAL
JULY 1975
STANDING (L-R) DR. K. PRABHAKARAN, MR. K. C. NG, DR. L. H. LIM, DR. T. C. CHONG,
DR. Y. M. WONG, DR. M. L. LEE, DR. R. N. V. PRASAD, MR. I. S. GONG, DR. WALTER TAN,
DR. S. H. YEO, DR. AZIZ NATHER, DR. K. K. LEE, MR. K. E. CHIA, DR. C. N. LEE.
SITTING (L-R) MR. K. T. FOO, MR. R. RAJAGOPALAN, MR. B. T. LEE,
MR. S. T. HO, ASSOC. PROF. W. C. FOONG,
PROF. TIEN-YU LIN (1975 Singapore Turf Club Visiting Professor), PROF. S. C. ONG,
DR. C. LAW, ASSOC. PROF. M. SRIDHARAN, DR. S. H. THAM, MR. A. RAUFF.

圖二-1. 1975年擔任新加坡大學客座教授

，宛如香港夜景。一片燈火輝煌，無怪這兒被稱爲世界三大港之一的天然大港了。若在夜晚，由陸地遼望海面上龐大的船羣，恰如在香港由對岸觀賞九龍夜景一樣。

在全部使用英語的新加坡大學醫學院，所渡過的幾週，充滿着印象深刻的快樂回憶。首次以英語教導學生，甚至還有開業醫生特地由馬來西亞長途開車來參加我的公開演講，其他還有舉行病例討論會，迴診病房等等，凡此種種，都令我感到心滿意足。在這段期間，作過兩次肝癌手術示範。第一件是病患看了新加坡英文報紙關於我的記事而來求診的。我給他做了右肝切除手術，大的肝癌已擴張到接近左右肝葉的分界之處，若再遲兩個星期，則將束手無策了。這個肝切除手術，用我的第二法進行。爲了看這次手術，那兒的外科教授、副教授、講師自動充任我的助手。又有很多教職員，開業醫生，也從手術室及二樓參觀室的窗口觀看手術的進行。不知誰在照相，偶而鎂光燈的白白閃光在背後閃亮。手術簡單順利地完成，留給大家深刻的印象。

繼續進行的第二病例，是一週前有腹痛和發燒的現象，經由肝同位素檢查，在右肝有一個圓形缺損部的病例。經我診斷，乃肝癌破裂、內出血。於是用保存療法穩住之後，繼接第一例而採以開腹手術，發現腹腔內的內出血血塊很多。但因於除了肝癌破裂之外，左肝已有轉移癌，終告無法切除而結束。

手術結束後，回到阿波羅大飯店，太太被她的同窗好友帶出去，尚未回來。只好單獨上飯店十八樓的餐廳，冷氣襲人，在窗側座位坐下，叫了一杯咖啡，吐着煙圈，看着窗外。瞧着紅色屋頂的舊式建築物，萬里晴空，在熱帶太陽下閃亮的白色高樓大廈，一個人不覺又陷入深思。

聽說，新加坡大學總醫院也鬧問題，儘管教授級的月薪是四千到六千新加坡幣（相當於六萬到九萬元新臺幣）。但是七年前，我由澳洲在歸途中，到此演講時見過的外科以及麻醉科教授，現在都紛紛辭去而自行開業了。現在的教職員中，因忍受不了馬來西亞的排華政策而由馬來西亞來的也大有人在。眞是家家有本難唸的經，天涯何處無煩惱。

凝望遠的白雲，這回我可想到自己的問題了。雖說回去之後決意退休，但是心底總覺得有些牽掛。一股強烈的慾望由心底湧了上來。那就是化學療法。尤其是我的最新的單純化的肝切除法，無論如何，我要宣傳至全世界，使其價值獲得大家的承認，並予採用。這一想法，緊緊地逼迫着我。

一九七五年三月，印度孟買（Bombay）的德沙教授（Dr. DeSa）已來信邀請我到當地，參加一九七六年一月的國際熱帶病外科學會。而在出國到新加坡的前夕，又接到另一來信，邀我在同年二月貝魯特(Belrut)舉行的美國外科學院的黎巴嫩分會中演講。一九七六年五月，在新加坡將有第五屆亞洲太平洋消化器學會。同時期，在希臘雅典，尚有國際外科學院的第二十屆年會。這些會議自然不在話下，由此我應更再進軍到歐美的學會以及大學等，讓他們瞧瞧我的手術法電影，並且聽聽我的講演。

想着想着，臉皮也漸有厚起來之感。甚至有意取消回去之後決心退休的計劃。反正還有兩年的聘書，兩年過後我也六十五、六歲，年紀也差不多了。總之在這兩年間，好好來作手術法的宣傳工作及完成化學療法的計劃吧！

再飲一杯咖啡，白雲依舊飄飄，在熱帶陽光中閃耀。在我的心中，我又把我的人生計劃表中的「↓Out」，自一九七五年移往一九七七年去了。

客座教授任務終了之後，他們舉行了一個盛大的游泳池旁烤肉歡送會。這個以新加坡大學外科爲中心爲我所舉辦（醫學院院長，和其他各科教授也都前來，有一位臺大醫學院畢業的也從馬來西亞趕來），爲我而開的盛會，似乎祝福我的新航向，別具深意地爲我舉杯慶賀。

第三章　風雨過後

不再徘徊，臉皮加厚，決定將一切挪到一九七七年之後，心也就安定下來了，如此還有兩年哪。

在這期間，我一定要完成我一切的工作。目前，有關肝再生的研究，很幸運的，四個病例經過一年到八年的觀察，大致已獲結論。同時在新加坡大學再一次作手術的時候，又獲到新的靈感而使從來不可能實施手術的嚴重肝癌，也變成可能。這種手術法也正起草，準備提出論文發表。（此論文已在法國 Midlcine & Chisangie Digtstivlo 1977 發表）。至於新手術法的影片介紹及發表於孟買（印度）、黎巴嫩、新加坡、希臘等地，也將自一九七六年一月才會開始，因而我打算在此之前，暫且先休息一陣。

一、咖啡時間

當我收起羽翼休憩之際，常有朋友來訪，我們每每坐在陽臺或檳榔樹下，邊喝咖啡，高談濶論一番。就像女流之輩的井邊會議，談天說地，無限生趣，很是有勁。

我喜歡聽人說話，但是因爲大家都是醫生，所以三句話不離本行，談病人的事，病人家族的事，同事的事，最後話題談到腎臟移植。損腎者是非患者親屬的一個腦瘤病患，已完全步入末期，預測在一、兩天之內即會死亡。這位腦瘤病患才四十多歲。有個年輕的妻子。其妻已答應李教授（腎移植專家），一俟其死亡，便立刻捐出腎臟給需要移植的病人，條件是移植患者要付出一筆酬金。這一點，移植患者也答應了。

但是，那位腦瘤患者却一反死亡的預測，而處於昏睡狀態。偶而年輕的妻子會來探病，站得遠遠地，一臉受累的模樣，咬着下唇，陰沉沉地走了回去。這當兒，也好幾次，就條件商訂的金額問題，和需要被移植的病患家屬洽談。她堅持相當的高價，在討價還價時，也常和一個年輕男子同來。不過腦瘤病患沒有在預期的時間內死亡，同時年輕的妻子索價過高，再加上不道德的陰影隱現其間，這樁交易終成泡影。

「後來那妻子怎麼樣了？」

「結果如何啊？」

大家都似乎等不及地，異口同聲追問蔡醫師。

「從此之後，那個女人便不再出現了。一次也沒有來過。」

「一定跟那個年輕的男人跑了。」

大家笑了起來。拿起咖啡，啜了一口，放回桌上，我開口了。

「最近報載，美國某個權威團體，向法院提出「安樂死」的合法化（此判例初見於美國新澤西州高等法院）。這的確是個難題。在理論上，已病入膏肓，昏睡不醒而宣告不治的患者，還得忍受難耐的疼痛時，如果獲得「安樂死」的法律承認，觀其結果，對於病患本身亦或其家族而言，都不啻是一種幸福。然而實際上，却又不這麼簡單。例如爲了移植，要從死人的身上取得臟器。這時候生死的界限究竟該放置何處。換言之，當視心臟停止爲死亡，亦或以腦波停止爲死亡標準呢？死亡的判斷既成問題，只要觀念稍微偏差，在社會上可能會引起是否構成謀殺行爲等的異論和騷動。因此，爲減除病患的痛苦而在法律上給予「

安樂死」，更極易造成謀殺行爲的發生。在此情形之下，萬一醫生和病患家屬有所勾結，將病患置之於死地，豈不造成天衣無縫的完美謀殺事件？年輕妻子的那件事正是如此，倘若年輕妻子爲了賣腎，施予丈夫法律承認的「安樂死」，而丈夫確屬不治則還說得過去，否則以不治爲理由，給予死亡時，那豈不變成不折不扣的謀殺呢？假如看不治，爲了「賣臟器」施給「安樂死」，也應算不道德，不應該承認。」

「嗯，法律上賦予的『安樂死』，理論上可以瞭解，實際上却有危險。」

「容易被利用成爲謀殺。」

「將造成謀殺行爲的正當化。」

大家都對此結論有同感。喝咖啡，回頭眺望外頭的風景，夕陽西沉，餘暉由正側面投射進來，反而覺得強光耀目。但在此冷氣房間內，充滿清晨般涼快的新鮮空氣，心情倒還清爽愉快。再添了一杯咖啡，大家各自點了香煙。有段時間，彼此交談無關緊要的瑣碎雜事，忽然段醫師說道；

「老師的畫進行得如何了？」

「嘿，還是老樣子，有時間就畫。」

「老師，你畫畫嗎？」

除了段醫師之外，所有的人都嚇了一跳似地停止談話，注視着我：

「嗯，有時候畫。」

「讓我們瞧瞧吧！」

「好呀！」

請大家上二樓，進入只有六個塌塌米大的畫室。我最近才把畫室搬到這間來的。這房間本來預定爲出嫁的女兒或孫子回來時住宿用的。不過她們不常回來，於是便成了我的畫室。東側有通往陽臺的大門。南側是窗戶，明亮異常。種種東西，畫集和畫具，則放在窗戶對面的壁櫥上，牆邊擺了很多已完成的畫和尚未使用的大大小小畫布。幾幅比較中意的畫則裝裱上框掛在牆上。一張全白的三十號畫布，原封未動地立在三脚架上，是前些日子想畫而尚未動手的。

「哇！好棒，老師要當畫家了嗎？」

「不，不敢當，不敢當。」

自從去年加入「芳蘭美術會」而成爲會員以來，得到前輩和同事的指導，常努力想畫點自己的東西。老實說，這也是我自己的象牙之塔內的工作之一。

二、無所不談

與來訪的朋友們瞎聊，是我的一大樂趣也。

「有朋自遠方來，不亦樂乎」。可以說是此刻心境的寫照。雜談的內容，隨着訪客而各有不同。醫生來就談醫生話。不過賺錢的生意話我就不懂了。什麼錢的「倍廻轉」，多少百分比數啦，一大堆數字，對我這種沒有賺錢運的人來說，自始我就壓根兒不懂。常聽說醫生對生意是外行，但仍有醫生與人合夥做生意。結果搞到後來，竟然遭致破產。不得不再重新掛起醫生的牌子。到底隔行如隔山，安分守己，方是上策。

今天星期日，一大早就來了幾位「綠野射友會」的會友。於是話題東扯西扯，談得很廣。這裡頭有警察、宗教家，從事文學哲學的人，當然也有醫生，都是喜愛射箭的同好。

話匣子一打開，房間內煙霧繚繞，不知何時煙灰缸內已經滿滿是煙尾巴和煙灰了。太太清理換上了好幾次，同時也端來咖啡，濃茶和點心等。

「林先生的車子，是自己開嗎？」

不知是誰問起了我最近所買的三手貨的汽車。

「不，想到這一大把年紀才要學開車，還是請司機代勞了。」

「還是那樣子好，在臺北開車子是一門大學問呢。」

「眞的是一團糟。」

「就是因爲不遵守交通規則。」

一個接着一個說了起來，大家都是有車階級，自己開車的人。

「交通警察看來是賣命地指揮，但從來就沒有什麼效果。」

「報紙也登載了好幾次交通改善週，但是仍然沒什麼結果。」

「不，這是因交通警察不夠。」

身爲警察的射友，由陰暗處發言。

「那裡，我們的交通警察的人數是世界第一了。注意看看那些大的十字路口，雖然有紅燈、綠燈設備，至少也站了三、四個交通警察，那個國家會有這回事。」

「他們一心專重視違反交通規則的車子罰款；而對於那些大大方方闖紅燈的人羣，却不予理會。」
「這個，有一段時期倒是處罰了。」
「不過沒有人施予指導。車子還好，而行人不知是不明交通規則呢，或者全然無視其存在。不信的話，請有關交通單位，晚上到中華路的交叉路口，以便服出巡一番，綠燈可以走，當然沒話說，可是一到停止信號的紅燈，人羣依然大搖大擺而過，簡直叫車子沒法子通行。」
「儘管如此，可是車子依然能夠穿越其間而行，實在了不起，外國人稱臺北的司機是全世界第一流，看來是個大諷刺。」
「此話怎講？」
「意思是說在不遵守交通規則的混亂狀態當中，還能夠那樣開車，簡直是表演特技，在他們是做不來的。他們的車量比我們多得太多了。川流不息，然而全部都像機械一般，正確不誤的依照信號「走」就走，「停」就停，車人都一樣，所以開起車子來，也輕鬆愉快，毋需什麼技藝。」
「的確如此，我在西德的法蘭克福時，有一次經過交叉路口，那時候正是紅燈，有二、三個人在雨中撐着傘等紅綠燈亮，綠燈方向的左右均不見來車，但是他們還是停立等候。一直到綠燈亮，方才通行。守法如此。也唯有如此守法，紅綠燈才有其權威。」
「是呀，大家如果尊重紅綠信號燈的絕對權威，就不用交通警察了。紅綠燈本身就是警察了！」
方才說警察太多的人，再次結論般地重覆其主張。
「要是我當了交通警察的局長……。」

他提高了聲音；

「從明天開始，立刻能把交通問題解決。」

「咦，眞的嗎？怎麼解決呢？」

大家都望着他。

「簡單得很，首先堅立紅綠燈以及快車道的絕對權威。發佈一道命令；在快車道上及綠燈時，被車子撞到，車主沒有責任。命令嚴峻，確切實施，那個人不愛性命，自然交通不再受阻，能夠如水流般暢通無阻了。」

我並非專家，但是他的意見好像也不無幾分道理，阻礙交通者，行人確較車子爲多。

「斑馬線也是問題重重。」

有人轉移話題，於是更加議論紛紛。

「斑馬線的權威，相當被人重視。」

「不，因過份主張，反使行人誤解其權威性，因此斑馬線成了交通混亂的死角。」

方才的「交通警察局長」開口辯道。

「怎麼講呢？」

「大家只想斑馬線是行人的權利，無視左右來車，不斷地來回穿越，車子爲之大擺長龍，交通由而受阻。」

「但是車子却常常爭先恐後的衝過行人正在行走的斑馬線。」

「當然那是違規了。車輛停下來，讓人優先行走，才是斑馬線的功用。但是將車子停下來看看，人羣一、二小時不停地通過，對於停下來等候的車列視若無睹，好像說走這兒是我們的權利。」

「其中也有青年男女摟摟抱抱地，邊開玩笑邊吊而郎當的在斑馬線中慢慢的走。」

「敢撞便撞撞看似地，徐徐而行。」

「總而言之，太不像話了，民衆的交通規則教育太差了。」

「在外國，車子一到斑馬線之前，一律立刻煞車停下來。穿越的行人形成一隊，以小跑步通過，然後車子再行馳。如果有人再穿越，則又停止，人們亦結成一隊，以快速通過。」

「那才對呀，斑馬線乃人車共用，如果想作行人專用就錯了。這不是該叫學校教導學生，並且由警察實地指導民衆嗎？」

「今天我們一味地攻擊行人，乃是因爲大家都是有車階級之故呀！」我說。

閑聊終於在大家本行以外的話題中結束。也許這就是所謂的雜談吧！

三、人生的意義

世界性的人類壽命延長，我國也不落後。據最近的統計，我國男子平均壽命已達七十一歲，女子七十二歲。記得童年時，村子裡稱爲阿斗伯、三叔公等人物，留着長長的鬍鬚，彎着背拿着枴杖走路，當時總覺得他們是非常老的人。然而最近在查證之下，方知不過是五十二、三歲便去逝了。

古書曰：「人生七十古來稀」，與現在的平均壽命七十相比，確有天壤雲泥之別。如張羣先生所示「

人生七十才開始」者，亦大有人在。老實說，我也不輸差，並常自稱是「新的人生」之始，並自喻爲剛誕生之嬰兒，以鞭策自己。

爲了要長壽，人們總是探討着「養生的秘訣」。這些長壽者的秘方，偶而記者們會以訪問的形式報導出來。觀其內容，不外乎早起、早睡、不沾煙酒、少吃油類的食物，多作適當的運動等等，也有人說：「根本沒有特別的方法」，眞是各有所言。

當今，人類平均壽命已達七十，實沒有必要如秦始皇帝般地，孜孜研究長壽秘法了。而應心滿意足才對。然而人之慾望，大而無窮。有錢的人還要更有錢，雖達七十，還想更長壽。我們也常在人們過生日的時候，祝福壽星說「希望你能活到一百二十歲」。

平心而論，在我們行醫者的眼光中，長壽並無秘訣。人人若保持中庸之道，遵守孔子「君子思危」的教誨即可致之。仔細思考，最近人類的長壽（平均壽命的延長）並非有甚麼長壽法，而是因爲醫學的進步，傳染病的撲滅，化學療法的進步，公共衞生的發達等等而獲得的結果。住在這樣的環境中，自然會長壽了。

然而，以我個人的觀點而言，長壽並不具有什麼特別意義。當然啦，能多呼吸點氧氣，多看看人間世面，未嘗不是一大樂趣。尤其最近由電視看到月球的世界、金星、火星的情景，眞是一樂也。如果比其他的人，擁有更多的土地，幾棟高樓大廈，當幾家大公司的董事長，擁有億萬財富的話，他所見到的世界或許更有趣吧?!

可是，人一旦死了，大家皆相同。有錢人死的時候，大不了，喪禮不在殯儀館內較小的「福壽廳」、

「懷德廳」擧行。而選在派頭十足的「景行廳」罷了。花環也由庭院排列到路旁，廣場被前來送葬者所乘的高級轎車遮埋。禮堂掛滿高官送來的白色輓聯，也能夠拜託每天在殯儀館哭泣爲業的專家來讀誦祭文，享受熱熱鬧鬧的最後一刻。不過，充其量也不過如此罷了。送葬的人一離開殯儀館的大門，取下胸前的白色紙花之後，你就完全被人們從這個世上遺忘了。遺留之物，啥也沒有，甚至連你的名字也沒人會再提起。這和在路旁被棄踏的花、蟲並無什麼不同之處。像這樣的人生，究竟有何意義可言呢？

人之生，乃人的生命出現於地球之上，呼吸氧氣，然而這也不過是微微片刻，一俟其終了，又將和從幾億年前至今的幾千幾百億億人類一樣，消失回歸泥土。

「吸取氧氣之後消失，那倒也不錯呀！」

當然，這或許是某些人的人生觀，就像幾億億人一樣，倒也無可厚非。然而看看歷史，在幾千幾百億的消逝者當中，雖有大小之別，歷經千百年後，仍然光輝燦爛地還活在當今世上者。如基督、佛陀、孔子，或着重寫歷史的英雄帝王，開拓新世界的科學者、哲學者、藝術者，他們的形體雖早已歸土，但是他們的人生，却依舊活生生地活在當今世上。我常常以這種人生爲目標而自勉，就是要如此，人生方才有意義。

自然，不免懷疑，在有限的生命當中，能否達到先進先賢所完成之豐功偉業，然而，這也不過是大小美醜之差罷了。如『牛頓』所言，從大海撈取一粒貝殼，要比啥也不做好多了。撈取過程所付出的努力，即爲人生意義的所在。張羣先生所謂「人生七十才開始」並非意味着長壽，乃意味着徹底追求人生的崇高意志。在此人生觀念中，長壽的字眼，全然不放入眼中。

更切確而言，追求人生的意義當中，若缺少在大海撈取貝殼的健壯身體，或雖有健壯的身體，而無強烈的意志，則長壽也不具有何等意義。那無異於行屍走肉，不只是毫無魄力，甚至是一種悲哀。

由於我身爲醫生，因此常會碰到如下的事情。

晚上，在診療中，突然聽到門外，有人羣騷動的聲音，不久門開了，只見一個瘦骨嶙峋的老婦人，由一羣中年青年男女，以肩支撐，抬了進來。老人的白髮，剩沒幾根，牙齒全無，嘴唇以及兩頰的肉深陷口中。雖然耄老至此，但是她的眼睛，却以非常期待的眼光注視着我。

「已有半年以上了。就只躺在床上，食慾也少，偶而小便也不知道。」

「多大年紀了？」

「八十六歲。」

診斷後，除了老衰狀態以外，並沒有其他任何毛病。心音依然以八十六年來持續的那個節奏在跳動。

「會死嗎？」

老人雖提出有關死之言，然而她的眼睛却烱烱閃爍着強烈的求生慾望。

「不要緊的。」

雖然這麼說，然而我心中却想「如此的生命有何意義呢，除了連累子孫之外，有什麼人生之意義呢？」得到諾貝爾文學獎金的『海明威』，只因身體活動不自由，乾脆舉槍射喉自殺，我衷心贊成他的舉動。事實上如果不能繼續拾取人生大海中的貝殼，不能在此世塑造金字塔的話，雖然再長壽，人生又何意義之有！

四、讓他隨波向西流

我由於不再擔任科主任，因此我在臺大醫院的工作，便輕鬆多了。但在我自己的象牙之塔的深處，每件事情宛如細胞中的微粒子般的活潑生動。肝癌的化學療法構想，正照計劃進行。唯一感覺悲哀之事，乃是最近一般社會對於醫學的認識，竟然走向邪途。因此本來已能獲救的病患，却因逐次走向歧途，而終告不治。

舉個有關肝癌的例子來說吧！自從一九五四年，我提出肝癌的新手術法之後，陸續發表相關的研究論文，燃炙着解決新問題的希望。大概也因積極宣傳得效之故，那時的病患相當多。一週內總有兩、三個肝切除的手術。方此之時，我的聲名也遠播國際。甚至還到馬尼拉、香港、新加坡各地實際執行手術，而且也有病患遠自馬來西亞、日本來求治。

但是再怎麼說，也抵不過我國「癌仙」的宣傳技倆。他們的宣傳，大膽之至。毫無科學根據，而且誇張已極。一點兒也沒有責任感。以我教授的身份，要我作那種不實的宣傳，是萬萬做不到的。然而最糟的是，對於這些危害病人的不實宣傳，我們這些正當之士，又拿不出一套好的辦法出來反駁他們。

相反地不僅是新聞、雜誌；就是連收音機、電視也冠冕堂皇地大肆廣告「癌症不用開刀，祖傳秘方可治」等等，於是，我的肝癌病患就漸漸地減少了。不用說便是轉到所謂的「癌症專家」那兒去了。最壞的便是最近因有發表了以針灸止痛，並可作痲醉用之後，針灸更被渲染得有使盲者重見光明，啞子開口說話，那樣的治療萬病，都有神奇功效。

「你看！」

有人就藉此機會，把中國古代醫學，大聲叫着是國粹。把它提得步步高昇，甚至有二、三政府要員和有識階級也大力推許，似有「愛好中國醫學」便是「愛好國粹」，更含有「愛國」的語氣。每晚電視的廣告，幾乎全是這類藥品的天下（外國的電視則無醫藥廣告）。說什麼「純中藥」或「含有維他命的中藥」等等，××丸、××散、或着××液，不一而足。有如仙丹靈藥，自由的由民衆販賣。由於賺錢容易，類似的製藥公司，在短短的期間之內，便如雨後春筍般地誕生了好幾百家。說來總將一些來歷不明的粉末或液體中，滲入西醫的特效藥（如阿斯匹林、普烈特林頌等）。然後以科學化的包裝而只要貼上「純正中藥」的標籤便錯不了了。不但銷路奇佳，而且效果也顯著（由於加入西藥的特效藥之效）。眞是不愧爲最佳生意。結果被害人則是一些啥也不知，懵懵懂懂地長期使用混合西藥特效藥的泛泛之衆。須知這些藥品所引起的副作用和後遺症是恐怖極了。（一種××丸的臺製藥品爲美國藥品檢驗局列爲毒品，禁止販賣之後，臺灣才開始發見問題，便是一例）。

正如以上所言，後來到我這兒來的肝癌患者，便日益減少。當我注意及此時，一時也「哦」的頗有迷惑之感。然而回頭想想反正該研究的幾乎也都研究完了。自尋死路，不來的人也就由他去吧。頓然竟有「讓他隨波向西流」的心情。當然有時依然有病人來找我，只是不同於前者，病患幾乎全是發病之後，已有三、四個月，病情每況愈下，已是到無可治救的程度。他們都是被「癌仙」玩弄一陣，無濟於事之後才輾轉來我這兒求治的。

有此一例，病人是從我故鄉來的鄉下人，肝癌病情相當嚴重。診斷之下，發覺還可能施予手術。便吩咐他從速到臺大醫院入院。正好床位不夠，但是他還是很熱心地走訪外科門診處。等了五天，好不容易住進醫院。且說住院的第二天，便突然要求退院。理由是母親不准他手術治療。這可就怪了，要是不准，是該在一週前就不准了，好不容易等到床位，馬上又嚷着要退院，眞令人難以置信。莫非又是……？的確在那陣子，許多肝癌病患才進院一、兩天，還沒開始治療，便又嚷着退院了。以前從未有過這種現象。絕非是我手術的差，我的手術成績應是世界第一的呀！他堅持要回去，我眞無可奈何，也只有答應他了。醫院又不是監獄，要走隨時可以走的。算了罷，逃者何須苦追「讓他隨波向西流吧」，我讓他走了。

一個月後的某一天，這位病人又來了。這回是由家人支撑而來，一見之下，較前大爲消瘦。肝癌也更爲腫大，且擴張至兩側，腹水也出現了。我呆了一陣，望着他的兩眼，他那深陷的眼裡，露出無限的懺悔。他說道：「我錯了，那時候倘若聽林教授的話開刀就好了。才住進醫院，醫院裡頭負責照料的「奧巴桑」（照顧病人的工友）便告訴我說，她認識一位有名的『癌症專家』。許多病人都不用手術，而以他的祖傳秘方就可治癒。（可能介紹一個病人，可以抽到多少錢），於是我便拜託他代爲介紹。第二天便有個留着長鬚，掛着粗框眼鏡，身穿中國長袍的人來了。把過脈後，就說『不能開刀，一開刀藥便失效。』因此，我才退了院。拿了他的藥，依他所囑，將藥和未生過蛋的黑骨鷄，一同煮着吃，並加入蜥蜴的尾巴，連喝一個月，結果才搞到現在這付模樣。」

「被他拿走了五萬元。」

站在旁邊的一位，像是他弟弟的年輕人隨着說道：「五萬元是足夠四個人的開刀費用呀。」好說歹說，也安慰了他一陣。同時我對於癌仙潛入臺大醫院，膽大妄爲的行徑，感到驚訝。更念及迄今不知有多少病患，因而走上斷魂路，寃赴九泉。

總而言之，風氣流往錯誤的方向，是件糟糕而可怕的事。現在臺灣民衆之間，又多了一股歪風，這股歪風也是由「癌仙」之流製造出來的。

即是：在診察過後，不論是肝癌、胃癌亦或乳癌，反正只要診斷爲癌症時，我都會向病患的家人據實以告。

「很遺憾，是癌症。但是看起來，開刀尚有希望，要及早手術。」

「是癌症嗎？」

「是的。」

「那不要手術，一開刀病情反而會更惡化。」

「可是，他的癌症屬於早期，還可以手術呀！」

「不，是癌，就不可以手術。」

「別開玩笑了。就是癌才更要早期手術呀！」

於是我便舉出病例，揭示理論，爲了救助這位病人，把一大堆等着看病的患者丢置一旁，不斷地向其家族說明。但是他們依然不接受。而好像要從危險地帶趕快逃離般地，帶着病人匆匆離去。我呆呆的望着病人的背影，望着由於他們錯誤的醫學觀念，從此將步向死亡之途的這位病人可憐的背影，不禁「讓他隨波向西流」的念頭又出來了。

可恨又可嘆的一知半解的醫學常識呀！有多少人，在尚能救助之際，卻因錯過手術良機，而飲恨歸天呀！他們以為我們是拿起菜刀，狠狠地砍掉他的癌症的。殊不知，我們並不觸及癌，而是遠遠地，從周圍的健康組織，同癌在一起，連根拔起呢。

要言之，正確的醫學常識，對於民衆實在太重要了。特別是以透過新聞、雜誌、收音機、電視等大衆傳播工具，作為手段，實施正確的大衆教育，眞是當務之急。若像現在的放任主義，或產生相反方向的民衆教育，那實在是「夫復何言」，一切都讓他隨波向西流吧！

五、悠閑

昔日師範學校的班上，有位綽號客家話叫「馬該」的同學。他老是一得餘暇，便坐在窗緣擠青春痘，那幅姿態，簡直進入忘我之境。雖是寒冷的冬日，一見到他擠青春痘，卻有花開春暖的感覺。而我這個人從那個角度看來，都屬性急之人。因此所謂悠閑之情，向來也未曾有過。

不過，近來或因年歲的關係，偶而也會在太陽照射之處，彎着背，蹺着香港脚，剝趾頭間的足皮，藉此體會悠閑舒適之樂。

提起「悠閑」，以前也曾被人勸說，想打打高爾夫，因此也添購了半套用具。結果終因學校工作繁忙，全然沒有使用的悠閑時間，最後還是嶄新地讓給別人。其後才參加射箭運動。現在嗎，應可在午後，於高爾夫球場的草地上跑步，或徜徉其間，雖然已具有這般身份但因不是會員，打球也不那麼簡單。據說打一次球要八百元。若想成為會員，還得繳出六、七十萬，眞是嚇死人。

結果最後還是和太太，爬爬毋需花錢的山，順道到高爾夫球場的自助餐廳、喝杯咖啡，眺望窗外廣大的草地，大不了如此而已。

「林先生，打完球了嗎？」

經常會遇到朋友這麼問，大概爬山和打高爾夫的裝扮無啥相差所致吧。

「不，我是來打『咖啡』的呀」。

每次我都這般笑着說。每當望向那一片綠地，我總會想到那計劃已久，但又不易付諸實行的所謂「高爾夫射箭」(Golf Archery)或「野外射箭」(Field Archery)。身為中華民國射箭協會的理事長，對於射箭運動的發展，我有責無旁貸之感。

提到「射箭」，大家頂多只是想到昔日孔子所強調的六御，「禮、樂、射、御、書、數」之中的「射」了。然而射箭是一項新興的運動，八、九年前我也是不知弓為何物。如前所述，我是想做一些運動，因而買了時下最流行的高爾夫用具，但又挪不出空暇（那時連星期日也工作），所以最後便把方向轉到射箭上去了。練弓一個人便可以自行為之，不受場地和時間的限制（甚至在家裏也可以），隨時都可以來，這一點倒是深投我心。

最初，我和基隆老先輩彭先生學習「和弓」（日本長弓）。和弓講架式，姿態要莊嚴泰然，而後把弓由上往下拉，拉得滿弓。論其架式和拉弓的動作，的的確確嚴肅。難怪日本人不稱「射箭」而謂之「弓道」。稱之為「道」，確實有其神秘性。但當箭「啪」的一聲一離弓，便搖幌飛射出去而落地，射出之後，謂之「殘身」的架勢依然有其莊嚴性。差得只是箭一向是射不中標的。

當時，我常用和弓與持用西洋弓的其他會員比賽。不消說，這好比機關槍和刀劍相鬥，自無勝望。恰巧那時節，有位美國的許瓦茲教授（Prof. Schwartz）來臺北看我的肝癌手術，也見到我星期天的比賽。當下便告訴我，回去之後，要送我一把洋弓。後來果然寄來了一把強勁有力的美國製「熊牌」洋弓。從此以後，我便開始學習洋弓了。

洋弓就常能射中目標，我使用那把洋弓，已有七年了。如今每天依然要練習兩個小時左右，心平氣和，「啪」的一聲射出，多能穩穩射中目標。「咚」的射中之聲，心底會湧起青春的感覺。不過，終究是老骨頭一把，無法和年輕小伙子較量。那些由我一手教導的學生，曾幾何時都射得比我準確哪！

總之，射箭、繪畫或寫文章，都沒有手術亦或手術後處理病患的那種緊張，因而身心得以輕鬆愉快。雖曰悠閑，但是每天早上七點，我便自然地張開眼醒來。如今星期天已得休假，所以洗過臉後便上樓。在三樓的陽台，種植着玫瑰、杜鵑花、蘭花、月下美人等花木，這兒並有一對日本朋友所贈送的柯卡種的小狗，雄雌各一，名叫「咪咪」、「嘰比」。向來照顧花和小狗是太太和佣人的事兒。我一次也不曾上來看過。

「花兒開得這麼美麗哪。」

在上班前的早餐時，常看見太太把大朵大朵的紅白玫瑰揷入餐桌上的玻璃花瓶裏，由於工作接踵，煩身煩心，當時眞也沒有那份閑情登樓賞花。

從小我便喜愛動物和花草。至今猶依稀記得三兩事。小時候，三張村的家裏，飼養了一條叫「波奇」的小狗和另一隻貓，平時貓犬相遇，總是不免一場吵架，而我家的貓狗雖不致於相親相愛，但是你行你的獨木橋，我走我的陽關道，互不干涉，倒也相安無事。我一出門散步，猫狗則一前一後，跟隨而來。當我在桌前寫字時，「波奇」便坐在椅子旁，貓兒則跳在桌子上，蹲在我面前，或者趴在我的背上，瞇着眼睛，咕嚕咕嚕地喉頭發出聲響。

我常和「波奇」玩耍，牠眞是我的知己。喜愛孤獨的我，在村上幾乎沒有什麼朋友，經常獨個兒在田埂上行走，在檸子的樹幹尋覓着吹出黃色木屑的洞口。用鐵絲挑出躱在裏頭的小蟲。有時也用鍬鋤草。那時候「波奇」一直是我的好伴侶。

因爲家住在農村，祖母和母親要養猪和鷄鴨。每到黃昏，把外出田圃覓食的鴨羣趕回家的事兒，常是我的任務。我一邊揮着長竹竿，踏在水田的泥中，兩頭跑着追趕鴨羣。明知歸途在前，牠們老是「咯——咯——」地轉頭啄翼，相互逐戲，或繼續覓食，實在很不像話。

我也很喜歡撒米給雛雞吃。在院子裏一蹲下來撒米，雛雞們立刻離開母雞，跑到我這兒來。啄食撒落地上的米粒，甚至還爬上我張開的手掌上，合掌將牠抱起，小小軀體上的雛毛，在我的掌心中溫熱地掙扎，兩隻小脚徒勞無助地在空中擺動。母雞吃驚地豎起脫了毛的尾部，張開又大又黑的翅膀，擺出一副準備以襲擊奪回孩子的模樣。

我每天都要瞞着祖母，把手伸入米桶，撈一把米撒給雛雞吃。時日一久，只要在庭院一蹲，牠們自然會跑過來。而且也大膽的，在我的周圍或手掌上嬉戲。經常趁勢向牠們握，或一摸，但牠們都不怕了，雛雞漸漸長大成小雞，而當中就只有一隻小雞，和我非常親密，儘管牠已大到足以當爲母雞，然而一俟我蹲到庭院，依然會跑了過來。

啊！眞懷念那隻小雞哪。在村子裏的一次大拜拜時，聽到媽媽要殺雞，我曾大哭反對。

「這並不是那隻雞的肉呀！」
媽媽再怎麼勸，說什麼我也絕不吃當天的雞肉。
這都是我少年時代的回憶。如今長大成人，也當了醫生，進行大膽的手術，雖說在血泊中做着手術，可是我的神經卻依然是纖細柔弱的。
時至今日，我和動物還是很容易親近。三樓的「咪咪」和「嘰比」，現在已成了我的好友，每當聽到我的聲音，必定會發出奇妙的叫聲。
在悠閑中，今天早晨我也上了三樓。門一打開，牠們都爭先恐後地撲跳過來。將手一伸出，牠們馬上把前脚踏在我的手上。張開口，舌頭伸得長長地，雖未長跑，胸部卻也「呵呵」的喘動，一副高興得喘不過氣的模樣，眼睛也閃着快樂的光輝。輕輕拍牠們的頭，揑揑牠們的鼻子，「咚咚」地打打牠們的胸部，然後走到陽台。新鮮的空氣，迎面吹來，透着花香。陽台的四周，綻開紅、黃、白色的玫瑰花。回頭一看，「咪咪」已站在我常抱牠的地方，躍躍欲上。用一雙乞求的眼光看着我，於是便將牠抱了起來。接着「嘰比」也尖叫求著要抱，於是乎將牠也一同抱上陽台一角。兩隻都乖乖坐在那兒，還是張開嘴巴，吐着舌頭「呵呵」的吐氣。
我向鄰家的庭院望了望。鄰家有一頭狼狗，今早也是被栓綁在檳榔樹幹，如往常一樣，用後脚站立，前脚懸空成拜拜狀。這條狗夜晚時鬆綁，但由早上七點到晚上十一點左右，總是用一樣三尺長的鎖鍊綁在三尺見方的世界中，焦躁地反覆作着拜拜的動作。好像受不到好的照顧，看來有點營養不足。像那麼大的狼狗，應該色澤光滑而且強壯，但是不知是否瘦削之故，卻顯得身軀過長，同時毛也粗而無光澤。

「喂，咪咪，嘰比，你們可眞幸福哪！瞧瞧那個同伴吧。牠到死也只知道這方寸之地。而你們卻到過外雙溪散步。見到山野、溪水和田園。還聽過白頭翁和孩童的叫鬧聲。」

我在心頭這麼說道，一邊也輕輕拍撫牠們的頭。牠們是否明暸我的感慨？牠們竟然收起舌頭，深深地嚥下口水。

「你早啊，李先生，把狗鬆開吧！」

正當那時，鄰家門戶恰好打開，於是便對出來打太極拳的鄰居主人這麼說，他抬起頭看我，說道：

「喔，是林先生嗎？你早，這條狗才剛綁上的呢。」

我知道七點鐘左右，女佣人才將牠栓上的。我也知道從現在到晚上十二點，這條狗一直不會安份的。

「唉啊，放開牠吧，讓牠曬曬太陽。」

我揉着「咪咪」的耳後根，一面說。「咪咪」瞇着眼兒。李先生照我所說，把狼狗鎖鍊解開了。瞬息之間，瘦狼狗便不知跑往何處，不見蹤影了。

「喔伊，雪拉！雪拉！」

那條狗也有名字哪，「雪拉」被主人一叫，尾巴挾在兩隻後脚之間，悄悄地躡靠過去，就在主人搔着牠的頭之際，又不知跳到那兒去了。不久，屋內傳來鍋子的倒翻聲響，突地又聽到李太太大叫：

「這隻野狗！」

原來「雪拉」不管主人的打招呼，正在忙着尋掘食物呢。這時，我帶着「咪咪」、「嘰比」進入房間。

六、尋求靈感

因各色人等的不同，性格的差異，因而興趣也各有不同。以我而言，我是太過於心細膽小了。

「林教授，你又是心臟開刀，又是肝臟切除，與英雄豪傑無異，大概沒有什麼可以叫你害怕的吧？」

「喝起酒來，恐怕也是海量吧！」

宴會時常被朋友如此發問。

「那裏，那裏，我連一隻蚊子都不敢打死牠哪。」

事實如此。我看到女佣人對着窗玻璃，把迷途進來而亂撞的蚊子或蛾蝶，「啪」得一聲拍爛，心中都會有所感懷，覺得心軟絞痛，如遇到這種情形，我必定打開窗子，趕牠們出去，甚至心底還會說：「再見，別再來啊！」

這種對我錯誤的看法，過去我在當外科主任時，也常有此經驗。那時，經常有望子成外科醫師的學生家長來拜託：

「老師，拜託你，我的孩子現在柔道四段，劍道三段，拳擊也有一手，我想最適合當外科醫生了。請老師務必提拔提拔。」

如此再三強調孩子的豪勇，希望一定成爲外科醫生。這門是「宰割人」的生意，自然非英雄豪傑莫屬。家長的這種謬誤的想法，便同樣地誤認我是「宰割專家」之類的豪傑之士。

然而，同樣是「割人」，卻不同於因爭吵而殺人之人。外科醫生卻是以救助人們最寶貴的生命爲目的而動刀的。外科醫師如以豪勇方式，動起刀來，那就不得了了。

外科醫生要有獅子般的炯炯雙目，膽子要大，但是心腸須如菩薩般的慈悲，而手又非如女性般的溫柔纖巧不可。這都是作爲外科醫生必要的重要條件。用一雙打拳擊般的粗魯方式，抛起出胃、腸、肝臟等的話，實在難以稱得上好的外科醫生。

我的本性，與我母親同樣的纖細。童年時，就喜歡和貓狗親近。雖然語言不通，心中卻一直交談着。還和雞玩耍，趕鴨羣赴歸途，捕捉蝴蝶、螻蛄、小蟲。也曾撐著傘，在大太陽下長久注視着横越乾枯的田野小道，成行成列來來去去忙碌不堪的螞蟻集團生活。並常置放一些餌物或危險物，觀看他們的反應。那時，法布雷（Fabre）的「昆蟲記」，是我最喜愛的讀物。

也因此，使我習慣性的，在平常的散步中或者到任何地方，對於遭遇的自然界，連一塊小石頭，一朵野花、一隻小蟲、狗、人，甚至拂面吹來的風兒，都會令我浮起一股鋭敏的感傷，或帶給我許多靈感。靈感有時候是屬於科學的，但也有屬於美感和詩意的。科學性的新創意浮現時，便立刻掏出口袋裏的紙片，備忘記錄在上頭或名片的後面。屬於美的感傷，就片片段段的寫成紙片，或寫成詩歌（和歌）。否則過後便會忘掉哪。口袋中的那些紙片，我稱它爲「速寫本」(Sketch book)。

靈感常在步行之際，行走之頃，或吃飯之時，泉湧浮現。此時我就像拾取海邊的美石貝殼般地，一一汲取。爾後重看，大多數是無用的貝殼，眞正需要的極少，但是我還是不斷的盡量汲取。

經常也爲了尋求靈感，到各處去走走。不時獨自一個人，步行於樹林綠蔭的山道。傾聽空谷鳥語。或是坐在街頭咖啡店裏，選個由玻璃窗可以看到馬路和走廊來往人羣的座位。獨個兒在香煙繚繞和咖啡芳香的籠罩中，期待着靈感的來臨。

由瞬間的靈感所獲得的結論，不一定全是正確。就是當時認爲對的而且極佳的看法，也常會隨着靈感的發展，而有不同的改變。不過，這也無妨，最主要的，就是不斷地追尋靈感，使得一切得以進步發展。

七、回憶

人到了年紀，難免會回想起年輕時代交往的女友，自己的父母親，經歷的冒險犯難等等。擅於文筆的人，即以此爲題材，寫下美麗的散文、詩歌和小說等等。『邱吉爾』等叱吒風雲的大人物所發表的回憶錄，是貴重的歷史文獻。『盧騷』(Rousseau) 的「懺悔錄」，啓發了「回歸自然」的思想，導致法國大革命的萌芽。『朱自清』的「背影」，則是一篇回憶父親的感人散文。

敏感纖細，而富於感傷的我，到了這樣年紀，更容易陷入回憶之夢。年輕時，由於工作，忘却了美麗的自然和自己的四周事物。如今總算得有半自由之身，擁有自己的時刻。慢慢地回憶起昔日的一切，更是增添一份難以言傳的樂趣。

最美的回憶，乃屬於少年時代。那是永遠不再來臨的天眞年代。與當今女兒們在惡補之下，死背所謂「常識」課程，實是相當於高中程度的歷史、地理、博物的小學時代生活相較，她們實在太可憐了。她們如果眞有少女時代的回憶，也不過是一片灰色的空虛而已。

少年時代，我和祖母、母親住在鄉下。家中雖不是道道地地的農家，但是擁有一個小橘子園，還養着猪、鷄、鴨等，所以也稱得上半農民了。

竹林的這一邊，是條村道，旁邊有條小河。對面是一片廣濶的稻田。當然不是我家的，而是隔壁阿斗伯和三叔公等人的水田。一到了割稻的時候，田裡就會熱鬧一陣。當時並沒有像現在的「打稻機」，能把割下的稻放入「打稻機」中，用脚一踏，稻穗盡落；而是將稻子一束束地把起來，在空中擧得高高的，然後打在一個用帆布圍起來的大桶子，使稻穗掉落進去。因此掉落在外頭的稻穗還是不少。田埔上到處都有落穗和稻子。此時檢取掉落的稻子，便是我們孩童最快樂的時光。尾隨在我們後頭的，還有啄食落穗的鷄羣，公鷄、母鷄和小不點兒的小鷄。有時公鷄會追逐小鷄繞圈子，還彼此打架。抬頭一看「嘎」了一聲，便是由小河岸邊滑邊爬上來的鴨羣，「嘎——嘎——」的叫，伸長頸子，昂首侵來，無視鷄羣的存在。牠們也是來分享落穗的呀。

前頭，由鄰村趕來幫忙的田庄兄哥們，對於我們孩子在後邊玩鬧，管都不及管，汗流夾背地拚命割稻。一邊兒也交互談着昨天輸掉的賭博和村角雜貨店阿香的謠言。手上發出刈割稻根的「刹——刹——」的聲音。有時，公鷄像計時錯誤似地，却在後頭「咯該咯咯——」大叫，拍打稻穗的聲音，一直不絕於耳地在天空中廻響。在青靑的低空之處，蜻蜓悠然自若地，或快或慢，上上下下飛翔。

割稻的季節，田中無水而成旱田。然而當揷秧播種之時，柔嫩新綠的幼苗，縱橫排成一列列地浸浴在水中，這時又成了水田。此時，我們又期待着另一樁樂趣，當時尙無化學肥料或殺蟲劑等，所使用的是豆餅和人肥，因此在水田之中，另有一個生命天地。

在旱田經過耕犂而成平坦的水田之後，也不知來自何處，從何產生，反正只要一把手揷入柔軟的水田泥土的小洞之中，常常可以從裡頭抓到鱔魚，有時蛤仔和田螺也會在小小的裂縫洞口中露出半身。在圳道深處，或水積較多的田圃角落，時常還可發現大肚魚羣游來游去。把牠們追趕至死角，再用竹簍撈上來。這時帶着有卵的肚子顯得又大又白的大肚魚兒，就在竹簍中亂跳。母親就把牠們煮給我們吃。入口時的可口美味，現在只要一想起，就會垂涎三尺。

我家門前，有條灌溉用的小河。重釣於此，也是我少年時代美好的回憶之一。莫非第二次世界大戰時鬧糧荒被人們吃光，怎的現在連隻烏龜影子也看不到呢。在那時候，鮒魚是不在話下，「土鯰」「姑呆」也常可釣着。我們的釣法十分獨特，並不採用釣鉤，而是以長線將幾十條蚯蚓如珠聯玉串般地一起穿通，再把這條蚯蚓線重疊作成幾層，搓成蚯蚓球而為魚餌。不知是餌兒可口呢，還是饑腸轆轆，總而言之，那兒的鄉下魚羣全部一擁而上。一咬住蚯蚓球，便萬刧不復了。

偶而，感覺重有異時，多半是被餌兒釣起來的一隻頸子伸得長長的烏龜。也曾有一度，感到拉曳力特強，費了九牛二虎之力才將它拉起來，只見長長的一物，在空中拋了個弧線，掉落到後頭遠遠的橘子園中。

「啊，是鱔魚！」

幼小的心靈，雀躍不已，拼命的跑了過去。靠近一看，涼了半截，躺在地上的竟是一條伸得長長的水蛇。

家裡雖非道地務農，但是也和一般貧苦的農夫們相同，屋子裡的柱子、脊樑全是木造，牆壁以竹編成，其上再塗以泥土，屋頂則舖以茅草。不過我家是蓋在高出一層的地面之上，又由於父親的喜愛，種植了許多蓮霧、龍眼、柚子樹，還有綻開的紅花和不知名的綠木等。自村道而至家裡的通道兩側，則密植灌木。祖母每天早上都要將它們修剪得又直又漂亮，形成了一種自然的綠色圍牆。因此較之其他農戶，我們的家眞是優雅而且氣派多了。

十歲之前，我一直跟隨祖母和母親生活。以後，因爲上學的關係（那時我從臺灣人的二重埔公學校轉到新莊的日本人的小學校），只是偶而回來，因此幼年時代的回憶，可以說是一派天眞。對於大人們的辛苦，幼小的心靈無從知曉。有的話，只是有一次母親得重病時的回憶。夜晚，油燈和蠟燭都點燃，微暗的祖廳（供奉祖先靈牌和佛祖的廳房）桌前，村上年輕的男子，裸着上半身俯仰着，一旁，平日常講古「三國誌」給祖母和母親聽的三叔公，那天則是一臉嚴肅。一面用口吹着好像就要熄滅了的長卷筒銀紙一端的火勢，一面唱歌般的唸着一些奇怪的話兒。昏暗靜寂的廳房裡，只有三叔公低沉的聲音，和燭光反射下的金色佛像，顯得格外觸目。不久，桌前黑色的影子，微微搖動。不一會兒，隨着三叔公聲音的提高，由輕輕微動變成敲打桌子的激烈震動。震動的影子，便是一直俯伏着臉的村中男子。最後，他搖幌着頭部、曲彎着身子、雙手拼命敲打，幾乎要把桌面敲破，同時發出撕裂空氣般的奇怪聲音。

「基拉庫魯、庫魯基、庫魯庫哇！」

「啊，是嗎？東南方向嗎？」

三叔公的聲音。

「卡拉梭，卡拉基，基拉庫魯庫魯。」

「知道了，是傷到五臟。」

「索拉庫庫魯庫，基拉柯庫庫。」

「要拜鬼神，什麼？」

「索基索斯庫魯。」

「哦！要拜三天。」

飄着油燈煙味的充滿陰氣佛像之前，兩個人持續了一段莫名奇妙的問答。不知是否已得了結論，突然三叔公的聲音，又變成方才沉穩的唱調。緊跟着年輕人瘋狂般的粗暴動作，也隨着安靜下來。祖母兩手合掌作感謝狀。年幼的我，只有站在暗處，睜大眼睛，將食指含在口中，默默地一語不發。

村上的人，從那個角度說，都是純樸而幼稚。其中也有窮得沒有牛隻的人。時至今日，猶能清楚的記着有一個叫「姑呆」的男子。他雖擁有祖先遺留下來的二分地水田，但除了一把鍬子之外，耕田的農具啥也沒有，牛隻更不用談了。鏟平土面，用的是那把鍬子。引水入田之後，他自己便成了牛隻。像個泥人似地用鍬子鍬地，手脚齊用壓平地面。汗水和泥土，使他看來就像頭可憐的小牛。由於好奇心的驅使，早晚只要一想到，我便跑到村道上去觀看一番。每次在田中，都可以看到他那個和田土奮鬬的滿身泥姿。

一到颱風季節，村上就顯得格外緊張。連「姑呆」也趕緊回到家裡，人們忙着用大繩索綑綁茅草屋頂。然後將繩頭的兩端深深打鑽入地，免得教強風吹走屋頂。我們家也虧得隔壁三叔公等人幫忙，綑上四條大繩。繩索的後端綁在橘樹園，前端則綁在前院斜斜地打鑽地上的棒子上。

厚厚的前面大門，除了裡頭栓上橫柱之外，還用沉重的桌子作後盾，再用粗木支撐。

颱風將來的兩、三天，謂之「放雨白」，普通總要不停地飄落一陣子，時晴時雨或陽光含雨的怪天，當它一過後，風雨立即加強。風聲鶴唳，灰色天際的竹林末梢，偶而被吹得狂擺搖撼，強風肆虐，有時整片竹林幾被吹折成平地，大門更是霹靂霹靂震撼作響。

自暮之時，洪水開始泛濫。由窗隙望去，水田已成一片汪洋。大水一寸一寸地越過路面，進到前院。不久竹林，以及有灌木的庭院，也漸漸成爲汪洋世界。這時，洪水便正式來襲了。

今天淡水河已有堤防，大洪水已少之又少了。但是在我少年時代，幾乎每年都慘遭大洪水的肆虐。一到傍晚，水便進入屋內，水位從地板上，沿着牆壁，毫無聲響地，畫着水平線逐次上昇。桌椅之脚，好似被吞噬般地漸漸沒入水中。

到了翌日清晨，我們差不多都把長椅子搬到床上，坐在上頭，水位已高到床緣。我們孩童，已不能下來了。有時會聽到後頭，像潛水艇一樣，把鼻子伸出水面的豬羣傳來悲鳴。不知是否要溺死了，床下小魚兒游來游去，眞想釣釣看，不料，却看見水蛇慌慌張張地往一頭游跑了。

「東風來了，已無大礙了。」

聽到正在後頭，沙沙作響忙着救出遭溺的豬、鷄等出險的祖母這麼說。的確，方才一直由遠處拖着長尾巴，長驅直入，幾乎要把大門擊潰的強烈颱風，已有改變方向，漸漸遠去的模樣。我們小孩子都有此感覺。

颱風過後的樂趣，要屬水退之後，撿拾水田裡的流木，掛在道旁灌木的落花生，以及竹林裡被打斷而掉落在地面上的竹筍斷片。

小脚浸在尙未全退的汚水中，稱爲忙着拾撿流木以及落花生等等，倒不如說是去玩水來得恰當。颱風過後的光景，可謂落花流水，狼籍不堪。竹林七倒八歪，樹木傾覆，甚至有連根拔起，倒在地上。也不知何處飛來的樹枝、樹葉，滿滿地堆積在洪水退出的低窪處。

猛烈的強風已無影無蹤，一切宛如爆炸後的廢墟，萬籟無聲，灰沉沉的空氣，動也不動似的。

偶而，何處畫眉鳥高鳴，如陽光投射，沉鬱的人心乃爲之舒展。

往事如煙，少年時代的回憶，像夢一般。那是多麼美麗的片斷啊！

第四章　有生之日

一、滿弓待發

十一月，臺灣醫學會結束。此時，外雙溪山脚下的蘆葦開始吐出紫紅白色的花，秋又來臨了。再一個月就是一九七六年。即是我計劃中大活躍的一年。前天，東京女子醫科大學外科以山村教授爲首，共有十九位教授、副教授、醫局員等一團來訪。看來我所預定的活動要比想像的來得快呢。向來，外國訪客，多是來此地演講；而這一團卻是特地來聽我演講肝癌手術法的。講演、放影片，再加討論，前後共花了兩個小時。他們深爲感動，演講過後，並由山村教授贈我紀念品。此爲我心覺得幸好我及早自掏腰包，購買十六厘米的電映攝影機，使我的三種新手術法，得以精彩地攝成電影。一九七五年七月，在新加坡大學擔任客座教授時，在國外發表，這回讓日本訪客觀賞，可以說是第二次對國外人士的發表了。用此影片，向國外宣傳我的新手術法，是一九七六年之後的預定計劃。

換句話說，準備於一九七六年一月十一至十六日，在印度孟買的「國際熱帶外科病學會」，以及二月初旬在黎巴嫩貝魯特的「美國外科學院黎巴嫩分會」做演講及發表這些影片。這些會議，事先早就收到了邀請書，我的準備，也完全妥當了。緊接的，又是五月二十三至二十七日在新加坡召開的「第五屆亞太平洋區消化器學會」以及希臘雅典舉行的「國際外科學院」，這兩個會議竟是同年同月同日舉行，所幸我的影片七月時，已在東京拷貝，所以屆時，一部可留在新加坡，另一部可由我本人携往希臘，準備作 Retro-gradle resection of hepatic lobe for extensive cancer of the liver 的演講時，同時發表這三卷影片。

說起來，眞是不可思議，雖已老朽，老天總是保佑着我，例如，狠下心買下來的十六厘米（不是八厘米玩要用的那一種）的攝影機，不僅完成了我的影片的攝製，而且無心之中拷貝的影片，使我在一九七六年五月的同一天，能在兩地的學會中同時發表。宛如命運使然，老天並未遺棄我，我深深地相信。

蘆花完全轉白。河邊和山麓，蔚爲一片白色時，我的旅行準備也完成了。我計劃一九七六年一月四日啓程去香港，在那兒取得印度的入境證。一月十日再往孟買。二月的黎巴嫩貝魯特之行，很遺憾的，由於當地的回教和基督教突然發生宗教衝突，引起內戰，而令我不得不告中止。

步行於秋高氣爽，蘆花盛開的山路上，旅情自然高張。今天心情輕鬆，我便到外雙溪朋友家去射箭。拉滿弓身，沉住呼吸，凝視一下，晴空萬里無雲，蔚藍天空中似乎蘊藏着無限的知識、無限的欲望和無限的誘惑。我緊閉雙唇，丹田用力，雙脚穩穩地站定。周圍的草叢中，傳來深沉的蟲聲。我停止呼吸，「啪」地放開拉得滿滿的弓身。閃亮的鋁製箭矢，像白腹的飛魚般地穿過空氣，正中目標，是十分的滿分，我繼續放矢，幾乎都射中紅心。

一切都OK。我雖非宿命論者，但對自己的計劃，總覺得「此行必有斬獲」。山兒看來更加青翠，白色蘆花的周圍，令人感到春的氣息。

射完了，我繼續登山，走着，走着，昨日的感傷又在心頭徘徊，昨日是我六十三歲的生日。提起生日，不免憶及童年時候，媽媽總會送我烤蕃薯吃。後來我因爲學校、事業和經濟的關係，究竟作過生日沒有，倒沒有什麼鮮明的記憶。印象中，生日時，熱鬧非凡，氣氛熱烈，痛飲黃鐘，也是經濟情況好轉的前幾年前的事。這些年來，我已無興趣作什麼生日了。自然覺得浪費也是原因之一。但總感到那是一種不值得狂歡的熱鬧。試想想，好像一步一步爬上死亡的階梯，還要欣喜若狂，未免太蠢了一點。我要忘却歲月，才於幾年前取消了所謂「祝壽」。然而，你雖欲避壽，日子一到，蛋糕、猪脚、麵線、酒、鮮花、賀卡等等總是源源湧到。即使你穿得衣衫襤褸，不要作壽，依然讓你感到無緣無由地又長了一歲，又向死亡邁進了一步。

昨天也是一大早，就有花兒和種種禮物送到家裡來，只是我昨天的感傷又有不同。坐在常去的咖啡店裡，聽到播放聖誕節歌曲，驟然令我感受到另一股別具意義的強烈興奮。我終於決定不再徘徊了。我決定一九七七年退休之後，步入一段嶄新的人生旅程。在有生之日，在那段新的人生中，建築一座金字塔。咖啡店的聖誕歌聲，彷彿在祝福我的新生，那份感傷，即使行於山路的現在，也還鼓勵着我。青空清澈，蘊藏着我的無限的希望。

「人生轉捩時日，蒙受祝福之歌，欣迎重生臨至，只因一元復始。」

二、第一站——孟買

寒流一過，一九七六年便來到了。活動計劃中的第一站印度之行，遂訂於一月四日出發。我和內人都有一點兒緊張。

那天，天氣大晴，抵達香港，雖然凜寒，但是天空由臺北來一直是晴朗蔚藍。自一九五〇年以來，我來回香港已不下十數次了。因此也沒打算特地要到那兒觀光。在此除了去照像，以申請印度簽證之用，同時到航空公司更改機票之外，還有相當充裕的時間。

分爲好幾段的香港摩天樓街道，映着藍色大海，與山上散佈的高樓，共同沐浴於太陽光中，閃閃發出白色的光輝。高樓日照的反面，蔭影深深，更把高樓襯托得更有立體感。

香港九龍之間的海面，深藍依舊，幾艘飛輪渡船，忙碌地畫着白波穿梭來回其間。

只要兩毛錢就可以搭上視野良好的頭等艙。這些飛輪本來是上班人們重要的海上交通工具。但對我而言，却是很好的遊覽艇。兩毛錢的確很便宜，花兩毛錢由九龍渡海到香港，不登陸而原艇折返九龍，再反覆一次享受海上美景，才於香港上岸。登岸後，找個咖啡店坐坐休息，然後再以二毛錢搭上飛輪，來回幾次消遙海上。就這樣，只要四毛錢，就可以在輕搖的船上，迎着拂面的海風，看其他飛輪的乘風破浪，以及以馬達操作的大小中國帆船，徘徊低飛海面的海鷗，以及眺望對岸像白岩石般的摩天大樓等等，海上觀光眞是趣味無窮。

這次我也是這樣地消磨了在香港的時光。

印度航空，飛往印度的時間是午後五時。由此，向西飛行，連同這趟，已是第三次了。我却一直不太喜歡這條航線。因爲飛了老大半天，天就是不亮，在機上也不知是晚餐或早餐，吃了好幾頓飯，全然在黑暗中飛行。此航也在途中，停了三站，好不容易於當地時間午前一點半左右抵達了孟買機場。

人稱國際機場可謂一國的國門，的確深具同感。孟買機場的骯髒，雜亂和貧乏，實在太差。辦事的印度官員服裝，一眼看來，正像我們的清道夫。其辦事能力之差勁是有口皆「悲」。有些排在後頭，等得不耐煩的外國旅客，故意像廣播般的放大聲音，尖酸地出言，諷刺挖苦。

走出機場，我和內人坐上計程車，在黑暗之中駛向雪拉頓大飯店。

「這是一座名橋，有四公尺寬。」路上，剪着一頭短髮的黑印度司機，開口向我們說明，口齒不清的英語，不易聽懂。順其所言，往外一看，不知是否因爲黑暗之故，也看不出有什麼特別稱得上有名之處。

「你們是第一次到孟買嗎？」司機問。

「是的。」

此言一出，方覺大錯，沒有半個人影的三更半夜，一但知道初次的外來客，要把我們載往那兒，如何對待，誰也無法知曉。

「是第二次哩！」應該這麼說才對。至少能冲淡他的邪念。我一面後悔，一面張大眼睛，注意他的態度以及行駛的方向。

車在大道中，以六十五公里的速度疾駛，約經四十分鐘後，進入住宅地區。依然是寬濶的大道。到這時，我才鬆了一口氣。車由住宅區漸漸往向街道，街道兩旁都點着路燈。

在街上又駛了大約三十分鐘，才到雪拉頓大飯店。沿途，看見路旁，擺着好幾個像蓋住死人的白色長形物體，不禁大吃一驚，其後才知道，原來是無家可歸的人，直挺挺地躺在路旁過夜呢。

「雪拉頓」是建在海濱旁的，一流國際大飯店。沒有計程錶的計程車終於把我們載到這兒。心裏想，這次恐怕要被他敲一筆了。

「三十盧幣」。

他說。三十盧幣相當於新臺幣一百五十元，行駛了一個多鐘頭才一百五十元新臺幣，總不致於是被敲吧。這位司機，是個老實人呢！我另給了兩盧幣的小費。他顯得非常高興。我一路上還警戒着人家，眞是以小人之心，度君子之腹。

關於計程車費，由飯店到孟買醫院也經常是三盧幣，有感於當地人的誠實無欺，有次向朋友提起這件事，他却說：

「能進入大飯店和機場的司機，全都做過履歷調查，辦有許可登記，你在別處坐坐看，外來客相當危險呢！」

我們的房間在第三十三層樓。由此遙望星空，彎彎的下弦月正掛在窗口，使人極易產生錯覺，以爲是隔壁天花板的電燈。翌晨天亮一看，下面即是海洋。海鷗點點，海邊的這家飯店或因太高，看不見下面的街道。海洋被白色的海灘，像一條首飾般地環繞着。晴空萬里。沿着沙灘的對岸，摩天樓閃閃發光。恍如尼斯海岸（法國），美極了。我對內人說，眞想像漫步於「尼斯」般的，在這海岸走走。

第二天一月十一日，天晴，比起臺北、香港來，要溫暖而舒暢多了。雖然得先向移民局報到，但是因爲恰逢週日，便先偕內人到醫院的會場。孟買醫院，是一家私立綜合醫院。其規模並不亞於臺灣的市立或省立醫院，只是周遭一帶，連街道都是亂糟糟的，低階層的民衆，比比皆是。

正欲向穿印度服裝的服務台小姐報到時，突然有位像接待員的先生，一面催着我們，一面帶我們去會場。會場已坐滿了人，正擧行開幕典禮。我和內人正想找個空位子坐下，那位先生硬拉我往台上貴賓席去。只見大會會長德沙博士(Prof. De Sa)，一些政府首長以及南非的巴納特教授，英國的勞萊教授(Prof. Lurie)，慕興教授(Prof. Mushin)，艾克曼教授(Prof. Eckmann)等都坐在那兒。貴賓席上似乎早已爲我安排座位。因爲椅背上貼有 T. Y. LIN 字樣的白色紙張（圖二—2）。不久，有個人爲我套上長長的花環（圖二—3），同時照相的鎂光燈，一閃一閃地到處發亮。接着是來賓介紹。隨着介紹詞，來賓要一一起立答禮。我便以合掌拜佛般的印度禮作答。在熱烈拍手的會場中，有外國人及日本人，但大多數是印度人。印度女性穿着印度特有的服飾。並在前額點了個紅點，體格柔美，普遍地臉面輪廓姣好，配上不太顯眼的印度男性，可眞有點可惜呢。

開幕典禮那天的黃昏，有孟買市長的歡宴，但却只有橘子汁一杯，就在不斷的祝詞和花環套頸之下結束。雖然請來兩、三個歌星助陣，但也是冷冷無奇，令我嚇了一跳的是，突然有個着工人裝的男子站了起來，以爲是修理麥克風的工人，那知他却放開大嗓子，唱起歌來，原來他是位歌星。他們的穿着眞是乏善可陳。不過，聽說有錢的人相當有錢哩，住在雪拉頓大飯店的印籍旅客婦人，幾乎都穿着高貴的服裝，她們只用一塊六碼長的絲絹，一圈圈地圍繞身子，不用裁縫，省去工錢，但是據說一塊上好的絲絹料子，便相當於新臺幣六、七千元呢。

然而，絕大多數的印度人民，其生活之貧窮困苦，令人驚訝。開會典禮的翌日，我和內人一同到移民局去報到。路上從計程車窗口向外望去，只見市街雜沓髒亂，乞丐和在人行道上煮飯的無家可歸的流浪家庭，到處皆是。女人們大概一整年都沒有換洗過衣服吧。可能因爲宗教信仰的關係，每個女人都在美好的

圖二 - 2. 1976年1月參加印度孟買的熱帶地域外科學會，右第二人爲著者。

圖二 - 3. 在會場接受友誼花環（在印度）

面龐的額上，點上或紅或綠的圓形記號。

每當車子在十字路口等交通訊號時，乞丐羣必然一擁而上，他們敲着車窗玻璃，伸出汚黑乾癟的手掌，其中也有拄着木棍的跛子（跛脚者）。

移民局與其鄰近的公寓相同，是幢四、五層樓的巴洛克式建築，藍色的油漆斑剝脫落。我們乘着運送貨物的開放式電梯，搖搖幌幌登上三樓。到了承辦外國人事務的房間。或因隸屬警署單位，想要保有其威嚴吧，那些官員，予人的印象是一副傲慢凌人的態度。但是瞧他們那服裝，比我國清道夫還糟。在紳士衣冠楚楚的我們眼前，還是抬不起頭吧。

「是來參加學會的吧。昨天在報紙上看到芳名。」

略爲和靄地這麼說，並端上毫無香氣的咖啡。

孟買烏鴉之多，也着實叫人吃驚。這種呱呱叫的黑色不祥之鳥，除了鄉下不講，在大都市，以東京爲例，也只有在明治神宮御苑的森林裏才看得到。但是孟買城市內，却到處都是。而且好像要與饑餓的民衆爭奪食物。偶而會像空襲般地飛掠過人們的身邊。

利用開會空檔的某個午後，我和內人打算在太陽稍稍收斂之時，像漫步於法國尼斯海灘一樣，到飯店外邊的海岸散步，同時順便照照相，白色的海岸，包圍着藍色的海洋，在晴空之下閃爍。

忽然不遠處，有一年輕苗條的印度婦人，抱着孩子站在我們面前，我趕忙拍了張照片。結果那婦人，竟向着我們走了過來，伸出細瘦的手，原來是乞丐，於是放了一盧幣在她手掌上。這時穿着破褲子，裸着身子的孩子，也自附近跑來，小手一伸。

「Photo, Photo（照像，照像）！」

黑黝黝的面孔，一直這樣叫。仔細一看，竟然是昨日車子在十字路口停下時，敲着車窗的乞丐裏的一個，只好也給他一盧幣。不料，這下可糟了。但見人羣大爲移動，襤褸的老人，乾巴巴的男人，拄着棍子而行的跛子，半裸的孩童，黑壓壓的一大羣，全往我們這方向湧來。

「喂，快逃！」

看到情形不對，我急忙拉着內人，就逃進雪拉頓飯店。從此，我們再也不敢到馬路上行走了。事實上，走在街上購物的外國人一個也看不到。

印度的夜晚靜謐非常。旅館的房間內，收音機播放着印度音樂。拉着一弦的西塔琴之音，聲音單調而哀傷，好像在泣訴這個國家幾千年來悲慘的遭遇。

我的來賓演講是在一月十三日下午三時，那天我帶內人到會場。向來，她多半會到什麼地方去買東西或觀光，可是在這兒，啥個地方也去不得，所以，只好也來聽我的演講。

聽衆大部份是印度人，滿滿的坐滿了講堂。會長德沙教授在介紹我時，大大地捧了我一番：

「林教授對於肝臟問題，有幾項新的研究。他不僅是位偉大的外科醫生，而且應該稱爲肝臟外科之父。」

我以幻燈片，講述了肝臟手術的技術發展過程，並報告一百五十個肝癌手術成績之後，放映了我三種肝手術法的影片。

在黑暗的會場裏，我注意到熱烈的掌聲。後來內人感動地向我說，在我講述肝癌手術的成績，以及最後放映影片時所說：「現在的肝手術，可以閉着眼睛，只要用鉗子咔擦兩三下，就會簡單的完成了。」時

the Bombay Hospital Trust
THE FIRST INTERNATIONAL CONFERENCE ON
THE SURGERY IN THE TROPICS
on Sunday the 11th January, 1976

圖二－4. 在印度演講中的著者

，有兩次全場聽衆都肅然起立拍手。這大概是印度人感到他們滿意時的一種舉動吧。（圖二—４）在通道上，我正要步出會場時，一下子被一大堆人圍住了。道賀之聲、感謝之詞、詢問、以及來自四面八方的簽名要求，也有人要我一同照相。不久，報社記者和電視記者也來了，將此情形攝入電視鏡頭。翌日，印度時報刊登我的照片，並且大大地報導了一番。並且特別記載我是來自中華民國。

圖二－5. 著者夫婦與會長De Sa教授夫婦合影（1976年）

　　這次的會議，範圍不算大，與其稱爲國際性，不如說是全印度性的會議比較適當。雖然如此，對我而言，單是給大家留下了深刻的印象，可謂意義深長，也算是圓滿成功了。（圖二—５）

　　會議結束的翌日，我們便

離開印度，前往另一個目的地新加坡。五月二十二到二十七日，同時在希臘和新加坡兩地各有會議舉行。我已決定要前往希臘，而在新加坡的亞太消化器學會上只放映影片。所以有必要事先將影片寄存於新加坡。見到會長新加坡大學內科余教授，他告訴我，五月的消化器學會中的肝臟討論會部份，預定請我主持，他這麼一說，我心底暗中慶幸好在先來了新加坡一趟，否則把我排上計劃表之後，一旦沒來，可不就麻煩大家了麼。趕緊把我的意思告知余教授，拜託他從表上將我刪除。

新加坡天暖氣和，馬路依舊，在白熾的熱帶太陽下閃耀，中國人多，農曆新年也快到了，到處洋溢着濃郁的中國熱鬧風情。

一方面是印度之行，因路太遠，頗感旅途勞頓。另一方面也因有了預期的收穫，我便找了個日子，一整天呆在有名的 Zuron 的國立鳥公園。這是一座將地開山而建造的國立公園。林木蒼鬱，收集了世界各地千種以上的各種鳥類。

「在那個地方，要呆上一整天嗎？」

當然如果只要四處瀏覽，三十分鐘就綽綽有餘，也難怪朋友這麼問。

「是呀，就是想一整天在那兒和鳥雀談心哩！」

事實上，我是想坐在樹蔭底下，靜聽喧鬧、細微、長鳴亦或怪叫的鳥兒啁啾之語，以整理我的思潮。

二月返臺時，家裏有兩封來信，一爲關於明年（一九七七年）秋，美國外科學會中提出電影事項，另一封是（proz G.R. Murphy），要我爲他所主編的 International advances in Surgical Oncology 一書，撰寫肝癌外科治療。並要求我在一九七七年四月之前完成。

看來想在一九七六年間，將所有的工作告一段落的計劃，似乎又不得不延到一九七七年了。接二連三，工作像海邊的波浪一樣，一波又一波地湧來，我略覺倦意。

三、第二站——雅典

在希臘雅典召開的第二十屆國際外科學院的學術演講會，將於五月二十三日（一九七六年）揭幕。而在前一天的二十二日有與會各國的代表會議，因此我決定二十一日搭乘德航前往。

飛機於下午六點由香港出發，預定翌日二十二日上午五點左右可以抵達雅典，參加上午九點的會議，應該可以趕得上的。

此行一開始就不是頂愉快，倘若不是有邱教授以及亦出席參加學會的高雄郭教授同行，也許我還要過得更不愉快了。

凡事過於細微小心的我，有凡事不是先安排妥當，便放不下心的怪癖。旅行也一樣，不只是決定飛機的日程，而且各地的旅館都要事先訂好，電報的回電還隨身携帶。這回學會的會費一百二十元美金，早在幾個月前用雙掛號寄到雅典，對方證實收到的紅色明信卡片回條，我也隨身帶在口袋，結果到登記處報到時，竟然告訴我會費未繳，當下要我拿出一百四十元美金，我告訴她在十二月時已連同論文內容，以雙掛號寄出，她們再度查尋厚厚的登記簿，然後又回答：

「沒有。」

於是我心有成竹，不慌不忙地從口袋裏，掏出那張已稍舊的紅色卡片，上頭赫然蓋有雅典郵局的日期郵戳，另有個什麼人的簽名，「寄過而且收到」，證據歷歷在目。至於錢的去向可就與我無關了。

同樣地，我也從速儘快由旅行社拿到機票，不料看見飛機的班次和起飛時間，叫我大吃一驚。原先是二十一日下午六點起飛，現在竟改成下午十一點起飛，本來可以在二十二日上午五點抵達，如今則非十點不可了，再加上抵達後辦理入境手續下榻旅館，起碼也要拖到十一點過後。這麼一來，九點的會議怎趕得及。這次的會議，就因為負有確保中華民國會籍的使命，因而我更是焦急萬分，萬一因沒有出席而被剔除會籍，那可就愧疚衆會員。我怒責旅行社，但據他們說，德航的飛行時間直到最近才變更，以前的確是下午六點起飛，如今要趕上會議之前的直達班機，只有改乘十八日瑞士航空的飛機了。我和邱教授趕忙要他們訂個臨時的飯店，同時改乘十八日的飛機前往雅典。

國際外科學院乃是四十年前，由美國的索雷克博士等人所組成的，我國在一九四四年劉瑞恒先生便以中國分會之名參加，這個學術團體的會員向來以開業醫生為多，大學學府方面的人較少，因此不太受到重視。最近自從隸屬聯合國世界衞生組織之後，我們的會籍大有被取消，改迎中共入會的危險。尤其希臘已與我國斷交，承認中共，因此這次的會議相當令人掛心。不過與會之後，却瞧不出有此現象。會長以及希臘總統的款宴，我們都正式地被邀請。

演講內容，一般說來並無啥新鮮之處，我除了自由論文之外，並發表了兩卷影片（提出三卷，但只被採用了二卷），影片部份一反過去單純的電影放映，而是和一般演講相同、座長、副座長均在座，演講者必得上臺說明，採取質問討論的方式，有趣而且深具意義，但由於暗室設備太差，效果不甚理想，因此這回的學會，我心中稍稍感到失望。

就是那時候，也是學會的最後一天，希臘的軍方醫院，突然來找我，拜託我一定到他們的醫院一趟，作肝手術法演講及影片說明。第二天，有個穿軍服的男子來接我過去（邱教授也在一起），軍醫院又大又新，裝有冷氣的教室，暗室設備亦極佳，影片得以清晰地映現銀幕，大家也熱烈地加入討論，使我沉鬱的心情爲之開朗。（圖二—6）

圖二－6. 1976年5月參加希臘雅典的第二十屆國際外科學院學術大會時，被邀去希臘軍醫院演講。

四、看得起的(國民)和看不起的(國民)

這回是我第三次來到雅典，街上依然熙攘往來，大多數的希臘人都是個子矮小，不少男人貌似『蘇格拉底』。這兒的人一般都很保守，來往的行人大多穿西裝、打領帶，女人的裙子也是古樸古風的過膝式。我第一次來訪是一九六一年，第二次是一九七〇年，和當時比較，這次街道要髒多了，嬉皮式的青年也多了起來。商店的裝飾法、陳列法，尤其銀樓、鞋店、服裝店及土產店的陳列，完全與臺北、香港的店舖相彷彿。行於其間，若不是希臘人的存在，簡直就像置身於東方的市街。街角也有像武昌街口的鴨肉扁或臺中車站前門戶洞開的小館子，民衆百姓隨便坐着便吃。在你面前煮炒料理，熱氣騰騰上升，眞是東方風格哪。也有像沙茶烤肉般的吃法，可能敲了我們外國人的竹槓，覺得好貴。

這次的雅典之旅，令我瞧不起希臘國民。它的人口衆多，所見到的山脈，草木不生，豈非是岩石山脈，經濟情況也似乎不好。夜晚在街角，以爲我們是日本人，下流拉皮條的男子靠過來，以日語問道：

「要不要女人？」

以前來雅典時，我非常看得起希臘人。那時，我走下石階到地下食堂吃午飯。一出外國旅行，我總找三明治、熱狗或便宜的地方吃飯，因之到此也不例外，地下樓正是大衆食堂。白色的粉牆剝斑處處，天花板上吊着一個像飛機螺旋槳似的大風扇，低級公務員和勞動階級的人正在吃午飯。我也在一張落了漆的桌旁坐下，叫了一份咖哩飯。

不久，有一個穿着短袖襯衫，看來國小程度的男孩子進來，正如臺灣也可以看得到，帆布鞄從肩部斜斜地掛到腰間，手上拿着像愛國獎劵似的東西，一桌一桌地繞着兜售。

看看在座的客人，大家都忙着吃飯，看也不看他一眼，那個男孩子終於繞到我的面前，大約是十來歲左右的男孩，飽嘗日曬的臉部額角上淌着大滴大滴的汗珠。

「一張多少錢？」

「十元。」

「我買十張。」

我從口袋掏出百元大鈔，同時又說：

「不過獎劵不要。」

男孩起初眼睛一亮，但聽到我最後的話，斷然地說，

「那，我不賣了。」

說罷，踏上石階，頭也不回憤憤然離去。

斷然拒絕非正當買賣方式的施惠，我望着那個孩子的背影，心中無限敬佩希臘人的勇氣。另外一樁事，也使我對希臘人評價極高。那是我第二次到雅典時，參觀了二千年前希臘文化的古蹟，著明的「雅典衞城」(Acropolis)，就在繞過山後，走往山下市街的途中、路邊，有個推着車子賣水果的老人。

我買了水果，一共四塊錢，當時我對希臘幣的幣額和使用還不太清楚，給了錢，便走了。當下後頭立刻響起老人的呼叫聲，莫非少給了錢，懷着像是拿了就要跑的罪惡感，我很不好意思地走了回去。誰知老人堆了滿臉皺紋的笑，相反的却找錢給我，原來不是少給了錢，而是看錯鈔票，多付了。我望着老人忠實的眼瞳，敬佩萬分，深深爲這個國家的國民所感動。

然而這回却恰恰相反，我和邱教授到一家有冷氣設備，看來很整潔的飯店吃午飯，兩個人共吃了一百七十元，邱教授馬上掏出五百元紙幣，交給算帳的侍者，不料侍者只拿出三十塊的找錢。

「這是五百元啊！」

邱教授指着紙幣急道，但是這位侍者却佯作不知，邱教授頓然變色，長年擔任臺大醫院院長的邱教授，原是一位富有幽默感，而且極爲開朗的人，我從未見他發怒，如今見他怒火沖天。

於是他在紙頭上寫出 500－170＝330 的計算，指出應當找三百三十元，侍者兩耳通紅，但是依然視若無睹，眞是可恨亦復可笑，這傢伙難道眞有神經病不成？我也對這個侍者視而不見的惡劣態度，很是感到不快。

邱教授恨恨地又把五百元紙幣拿回來，說：

「旣然如此，小費不給了。」

另外拿出紅色百元鈔票一張，又在口袋裡，摸得叮噹亂響，掏出五十元、十元、十元三枚硬幣，擺在桌上，於是侍者把它拿走了。

「卑鄙的傢伙！」邱教授怒氣未消。

這個差勁的國家國民可悲的態度，又在我們去看電影，在電影院的窗口付錢買票時碰到了。電影票一張四十元，兩張八十元，這回由我拿出五百元紙幣，立刻聽到噹噹的聲響，兩枚十元硬幣滾出大理石的窗臺（希臘的大理石很普遍，就像普通石頭般的到處運用，連普通的下水道也是用大理石做的），不用說那是打算找給我的，我就故意站着不動，看到情形不對，賣票的婦人再添上一張百元鈔票，我還是動也不動地凝視着她，她才老大不痛快地拿出一百元，又停了一下，再一張一張的交出來。

「喂，這傢伙，你瞧得出來她安什麼心吧。」

「怎不知道，卑劣的國民。」

後來和郭教授談起此事時，他說由機場來時，也被計程車敲了一大筆。

眞是令人瞧不起的國家啊！我原先是很看起希臘這個古文明國家哪，但是這次實在太叫我失望了。『

蘇格拉底』若地下有知，也要啜泣了。

五、被剝掉翅膀的蜜蜂兒

晴朗的五月雅典，稍熱但却是個好季節。

特別是夜晚，站在『希臘衞城』（Acropolis）旁，欣賞二千年古蹟的野外劇場所上演的古典歌劇，心中不禁湧起無限的感慨。在昏暗的照明下，靜靜移動的古希臘裝少女，汩汩而流的歌聲，新鮮的空氣，仰視滿天星斗，蝙蝠時而飛近舞臺，穿梭飛舞於照明之間。

白天，利用開會的空檔，我又和邱教授乘船作環島之遊，也造訪阿波羅神的神殿古蹟，和爬登 Acropolis 古蹟的小山。

爬登這古蹟的乾燥的大理石石階，我憶起十五年前，當時還年青，也是這麼一步步爬上去，也許邱教授和我有相同的感慨，略略喘息一下，我說：

「今天我們登此石階，恐怕是最後一次了。」

「不見得吧。」

「這麼遠途的國家，若非有事，怎會老遠跑來？假若三、四年後再來時，我們都快七十了。」

邱教授和我都屬牛。

「屆時，恐怕不乘轎就上不來了。」

笑聲中，忽然看見開着小紅花的野草，從岩蔭下探出頭來。

萬里無雲的晴空之下，太陽閃閃發光，破損的巨大大理石建築物，粗大的石柱，無首的石像，觀光客依昔在那兒上上下下，競相取景拍照，大家都是來觀看兩千年前曾爲市府、神殿、學校、劇院、野外劇場的古希臘文明遺跡。

在樹蔭下休息喝可樂時，我突然有一股欲望，想問問邱教授以前同事們的近況。他們都曾當過好幾年的科主任，大家都在會議上就幾個問題作過激烈的討論和決議，在民國六十二年新法令頒布之下，辭掉主任之職後，幾乎沒有機會再見面。尤其有幾位，好像失踪一樣，音訊全無，因此，我極想問知。

「藥局主任顧教授不知如何了，一點兒影子也看不見。」

喝下最後一口可樂，我問邱教授。

「出國之後，現在於波斯頓的什麼個地方作事。」

浮起她矮小的個子，黑黑的皮膚，常常笑臉迎人，但是在會議席上也經常攻擊院長的面影。

「痲醉科前主任李教授呢？」

「在美國佛羅里達州附近的醫院上班，仍然做痲醉方面的工作，我曾在美國碰過他。」

李教授今年也該有七十三歲了吧，「那一大把年紀還得工作，眞是老來命苦。」我心想道，不曾自行醫業，退休以後，也許把退休金全給用光了吧！所以在這麼大的歲數還得賣命工作。

我由此想到幹醫生這行實在很不合算。像那些擁有商店或公司的商人可以僱用別人，也可以把工作交由太座處理，唯獨醫生這行非本人出面不可，否則做不了生意。談到生意，我隨着想到林敎授。

「繼李教授之後的主任林教授，聽說也辭去了醫院的工作了。」

「嗯，是最近的事。」

「聽說改行做生意了，是眞的嗎？」

「大概因爲他的父親擁有龐大的事業吧！」

「雖說如此，也是頂可惜的哩，在學會中一直是那麼活躍，尤其針灸之術已名聞美國。」

由於痲醉和外科手術有密切的關係，我不禁想起他在手術室內，時時都掛着笑容的圓圓的臉，一副充滿自信而步伐嚴整的神情。

「其他的人呢？」

當然我也是屬於「其他的人」之中的一個。

「還是照舊來醫院呀！」

照舊來醫院，我是知道的，正如同我每天來醫院一樣，但是除了被任命爲院長、副院長的人以外，大家都已不是主任，雖心有理想、有創意，但已經不能像從前那樣隨心隨意地發揮其意了，坦白說來，大家都好像來「等死」。有事則幹幹，無事就像個影子般的幌來幌去，然後，第二天又來醫院了。這樣地一天復一天，有生之日，一年復一年，感慨於此者，或許只有我一人，眞可悲呀！

啊，我呀！我們呀，看來就像被剝掉翅膀，丟進字紙簍，在紙屑堆裡匍匐盤桓的蜜蜂呀。沒有了翅膀，想飛也飛不得，現在在紙屑堆裡又左又右的爬行，而不久便會被扔進叮噹唱着「少女的祈禱」（就像聽歡送茶會的一些好聽話）的垃圾車裡，葬到不知名之地呀。

有兩、三隻逃出了竹籠的結眼，他們是聰明的。仔細一想，就像我這個傻瓜，自己已淪入垃圾桶內，已無翅膀了，還想拚命衝着頭，掘些什麼東西，掘造我自己的象牙之塔，金字塔哪，時而在垃圾桶裡，自信看到了象牙塔的模樣，或是其他什麼塔形的幻影，而在國外，有時也會感到那座夢幻之塔發出金光閃爍。但是此時此地，閃耀着的金光不過是個幻影罷了，此地，金字塔亦只被看成牛糞塔哪。明白吧，在我們這個地方，只要是外國的東西，牛糞也被看成是金塊呀！

「喂，怎回事？」

太陽耀耀，我有點眩暈。

走下 Acropolis 後面的小道，不知何時已來到自由市場的狹小街道。街道狹窄，加之兩側又垂掛鞋子、舊式銅製品、電器類、僞造的裝飾品、各地土產等，人羣雜混，幾乎無法通行，百姓很多，也偶有觀光客混於其間。

今天是我在雅典的最後一天，明天就要前往新加坡了，因到旅館之後，眼前又浮出那些無翅膀的蜂兒，在垃圾桶中匍匐爬行的我的可憐姿態。

六、保　重

新加坡有一位已病故，曾是我的病人，也是我的知己的好友。

他是一位商人，年紀輕輕，已擁有很大的事業。一提起商人，我總想到騙人的買賣行業。直到認識他，聽他談論有關企業、經營、管理的話後，方知過去自己是誤解。其實經商也是一門科學，我這個門外漢，總算有了一點瞭解。

我和他雖然只有八個月的交往，但在這短短的時間之內，他對我獻出的友情，令我對他無比的尊敬，只是可惜我給他的幫助，到頭來還是零。

最初認識他是在一九七五年八月。我擔任新加坡大學的客座教授時。有一天，他看了報紙，直接到飯店來找我，自稱有肝病，但是經過診斷結果，竟然發現肝癌已蔓延得相當厲害。不過看來還可以手術。我勸他趕快手術勿誤。

他馬上叫回正在旅行中的父親。據他說，母親也因肝癌在印尼手術時不幸大量出血而當場死亡。

他的確是個很好的病人，或許是我行醫生涯四十來載所診斷的病人之中，他是最和我合作的一位好病人。

手術是用我的第二法，沒有什麼出血，簡單完成了。然而右肝腫大的肝癌已相當接近左肝，再遲個兩週，便完全不能開刀了。

手術之後的情形很順利。如果不開刀作肝切除，頂多只能活兩個月。但他出乎意料之外地很快的恢復了健康。再度照顧他的事業。

但是只有醫生瞭解，雖然開刀，癌症也隨時都會有再復發的潛在危險性。一九五四年以來，我已切除了一百五十個原發性肝癌。其中五年的生存率是百分之十九，最長者已經過了二十年。如今這位患者依然健在，但這是一位幸運者。切除病例的三分之二都會在一年之內復發而死亡。三分之二確實是個大數目，怎麼樣來減少這種切除之後的復發，轉移而提高生存率，是時時令我頭痛的一個問題。也因此，他也是叫我頭痛的病人之一。

除了在肝切除手術當場，由肝動脈注射抗癌藥劑之外我吩咐他手術過後，每個月要做一排的抗癌化學療法。我的計劃是，假定尚有看不見的微量癌細胞潛伏（也許沒有，但不知道），就用這種附加療法來殺滅癌細胞，以防再發。他照我所言，每個月到新加坡大學接受治療，很規則的一次也不缺，同時把每次和王教授和余教授的談話，自覺症狀、檢查成績、體重變化，一一詳細的記載，然後將報告寄來臺北給我。他的詳細而富科學化的記載，已全然不像外行人所為，我們住院醫師的病歷記錄尚不及此呢。這份記錄成了我最重要的資料，這也就是為什麼說他是最與我合作的好病人。

但是我的計劃還是失敗了，手術後七個月，他的血清癌反應再度呈現陽性，抗癌療法由一個月一排次改為兩、三天一排次作連續注射。但是依然無效，結果他也歸屬那『三分之二』之病例了。

手術後的近第八個月，在電話聯絡之後，他和太太同來臺北，當我在機場看到他的模樣，眞是嚇了一跳，和一個月前在新加坡所見（那時我剛從印度回國途中），幾乎要瘦了一半，非常衰弱。

一到飯店，我便為他開始用保存療法治療，但是發現他的肝已被很大的再發肝癌侵占，同位素檢查之下，只殘存一點點肝組織而已，以此情形看來，恐怕已沒有兩週可活了。

然而，每天早上由飯店來的電話報告，總說他有精神多了，聲音也響亮起來了，食慾也好轉了等等，我叫內人悄悄地通知他的太太其嚴重性以及有早日回新加坡的必要。她也覺悟了。

「已好多了，早點回新加坡吧，把孩子們扔在家裡也不行呀！」

「那，把他們都喊來好了。」

「林醫師，今天我吃了一碗麵喔，半個月來這是第一次吃這麼多。」

他這麼說。然而我深深明白，約莫再兩個星期，他將會因肝機能不全而告死亡。目前他在新加坡和印尼都擁有龐大的事業，當有必要作事後的安排，而現在除了太太之外，沒有半個孩子和親戚在此，無論如何要讓他在意識還清楚的時候回去。但是他却百分之百地信賴着我，甚至還特地跑來臺北。而「回去吧！」這句話要由唯一被信賴的人口裡說出，我講得出口嗎？迷惘之至，然而事態又已不容許了。

最後我對他撒謊。

「至今已作了這麼多注射，情形還是如此的話，目前剩下的唯一方法，就是用小手術把藥直接注射入肝內。」

「如果必須這樣，請給我做吧！」

「那很簡單，並不是手術，只要把皮膚切開一點注射就行了，不過以後的觀察才是最重要，大約需要五、六個月的時間。」

其實既無那種療法，也沒有那種藥方，要花五、六個月的時間更是不可能了。

要五、六個月的時間，他略略考慮了一下。

「就是這一點，恐怕對你不太方便吧！」

那天，我的謊話便說到這兒，點到爲止。太過強力主張，聰明過人的他或許會識破眞相。

第二天，我又說：

「昨晚我一直考慮那個注射之事，因爲處理不難，我想還是拜託王教授在新加坡做，其後五、六個月也在新加坡叫王教授作觀察，方爲上策。」

「王教授會嗎？」

「很簡單，誰都會的，要接受這種注射的話，我讓你帶給王教授一封詳細的信去，或着我用電話直接拜託他也可以。」

這番話，此後兩天我都未再提起。

「昨天吃了壽司（日本料理之一種）」

他說。然而肝臟機能已逐漸減退，他把「王教授」、「林教授」的稱呼，也開始混淆不清，雖給了他利尿劑，他足部的浮腫仍是有增無已。我開始焦急，因此翌日便再提出了注射之事。

「食慾有了，也許是好轉的現象，但這不是長久之計，我想還是照那天所說的肝臟注射才是辦法，不過要花費較長的時間，所以還是爲了你的方便，在新加坡注射好。要做還是早做好。」

不知他認爲『有道理，應即早做根本治療才重要』，亦或聰明人早已洞悉我的話中話，知道在世已不長，總而言之，他是拿定了主意，立刻便打電話，訂了隔天返回新加坡的班機。

「再多休息一天，不好嗎？」

內人說。

「不，星期一林教授忙，明天是星期日，應該比較方便吧。」

我鬆了一口氣。翌日在機場的入境口，我握住他纖細的手。

「多謝了，林教授。」

「請多多保重，保重。」

他已瘦骨嶙峋，而腹部却因再發性肝癌而腫脹得毋需束緊皮帶，見他由門口消失，『保重』的餘音依稀猶在耳邊縈繞，那眞是太悲慘的話了。聽說他一抵新加坡，立刻便由救護車送到大學總醫院，還吩咐家人「把回來後的經過情形報告林教授」，幾天後即陷入昏迷，不久便過世了。

六月二十日（一九七六年），由雅典飛往新加坡的第二天，由他的孩子陪同去到他的墓地。他的墓就在島上一隅的山上，隔着一條細如河川的海洋，可以望得馬來西亞。劈除雜草而建造的新墳，紅沃的土壤還是光禿禿地，這底下便是他的安眠之處。

「保重」是我對他所說的最後一句話，然而今天他却躺於此，此刻他是否眞就在此安祥地闔眼安息呢，思及此，眼眶不覺濕潤。

我把帶來的一束鮮花獻上他的墓前，祈禱着。

（他的死，令我改變化學療法的方法，就是把一個月一排次的抗癌注射法改爲開刀後隔二、三天一排次，儘力連續注射的方法。一九七六年十月我在新加坡大學再開過比他更嚴重的肝癌病人。此人開刀後就採用連續注射療法。一九七七年五月我又去新加坡，我以爲他早就死了，想不到開刀後七個月，他現在很好，沒有再發現象。雖結論還早，我想如果他眞會好的話，救他的該不是我，應是已故的我的朋友。）

第五章　出　籠

一、啓稟大臣，請三思

臺北外雙溪的山路，是我最喜愛散步的避難之路，安慰之路。同樣的，新加坡 Zunon 的鳥公園的道路，也是我每到新加坡必來此走走的地方。

一月時，從印度孟買轉道過新加坡時，我曾來此和鳥兒共訴戰果，漫步於樹蔭下，獲得飛躍的靈感。然而這次鳥公園之行，却是哀傷悲痛，失去好友的落寞，也是其因之一，同時垃圾桶裡拼命匍匐，被剝掉翅膀的可憐蜜蜂兒模樣，依然浮現腦際。

其中有一隻，啊！那是我呀！它像發神經似的，還在垃圾桶中深深地探出頭來尋找，忘掉自己已是無翼，徒勞地在踢着短短的脚。啊！那眞是大笨蛋一個！

我想起有一次內人訪友回來時，提及朋友問她。

「林先生，還有待在大學的必要嗎？」

那位朋友對我的批評，似乎是感到我是成了垃圾桶內衝着頭的笨蛋蜜蜂，這不正和我自己的感受吻合嗎？被剝掉翅膀的笨蜜蜂，不就正是現在我自己的寫照嗎？

「眞慘！」

「何必呢？」

這些念頭油然而起。鳥兒啁啾如昔，但很抱歉，今天我已沒有心情和你們交談哪！在公園池塘旁邊用過午餐後，我還是獨個兒坐在樹蔭底下，三思當前，考慮未來。

「也罷，就此了斷。」

我的職期還可以繼續到一九七七年七月。但是那一刹那間我便決定一回到臺北，就照約定趕緊完成給 Murphy 教授的「癌臨床的進步」專書的論文，以及預定在美國外科學院發表的電影編集，同時整理剩下的有關肝再生的論文，決意在一九七六年提早退休。

一九七六年六月十九日一返臺，便忙着將在新加坡所作的決定付諸實行，日夜奔走。

一方面，也開始辦理退休手續，拿申請表格，塡寫各欄項目、姓名、性別、經歷……，那當兒，自己覺得，自己好像是電視劇裡的犯人，在法官的面前寫自白書，可憐兮兮。

以前常會收到退休的日本教授朋友們寄來退休紀念册。翻開一看，第一頁即爲退休教授的大幅照片，接着是盛大的退休歡送會場的情景，例如市長的致詞，大學總長的致詞，外科學會會長、朋友、教職員代表的致詞照片，還受贈爲名譽教授，接受紀念品等等，致詞的內容，各地接踵而至的賀詞、祝福、電報以及業績等等，全都經過整理而印成堂堂三、四百頁的一巨册。像這樣的紀念册，不僅贈送給國內的親朋好友，連我這個臺灣的朋友也收到了一份。

一邊暗中與人家相較，一邊塡申請表的空欄，無意中覺得『我眞是那麼不値錢嗎？』而越發覺得可憐。

在枱燈下塡完表格，側頭一看，正恰看到右邊電視劇中，一個着古裝的武裝男子，彎着腰，高舉緊握的雙拳，正在向上司進言：

「啓稟大臣，請三思。」

『三思』那句話好像衝着我說的。說眞的，一旦要告別呆了四十五年的這座象牙殿堂，委實也夠淒寂的，還有尚未完成的工作能在這幾個月內趕完嗎？我突然想起把申請表的提出再擱個兩三天，再三思而後行。

正巧雨停了，外雙溪的山上一片翠綠。我又和往常一樣，到我的安慰之道路，思考之道路上散步。雨後溪水大增，滔滔而流。才六月上旬，已初聞蟬鳴聲，牠們正值脫殼期吧，蓮霧樹幹上附着幾隻以六隻脚站立的蟬殼。

白頭翁傳來叫聲，似乎歡迎我回來。路旁有茄樹以及豌豆樹，在其枝蔓上剛長出可愛的果實。青空之下，道路上，只有我一個人。

走過一片蒼鬱相思樹的濃密樹蔭小徑，由右側往上爬，已是接近頂上，柳暗花明又一村，有一小塊廣場在那兒。在這兒，偶而會搭造臨時的古代木板屋子，以拍攝武俠片之用。如今已都拆除，雨後紅色的泥土，處處變成水潭。水潭周圍的泥土一定很柔軟吧，有一隻色彩鮮艷的藍色鳳蝶，莫非在產卵，否則怎老停在那兒。風兒吹過，長着紅霉的粗大相思樹幹，樹梢新綠的部份，便像生物的頭般的四處蠢動。

我開始三思，不，不只三思，交叉着雙臂，踏着紅土，同一個地方來回走了好幾次，四思、五思、六思……不斷反覆。

再三考慮，事實依然盤旋腦際。被剝掉翅膀，棄置於垃圾桶，匍匐於紙屑堆裡徘徊的自己，再如何努力營造，這裡也只不過是連一絲金光都沒有的自己的象牙之塔罷了。

「啊，好了，何必再思呢！」

朋友批評我說的『何必』，正擊中了我最後的結論。

於是乎，把戶籍謄本，兩張照片，附在申請書上向院方提出。申請書大概會經由科主任、醫院長、醫學院院長，而轉至校長的手上吧。

這樣也好，現在我的心靈如藍澄澄的青空，明朗舒暢極了。

二、最後的薪水

我的職期到七月三十一日（一九七六年），退休則自八月一日起生效。七月份的薪水，將是我漫長一生中最後一次的薪水了。

以前每個月若不是外科的小妹拿給我，我連發薪日都會忘了。收到之後也是瞧都不瞧地交給內人，這個月拿到薪水袋，「這就是最後一次了？」心中有點異樣的感覺，感慨萬千地拆開來看。

一萬零八百七十元，再扣除所得稅、保險費、福利互助金、香奠，裡頭只放了一萬零三百七十二元。回頭，可再由醫院拿到以「衞生事業加給」名義的四千五百四十元以及交通補助費六十元（從我家到臺大醫院計程車十六元，來回三十二元），實際收入，除去加上太太兩人份的實物配給，現金總共是一萬四千九百七十三元。換算美金，約爲三百七十四美元。如此大學教授的薪水和新加坡大學的二千至三千美元、韓國的三千美元、日本的三千美元相較之下，實在相差太遠了。但比起四十年前，當外科助手（臺北帝大）時，第一次領到的薪水五十七圓（當時的日幣），如今倒是以「萬」計的大收入了。在當今我國的公務員中，也許已經是最高薪了，不禁也沾沾自喜。但聽到那些曾在紐約鬧窮的朋友，一旦做了大官，不出幾年已是幾千萬的大財主時，又為之不平。究竟公務員的最高薪有多少呢。總統大概很有一筆數目吧。我常獨個兒這樣胡思亂想。

不善於打算盤的內人和我，還是常做些不經濟的事兒，結果常為赤字所苦惱。例如，請個女傭看家，結果，幾年來被迫得加薪之後，如今月付四千元。又，最早是以脚當車，後來騎脚踏車，坐三輪車、計程車。兩年前看到年輕的醫務人員，都自己開汽車。好吧，我也狠下心跟着去買了一部三手貨的汽車。但又自己不會開車，這把年紀，也無法學開車了，只得請個司機，薪水是五千八百元、油費三千五百元，另外還有車子的保養費和稅金，平均每個月七百元。自己的房子，免去房租，但是房屋稅、地價稅合計平均每個月二千二百五十元。水電瓦斯費二千五。最近光吃青菜，不太吃飯，把配給分給了佣人，一個月的生活費（雜費在內）也要近一萬元。我和內人不曾看電影、宴會，幾乎很少在外頭吃飯。這一點倒是很省。但又常有客人來訪，免不了要招待一番。平均每個月的花費也要二千元。此外又有親戚朋友的喜慶、喪禮，平均每個月五百元。再個出嫁在國外的女兒和已經結婚的兒子，又時而有「S.O.S.」的緊急求救電話來，每次的電話費都要由老爸爸負擔。這筆費用，也小看不得，平均每個月也要三千。此外，論文印刷費，抽印本郵寄國外的郵費，參加學會的旅費，全是一筆大開支。除開這些不算，每個月大體非開銷不可的固定費用約三萬四千二百五十元。而我的薪水只有一萬四千九百七十三元。或許，大部份是屬浪費，首先就不該請女佣、購買汽車、請司機，那是大富豪的專利，不該學人家的派頭。事實上，坐在舒適的汽車中，也常常有足尖發冷，一股惡寒往上直升的感覺。

不過回頭想想，命運也是有趣。老天好像時時都在保佑着我。從前生活陷入困境，山窮水盡時，由於年紀還輕，幸得友人相助，開始作流動三輪車式的夜間診療。這種夜間診療，事實上也不是我所能想得出來的，也不是因要賺錢而想到的。完全是命運之神爲了把我們母子從黑暗的深淵，所拉引上來而賜與我們的道路。

那時，若命運不指引我走向此道，想來可眞心寒，到了這把年紀退休之後，將何以爲生呢？頂多坐在路旁替人擦擦皮鞋外，又能做什麼呢？

三、自請退休

一九七六年七月三十一日是我要自請退休之日。離入學的一九三二年三月，屈指算來正好四十四年又五個月。很長很長的一段課程哪。其間在一九三六年，有個小小像孩子事的畢業，這回可眞正的離開了。本來 Student of Medicine （醫學學徒）——不是 Student of Medical School （醫學院學生）——的課程便是永遠沒有畢業的。但是今天我已決定自動地離開此地，要提前畢業自此學府退休了。

我默默地繞着校舍，走在草地和砂礫之上。沒有像現在大學生穿着黑色學士長袍，帶着方帽子，遊行校園一周的輝煌熱鬧和神彩飛揚，我既無同行的同學，亦無領隊在前的校長和老師。

我是只有一個人走着。但是我的內心，和要畢業的諸位同學一樣，有回憶和感慨。四十四年，這當中實在有太多的回憶和太多的感慨了。

每踏一步，鞋底下的砂礫便沙沙作響。與四十四年前行走時毫無改變，碧草如茵，那榕樹、那紅葉，都無異於昔日，只是都長得高大了。擎天的檳榔樹，你也長高不少了。如果以每年落葉兩次計算的話，現在起碼也有八十八個年輪了。往昔杜聰明教授時的藥理教室（現在的齒學系、公共衞生）、廣畑教授時的生化學教室，都是老樣子。只是牆壁的水泥剝落了。瀏覽之餘，發覺彼此都老了。只是看不到過去那樣，到了深夜，從窗口透出研究室的燈光，有些寂寥呢。

在這兒，我忽然想起杜聰明老師的口試。當時，一到考試時期，我常把考試科目的重點用墨水寫在手掌上，一面走路，一面攤開手掌來讀，考試時當然把手洗淨才進入試場。有一次杜教授口試時，我手一動，突然意識到手掌的墨水字尚未消去，原來是忘了洗手。糟了！一定會被教授誤以為作弊，所幸杜教授沒注意到呢，亦或是看到了，故意放我一馬。直到現在，每見到杜教授，我立刻會先想起這樁事。

繞過校園左側，來到昔日的校門。如今門已改成現代式，但建築物依舊，和從前沒什麼兩樣。大門的後面就是大禮堂，我們在這兒舉行過入學典禮和畢業典禮。當時兩邊擺有前校長的石像，現在當然已沒有了。然而階梯式，長長地排成好幾排的黑木板桌椅，還是面貌依昔。我憶及畢業典禮時和同學們坐在長椅子上的情景，我記得我是坐在第二排的右側。個兒矮小，態度嚴謹的永長班代表，代表全級到前面，高舉雙手，從臺上的堀內校長領取畢業證書。緊接着是聽診器組（成績優秀者）出來領取獎品及獎狀，聽診器組中，記得確有趙榮華君，我因成績平平，始終默默地坐在椅子上。如今趙君因高血壓已故，班代表永長君據說也死於第二次世界大戰的戰場上。

啊！「時光」眞是偉大，像激浪一樣毫不留情地超越一切，埋沒一切。幾億年來，有多少爬蟲類、石器時代的人類，或像秦始皇、成吉思汗、凱撒、拿破崙、希特勒等等，傲視萬世，叱咤一時，亦無一不爲其巨流所淹沒，而歸向靜寂的「空」。殘餘者只有那偉大而不可抗拒的「時光」巨浪。

我從後門走出大禮堂，那兒原是我們的臨床講義教室，也是陪我渡過美好時光的法醫學、病理學教室、病理解剖室、動物實驗室以及收集許多骨骸的解剖教室及屍體解剖實習室等的地方。如今已了無痕跡，已成爲現代化的綜合研究館、生化學教室及圓型教室。前面有一座花兒朵朵的摩登庭園，站在花園裡，我浸沉於往日的美好時光中。夏蟬唧唧高鳴，蟬兒若從我入學當年算來，也該是第四十四代的子孫了。聲音倒是和它祖先一樣的響亮。

對面的寄生蟲教室則保持原樣。當時寄生蟲的橫川教授是一位名聞國際的學者。在此我常由於蟲卵的鑑別診斷，被他嚴加規戒。

雨天體育館是當年入學考試的考場。同時也是軍事科講習場。那座木造的房子早已消失，現在有的是紅十字會的血庫和動物飼養室。

校園現在看來眞小，當時在這兒背着背包，扛着步槍接受軍事訓練時，跑起來累壞了，覺得這兒好大好大。從孩子的眼光看來，據說無論什麼都是又大又廣。這麼說來，那時我還是個未成熟的孩子了。在宿舍裡，同學們所說的帶有色情的話也聽不太懂。想想自己什麼都好像遲了一步。

那座學生宿舍現在已變成毀損的倉庫。憶及宿舍的生活，便不由想起姓陳的那個送牛奶的人。每天早上，他總是衣衫襤褸，騎着脚踏車送牛奶來。戰後有一天，忽聞有人在後面叫我，回頭一看，原來是那個送牛奶的陳先生，這時，他竟判若兩人。穿着質地很好的西裝，胸前的開口，還垂掛着沉甸甸的金鍊。

「林先生，你還在醫院嗎？我現在幹煤鑛業。」

他用不可思議的眼光，瞧着瘦巴巴的我。

走出現在醫學院學生宿舍的走廊，便是木造搭棚的學生餐廳。這兒以前是我們的澡堂，隔壁便是劍道場，我常在此比劃不太行的劍術。再往前走，就是我深深感懷回憶之地，亦即當時我們的附屬醫院，也是紅十字醫院的遺址。在那裡，有個曾是我昔日溫暖的家，同時是石川醫師在裡頭自殺的基礎代謝檢查室，也有以茶水、餅乾屑和香蕉皮充饑，不分晝夜推運搬車，充任手術助手，拚命工作的我的年輕時代，那些建築物都已被拆除，只留下一處令人憑弔的基座。一切恍如南柯一夢，消失無踪，獨留我在此沉思。

我站在這兒艮久，石山教授、竹山教授、澤田教授、洪源火老前輩以及許多汗流夾背、勤快活潑的護士們的面容，像是走馬燈似的，在這已成遺跡的地方，廻轉出現。

不久，又像雲霧般消失了。有如夢中醒來，我吃驚地四下張望。在陽光下，眼前只是一座看來零散的草地花園以及兩、三間變了樣的舊房子。夏蟬依舊聲嘶力竭地高鳴着。

四、劇　終

無論怎麼說，現在的臺大醫院，和我緣份最深。從學生時代的醫院實習開始，到後來當臺北帝國大學附屬病院外科的副手、助手，光復以後，擔任臺灣大學醫學院附設醫院外科的講師、副教授、教授以至於主任。前後四十四年間，每天都在這兒渡過。這兒有我的初戀。也在這兒邂逅我現在的太太。被教授誇獎、和教授吵架，一面接受流浪人式的生活鍛鍊，一面又砥礪身爲外科醫師的自己，開拓外科的境域，採擷豐碩的研究成果。

昨天七月三十一日，我的業務已全交卸完了。從今起變爲自由身。四十四年來，以我的青春，所主演的這幕戲，在今天就要落幕了。

早上七點五十分，正是過去每天參加早會的時間。我進入沒有冷氣設備的四樓木造辦公室內，就坐在我每天坐的旋轉椅子上。這座旋轉椅的底部早已破裂，螺旋外露，每次一坐下，總有草桿掉落地板。小妹要幾天才來打掃一次，由於草桿失落太多，原本柔軟的坐椅，而今却是又扁又硬。

冷氣老是與我無緣，日據時代，光復之初，自然不用提了，就是我在大門玄關的二樓主任室時，在不遠的地方，我和漢佛利教授所共同設立的心臟外科研究室，就有冷氣設備。偏偏我的房間沒有，而且四周都被房子圍住，空氣流通極差，熱得蒸人皮骨。

辭去主任，搬到四樓的房間還是一樣。目前院長室、會議室到門診處，沁人的冷氣涼到走廊，但我還是沒有這份福氣，依然靠着電風扇趨散熱空氣。

我這個房間，有一次被小偷劃破靠走廊的玻璃窗，潛進來，偸走了放在抽屜的射箭協會公款二千元。後來，我便暗中將一塊釘滿長鐵釘的木板，每晚就把尖銳的釘山那一面，偸偸的放在窗下或門下，小偸潛入踏進來的那一瞬間，脚底將會踩着尖銳釘山的埋伏，不過從此，便不見再有宵小光臨，而這塊如地獄刀山的釘板，今後再也沒必要了。

坐在扁硬的旋轉椅上，兩脚伸上桌面，電風扇的熱風吹在臉上，閉上眼睛，我再次靜靜地思索前章「

夢廻」中所寫在此間已經四十四年的回憶。

確實是很長的一幕劇，有苦亦有甘。但總括說來，此劇既無編劇者，事先也無任何意圖而寫此劇本。事實上，我當時對於自己的將來，既無任何計劃亦無什麼期待。只管拼命工作而已，一切聽天由命，也沒有考慮到幾年的期限。好像，這一切都是命運之神安排的。

事實上，對於一個家無恆產，一文不名的人而言，也談不上未來。除了委之於命運外，別無他圖。但是老天始終對我特別關懷，未將我遺棄。把我們從饑餓的深淵中救起，而且又對我的一往熱情，予以回報。

放下脚，從椅子上站起來，開始收拾我桌上的私物。整理當中，忽然想起前些日子，為了紀念自己往後新的人生之旅，以及對過去一起流汗工作的外科同事表達謝意，而宴請外科教職員、住院醫師、病房、開刀房的護士、小妹等人時，曾收了李俊仁、陳楷模、洪啓仁等教授所贈的一幅『飲水思源』的匾額。又收了洪慶章、劉堂桂、謝建民副教授所贈的一幅有金色孔子浮彫及刻有『教澤永懷』的匾額。我很是感激，當時也針對大家所說的「我們的外科已由ａｂｃ，來到了ｍｎ」，我最後的勉勵說：「我們的路尚未到ｚ喔」。也想起昨天麻醉科的全體同仁，為表示今日的麻醉乃是由我開始，贈一『惠我良多』的匾額並作歡送宴，接受之餘，亦無限感激。（圖二—7）

房間內已沒有什麼私物了。兩、三本書、舊稿和幾張已寫的稿紙而已。此外信件、沒有用的記事本，全部扔進垃圾桶。整理書物時，有個很奇怪的感覺，不同於每天下班時的心情，倒是有點像在飯店 Check out（搬出）時的味道。接着，擦掉黑板上一九七〇年到一九七七年的自己的人生計劃表。表上大多已打上×號，該做的已都全做了。最後像是劇終落幕，我靜靜地將房間的門關上。

圖二－7. 自請退休，與外科及麻醉科同事同樂（1976年7月）。

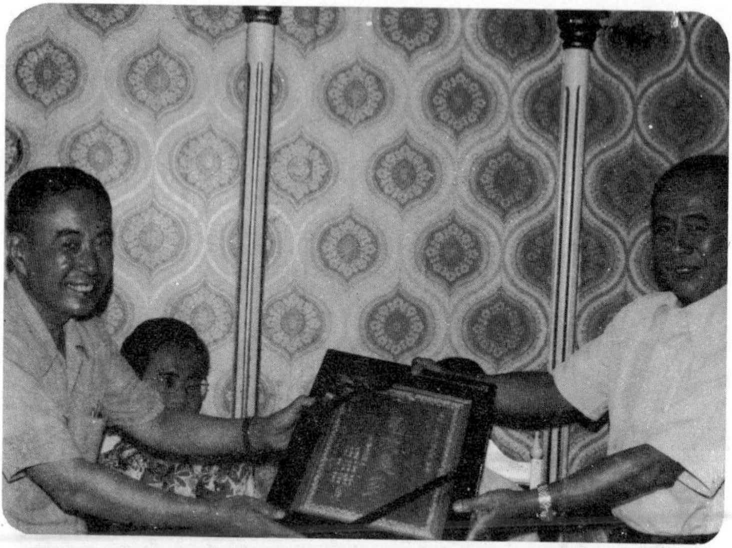

走出臺大醫院的大門，外面陽光普照，炙熱的太陽下，車子停得滿滿的，人羣依然忙碌的進進出出，遠遠的走了一段之後，再度回頭，只見從學生時代就看慣了的醫院古老尖形的屋頂，令我依戀不已。

「再見。」

我再度依依不捨地，看看這四十四年來和我生活在一起，培養我，使我獲有成果的這座建築物，不禁說了這麼一句「再見」。同時，也對歷代的校長、醫學院院長、醫院長、各科同事、外科同僚們，由衷感謝。事實上，若非他們對我鼎力幫忙，這幕劇也無從演出。

走出中山南路，往右轉，路旁加多樹上的夏蟬吱吱齊鳴，好像落幕時，觀衆的掌聲。

第三部

春回

（一九七六—一九八二）

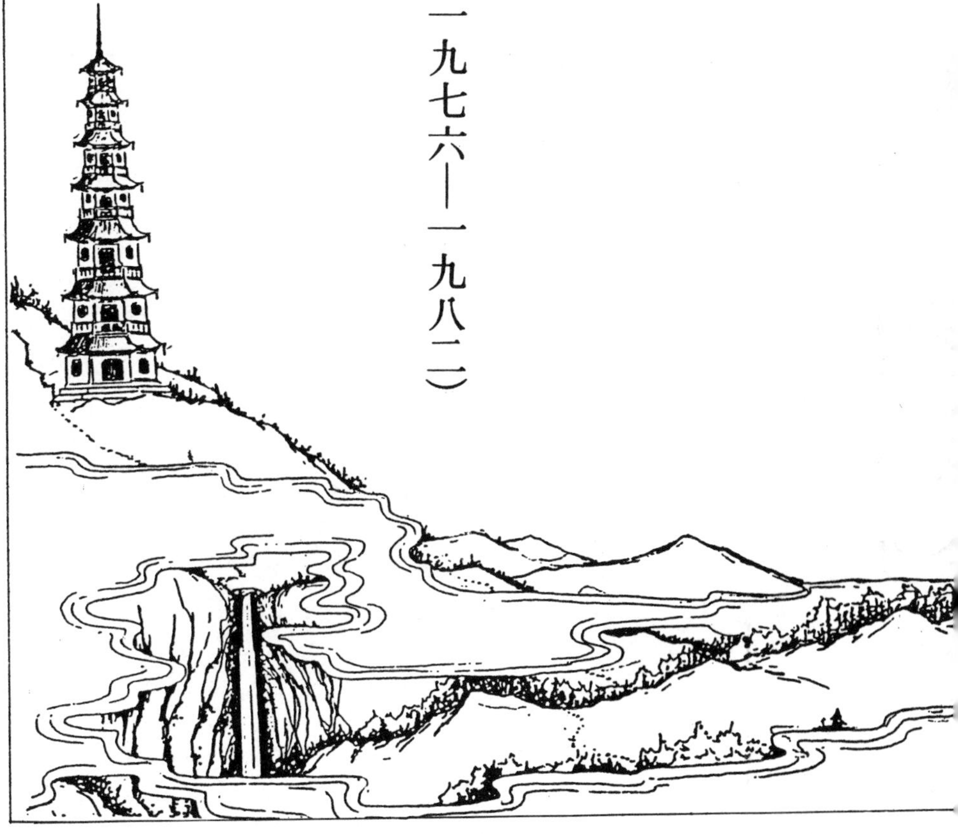

第一章 入春

一、春的萌始

在我滿六十三歲生辰的翌日—一九七六年十二月十九日，抱着由大學退休後，如卸重負的輕鬆心情，按着慣例，散步在外雙溪的道上。雖在十二月，近數日來並沒有冬天的感覺，無寧說是像初夏。在暖和的氣溫裡，我帶着愛犬「司麥脫」，悠閒自在的漫步登山。

「司麥脫」已是十多歲的老犬了。最初來到我家的時候，還把我的手指，當作奶頭吮吸。渾身茸毛柔軟，像絨球般的可愛。但現在，密密的茶色長毛覆耳，走路也像很吃力的樣子。最初十數步，尚能以跑步的姿態前進，但漸漸的緩慢下來，過不久，只好蹲下來休息了。

「已經老了啊！」我想。

我繼續以悠閑寧靜的心情，在路上漫步前進。

道路很乾。在前面，山的深綠處，蘆葦花正吐着白蕊。白色的穗，受着青空陽光的照射，閃爍着銀色的光芒，十分美麗。穿着短褲和運動衫，在行進中，我不由得感到春天的溫暖。加上看到那美麗的蘆葦花，雖說是在冬天，在山的白色之處，頗感到有春的訊息。

「春天開始了」，是的。這樣我也聯想到有關自己，不覺在我的心中，也感覺到了春的氣息。

說實在的，在幾個月前，我剛從大學退休下來的時候，因爲過去四十多年的夢已告終了，徘徊也完了，又日以繼夜的，趕寫爲向 Dr. G.P. Murphy "International advances in Surgical Oncology" 交卷的一章完成了之後，確喘了一口氣。頗有「無事一身輕」之感。一時身心覺得非常輕鬆。然而沒有多久，就開始如同墮入黑暗中，感到無限的寂寞。當時也許由於霪雨不停的關係，心情陷於低潮，就好像在濃霧中，迷失方向一樣，心中一片空白的感覺。

就是在那時候。有一天，恰似安慰我的心，我接連地，收到 Bockus 的「消化器學」第三版新改訂版，Popper 的「肝疾患上的進步」第五册，奥田，Peters 的「肝細胞癌」單行本等三本書。

各書均有刊入我的有關著作。實在是具有重要性的好書（圖三－1）。均使用銅版紙印刷，描畫的照像也甚爲上乘。再看看著者們，只有奥田、Peters 的書內，日本教授的姓名，大部份列入。可是其他書裡，例如 Bockus 的書裡，有我寫的「肝惡性腫瘤」，中山教授所寫的「食道癌」，以及村上教授所寫的「胃癌」以外，著述者大部份爲歐美、加拿大的有名教授們。Popper 的書裡，亞洲人的著者，僅我一人而已。至於 Popper 的「肝疾患上的進步」一書，曾在一九六一年時，由病理科的陳海清教授，讚譽爲「最具權威的好書」，向我推介。我當時買了其第一册。想不到，在十五年後的今天，我竟成爲該書著者羣中的一員。

坐在安樂椅中，我靜靜的展卷閱讀。看着看着，我不覺眼中濕潤起來。回想過去二十數年間，對於此道，付出心血，細心鑽研所得的成果，沒有想到能受到世界醫界的重視，成爲現今，此等極具權威性的書

Chapter 39

Recent Advances in Technique of Hepatic Lobectomy and Results of Surgical Treatment for Primary Carcinoma of the Liver

By TIEN-YU LIN, M.D.

ALTHOUGH HEPATIC RESECTION for liver cancer was reported as early as 1891 by Lueke,[1] surgical treatment for hepatic tumor remained wedge or partial resection until 1952. In principle, excision of a malignant hepatic tumor should be wide and extensive enough to eradicate the lesion. The reason why partial resection rather than more extensive major resection for liver tumor was done in the past might be attributed to the following factors: (1) the surgical inaccessibility of the liver; (2) the vital function of the liver precluded large

Chapter 115

Tumors of the Liver

Part I. Primary Malignant Tumors

Lin Tien-yu

Primary Malignant Tumors in Adults
Pathology
Primary Carcinoma
Other Malignant Tumors
Prevalence
Etiology
Clinical Aspects
Hepatocellular Carcinoma
Laboratory Findings
Roentgenologic Findings
Hepatic Scintiscan
Ultrasonography
Peritoneoscopy
Liver Biopsy
Differential Diagnosis
Treatment
Prognosis

International Advances in Surgical Oncology 2:25–54 (1979)

CHAPTER 19 SURGICAL TREATMENT OF PRIMARY LIVER CELL CARCINOMA

TIEN-YU LIN, M.D.

At present, the definitive treatment of hepatocullular carcinoma (HCC) is surgical excision of the tumor. Ligation of the main hepatic artery or portal vein branches or even total extirpation of the liver followed by allograft may be considered when the lesion is so extensive to defy hepatic resection.

HEPATIC RESECTION

wedge or partial resections. The lag in hepatic surgery among all abdominal operations might be attributed to the following:

1. The surgical inaccessibility of the liver.
2. The vital functions of the liver precluded large excision for fear of lethal consequences.
3. The liver per se constitutes a huge valcular sponge which is friable with a

Resectional Therapy for Primary Malignant Hepatic Tumors

Tien-Yu Lin, MD

The liver is the largest parenchymatous organ of vital importance in the human body. Aside from the hepatic artery and veins, the liver receives an ingress of portal blood from the splanchnic area and it is interlaced with the hepatic biliary

圖三－1. Bockus「消化器學」，Popper「肝疾患上的進步」，Murphy「腫瘤外科國際上的進步」，Okude「肝細胞癌」等教科專書出版。

的一部份。這些書，將都成爲永久傳流後世的傑作啊。我不禁滿足的閉上双目。這樣一來，我突覺一掃心中的苦悶與空虛，而有春回大地的歡欣。

這正和現在，眺望遠山的蘆葦花所閃爍的銀色光輝同樣，在我心中充滿了春的氣息。

「我的人生，並未被人們所抛棄，又見春天了。」

自己由心的深處，發出會心的微笑和歡呼。

我和「司麥脫」慢慢的由山道攀登。「司麥脫」仍是行走數步，必須停止休息一下。好啦！慢慢的走吧！我這樣想着，便點燃了煙斗。

在山邊成熟了的黃金色稻穗，大部份業經收割。在一段段的乾田裏，雞類爭尋着落穗。路邊僅有的土地，誰在耕耘，所種的芹菜，促進食慾，發出刺激性的芳香。

對面山上的煤礦，照常由坑道裡拉出煤車。由笨重馬達所發出的金屬聲音，不絕的響徹青空。

我走到約五六十年樹齡的三棵大楓樹前，暫行停止。與「司麥脫」一同，由那兒登上小丘，坐在岩石之上。吸着煙斗，從楓樹樹幹之間，眺望遠方的塊塊農田。更遠處有故宮博物館巍然聳立，浴在美麗的金黃色光波之中。

或者由於風的關係，突聞颯颯的聲音，乃是二—三楓葉落下。一枚落在岩石上，發出金屬聲音，由岩石滾落岩下。

我換了煙斗的煙絲，點火連吸，並凝視着煙斗的紫煙。不久看到西方的落日的餘暉，山後的天空，呈顯出一片紅霞，看似燃起來的希望。斜陽將墜時，空氣稍轉寒冷。然而，我心中的象牙之塔，如同那蘆葦

圖三-2. 臺大外科許主任代表教職員贈著者「教澤永懷」的匾額並頒給臨床教授的聘書（1976年9月）

花一樣的富有春意，燃起了暖流。

寫「春回」吧！我當時作了這樣的思考。這也就是寫本書第三部「春回」的原因和動機。

二、復活

由大學退休，經過了一個月左右（一九七六年九月），我又以臨床教授的名義，再與象牙之塔，結成沒有關係的關係。

那天在我曾大顯身手的舞臺—臺大醫院第七講堂，利用朝會的時間，由許主任手中接到了聘書（圖三—2）。所謂臨床教授，就是既無職位，也無俸給，名義上的教授。雖然如此，因係由校長所發的正式聘書，仍感覺到份量很重。在那一刹那，我確有復活的感受。即是，本應與之再見的此一殿堂，重又有我這個人的現身。

說實在的，職位等等，我是不在乎的。我所掛心的是我那些尚未完成的研究工作。實際上，退休之後，我雖然覺得輕鬆，沒有煩惱，但未完成的一些研究工作，一直重重地，壓在我的心頭。心中時時覺得不安，很難安眠。

當時，我遺留下來的研究工作中，有肝切除後肝再生的問題。這個問題，我曾於一九六三年發表過一次。此後我又訂立了一個新的研究計劃，迄今尚未完成。其他尚有沒完成的化學療法，和計劃中的免疫療法。

基於以上的原因，復活之後，我就立時着手，我那尚未完成的研究工作。

一段由於劇終而關閉的，我那四樓辦公室的門，又開啓了。我又坐回那磨損而變硬了的轉椅子上。隨着廻轉，椅下的稻屑又開始散落地上。椅墊益形變薄更硬了。四樓的小妹爲我送信，印刷和連絡等工作，又開始忙碌，奔走不停。此情此景，我很有「對不起」的感覺。

（一九八〇年，美國海軍第二研究所，遷往馬尼拉後，原房屋撥由外科使用。外科全體職員遷往該處。這是自第二次世界大戰後以來，外科職員們首次能集會在一起辦公。承蒙洪啓仁主任的厚意，對於已退休的我，仍予分配一個房間。這比過去四樓的那間，好得多多。桌椅都是高級品，並有冷氣設備和舖有地毯、比我家的房間還好。在此對洪主任深致感謝之意。）

三、聖誕日

聖誕節過後，緊接着就是新年。時序如此循環，歷歷不爽。往年這時，我注視着院裡的聖誕樹上，如花的紅葉，深感轉瞬又是一年。駒光過隙，時不待人，眞是感慨無量。

可是，今年（一九七六）由於退休後，心情鬆弛的關係，我早就注意到，那聖誕樹枝尖，被紅葉圍繞的黃色小花，漸漸的長大。而且日日透過玻璃窗觀看，那爲和風輕搖的紅葉時，不自覺的由內心深處，湧出前所未有的，對聖誕節的快樂心情。

由接近聖誕節的一個月以前起，即從世界各地，爲趕上佳節，每天有聖誕卡飛到。各型各色的卡片，各國不同的郵票和郵戳。並於卡片上、或多或少的，寫上近況報告或寒暄辭句。我眞有說不出的快樂。

在聖誕節，我還有一項樂趣。就是去街上的咖啡店坐坐，聽聽「平安夜」呀，或「聖誕鈴聲」等的聖誕歌。所以今年也不例外，我披上夾克，乘計程車，馳往常去的「巴西」咖啡廳。在鏡壁上，黏着用白棉切成的英文「Merry Christmas」聖誕快樂字樣。從側面通過，進入室內，正響起「平安夜」的唱片歌聲。

在美妙歌聲中，我坐在靠背椅上。照舊的要了一杯熱咖啡。並悠閑的吸着香煙。據說聖誕節一到，年青的男女們則以通宵跳舞爲樂。但我不知其樂何在。我還是聚精會神的，把身心浸浴在聖誕歌聲中，靜靜的耽思，確有無上的快樂。

吐出的紫色煙圈，飄向窗邊。看見走廊的通路上，以前是擺滿雜誌類和書籍的書攤，而今則爲純紅色聖誕樹的盆栽所佔據。走廊柱上，則掛着五顏六色繪畫的月曆，待價而估。過往行人，佇足翻閱，予以選購。有位留着大鬍子的年青洋人，大概是外國來的留華學生，買了一份帶有中國山水畫的月曆。在交通頻繁的汽車道對面，有家文具店中，滿掛着，慶祝聖誕用的飾物，招攬顧客。

今日雖冷，但却是陽光普照的好天氣。又點燃了一隻香煙，啜着咖啡。伸開兩脚，抱起雙腕，半閉着眼

圖三－3．應邀在大韓外科學會演講，中央為著者夫婦（1976年10月）。

睛，陷於沉思。今年的一月、五月到過印度，希臘和新加坡、七月退休後的十月又到過韓國（圖三－3）。先後把自己的新肝切除手術手技的影片放映，請他們欣賞。當時給大家極深的印象，博得喝采。明年一九七七年三月三十一日的日本外科學會總會，七月十三日的日本消化器外科學會，都要應邀作特別演講，並預定把上記影片放映。九月在香港有新成立的第一次東南亞外科醫學會，十一月二十四－二十六日又要應邀前往印尼學行特別演講。也就是明年的一九七七年，截至十一月為止的節目，已告排滿了。

回想我為編集此一影片，的確費了很大的心神。總之，須將三種的手術手技集成一卷，按其發展經過，必須在二十分鐘內，讓大家都能瞭解。因此，在剪接取捨，限時組合以至錄音等工作，以非專家的我，親手來做，實非易事。更為了使觀衆一看即知道，此項手術係由中國人所作，我在標題和終了的兩部份，自己穿着中國服裝，親自演出，表示了中國式的「謝謝」。等到完成後一看，深感滿意，彩色也十分鮮明。

咖啡店中的聖誕歌曲，仍在重複的播放。想來賓客們也與我同好。在紫煙繚繞中，靜靜的聽下去。我對於此一氣氛，最爲喜愛。這樣的氣氛越能使我心平安，加上飄浮着的咖啡香氣，更能使我的思想高昂。

突然映入腦際的，是想起了前此不久，王雲五先生（已故）在科學技術大學叢書的編印計劃中，有關外科學的編印，曾透過葉曙教授，有叫我作總主編的意思。我對於元老級的王先生，雖由照片上，看到他那樣壯健的肖像，但始終沒有拜謁的機會。自然我這小人物，不敢抱着和他相識的奢望。當葉教授轉來他的意願時，起初我對該項工作絲毫不感興趣。實在由於該書的對象過少所致。

「不必考慮能否銷售的對象問題。」

「如果那樣」，於是我對葉教授說明了我的希望：

「對於中文醫學叢書的編輯，實際上我沒有多大的興趣，也沒有意思去做。如果勉強叫我去做的話，我願做更高尚的東西。既非大衆化的醫學雜誌類，也非僅以學生爲對象的基本教科書。無寧具有稍專門化內容的東西。完全以我們自己的資料作基礎來寫，使用品質好的紙張，刊入清晰的照片來印刷出書。這樣的書不單在國內發行，就是行銷至國外任何地方，均可顯示出是一本具有高水準的書。假如能符合我所說的原則，我可以接受。」

事實上我曾構想，如果能這樣去做的話，我願將這本書，獻給全世界上說華語的人民(Chinese speaking people)。目前在街上書店裡，所能看到的中文醫學書，都是用劣質紙印刷的。又多爲中醫書。至於西醫書，概爲翻譯本。依拙眼所見，完全是落伍的東西。實際上我們的醫學水準，並不算低。無論在臺大、榮總、三軍，甚至二—三大醫學中心裡，都有夠水準的專家。假如能把他們網羅一起，各盡所長的，集中他們的全智識和經驗，我確信一定能有夠水準的好書問世。但絕不能使用劣質紙來印刷。

「那個一定可行。」

葉敎授說得很確定。這剛剛是幾天以前的事。我又靜想下去。以後有關這個問題，必須先與幾位具代表性的敎授們，討論研究後，組成編輯委員會。嗣經一想，我已是退休之身。但明年一九七七年的工作，比一九七六年還要緊湊，已呈飽和狀態了。距明年亦僅還剩下五—六天了呀。

四、春的足音

今天是新曆一九七七年二月，農曆則正是春節。到處鞭炮聲，響徹雲霄。街上購物人群，十分熱鬧。家家均在等待親人回家共慶團圓。然而在我的家裡，因子女們都在遠方，成家立業或出嫁，傭人也回家過年去了。所以較平日人數減少。除我與妻二人外，尙有愛犬三條，眞是寂寞的正月。妻是中國傳統文化的保守者。像往常一樣，一大早起來，將買來的春聯和「福」「春」方字，黏貼門口，故意把「福」「春」兩字倒貼，取其「福到」和「春到」的吉利之意。每年照貼不誤，已經多少年了。然而如今並沒有「福到」和「春到」的感覺。

「把財字倒貼起來看看如何，「財到」比「福到」或「春到」還要好啊。」

我這樣半帶譏笑的口吻對妻說。一向沒賺過錢的我，仍然對於「財到」頗感興趣。以前聽從友人的慫愚，也曾為賺錢動過腦筋，可是結果，雖未賠本，但毫未賺到。從那以後，對於「賺錢」向未着眼過。自己常想，「賺錢」這句話，在我是命中註定的無緣。這大概是我的面相上，也看不到「錢緣」的原因吧。有例為證：經常由臺北公園的紅色轉門出入的人們，在旁邊賣愛國獎券的人，一定提高喉嚨：

「明天開獎、明天開獎」

向往來人等叫賣，推銷愛國獎券。可是當我走過時，突然噤若寒蟬似的，向不對我招呼。

「哈、哈！是不是看出我的面相上，現出沒有錢運的樣子，所以對我不屑一顧!?」我這樣想。

「你是那樣的愛錢嗎？」妻問。

「自然，愛錢是人之常情。」我答。

雖然如此說，倒不是不服輸，事實上我對於錢並不是如此的重視。

「有得吃、就吃，沒得吃、就不吃。能睡就睡、不得睡就不睡。」

年輕時代的生活方式，現在的我也是一樣。

農曆正月開始時，即細雨紛紛。

退休以後，即以登山作為午後的日課的我，那天也不例外，撐着油紙雨傘，向外雙溪的山邊行進。小雨落在山路乾燥之處，為路面熱度所蒸發，變為水蒸氣，瀰漫在路上空間。無論遠山，近山同樣為霧氣所籠罩，像面紗一般覆蓋着森林。一片和平景象。雖非大雨，但雨點打在傘上，發出如擊小鼓般的聲音。

山水增漲，在相思樹或羊齒類的根間，造成急流。春天並未來到這個山上。然而在行進中，聽到雨打傘聲，我有春的足音迫近眼前的感覺。足音來得快，想不久即可敲開此山之門，前來造訪。那時全山，為嫩嫩的新綠所換裝。沒有冬天的枯木，和秋天紅葉的這一國度裡，此一時刻最爲美麗。將燃起來一切希望。滿懷着，那一天即將來臨的感覺，繼續在山路行進。並想到此後，即將開始忙碌的，一九七七年的工作，耽於種種的思潮之中。

第二章 第一春

一、第七十七次日本外科學會總會

一到三月底，對我來說，是一九七七年的第一個春天來訪。那是在日本的第七十七次外科學會總會的會場。關於日本外科學會總會的特別演講，我曾於一九六一年一度被邀請過。那已是十六年前的往事。當時的會長由名古屋大學的今永教授擔任。那時我曾講述肝癌的外科治療，同時也介紹了我那新的手指肝切法。這次被日本全國性的外科學會總會邀聘作特別演講，爲第二次。

現任會長，是東京的日本醫科齒科大學外科主任的村上教授。他對我來說，實是新面孔，素不相識。會場設在東京日比谷公會堂，時間是三月三十一日。宿泊是訂在附近的帝國大飯店。自然往復機票等都由學會負責招待。此次由外國所邀聘的特別演講人員，僅我和美國的 Lloyd M. Nyhus 教授二人。當天我預定講演有關「肝臟腫瘤及其外科治療和成績」（圖三—4）。我無寧決定將重點，放在我所改善過的，新肝手術法的影片上，叫他們繼續見識見識。自從一九六一年的第一次特別演講時，介紹有關手指肝切除法以來，我更近一步的，研究出來兩種手術法。此次得能在全日本的外科學會顯示出來，對我來說，實在是

第77回日本外科学会総会

会 長　　東京医科歯科大学教授　村 上 忠 重

会 期　昭和52年3月30日(水), 31日(木), 4月1日(金)

会 場　東京都虎ノ門, 日比谷地区

IS. International Session

第2日（3月31日）第2会場（日比谷公会堂）

IS International Session

開会の辞　中 山 恒 明

座長 佐 藤 博 千葉大2外

1) The operative approach for duodenal ulcer—1977

Lloyd M. Nyhus (The Abraham Lincoln School of Medicine, University of Illinois)

座長 井 口 潔 九大2外

2) Hepatic tumors, surgical treatment and its results　Tien-Yu Lin (National Taiwan University)

座長 四 方 淳 一 帝京大1外

3) Improvement in results of neurosurgical therapy　加 藤 幸 一 加藤クリニック

4) The clinical studies of the recurrence of colorectal cancer

山 田 栄 吉 愛知がんセンター

座長 岩 喬 金沢大1外

5) Lessons from valve re-replacement operations　和 田 寿 郎 札幌医大胸外

6) Studies on artificial heart and its related circulatory assistance

田 口 一 美 広島大1外

圖三-4. 1977年3月被第七十七屆日本外科學會總會邀請作特別演講

難得的良好機會。

我偕同內子於三月二十九日飛抵東京。正值櫻花季節。滿樹盛開，美而且白的櫻花，齊列在由羽田機場至帝國大飯店的夾道。就像歡迎我倆的蒞臨一樣。由學會指派了醫局長等二人，在飛機場迎候我們的到來。

「櫻花已在開放了呀！」

「是，今年比較往年早些。」

在交談中，他們告訴我說，在三月三十日晚由會長邀宴，四月一日由中山教授，在其別墅設宴招待等等，並將兩張請帖交給我們。帝國大飯店雖舊，但在東京是最高級的旅館，以前只是聞名，但住宿還是第一次。

全國性的學會會場，有十個以上，分佈在各處。但特別演講場地，則指定在可容納數千人的日比谷公會堂。紅尖屋頂的公會堂，建築在櫻花開放的日比谷公園裡。就在帝國大飯店的附近。到達後，即對環境加以辨識，殊感放心。

日本自與我國政府斷交以來，經濟交流雖在繼續，但文化及其他方面，陷於停頓狀態。在某些方面無寧說彼方採取敵對態度。例如，一九七二年德國慕里黑，舉行奧林匹克國際運動會時，在國際排球協會的會議席上，日本代表即率先起立發言，以誰也聽不懂的蹩脚英語，排斥我國會籍。那時的叫囂情形，猶在記憶之中（當時我是以中華民國射箭協會理事長的身分，出席奧林匹克會的）。射箭也是自那以來，雖能作友誼賽的交流，却不能正式以國家代表的名義參加。至於學會也是同樣。以前日本的大學教授，常常到我們的學會來，我也不僅應邀去日本的大學，也曾接受過日本外科學會，臨床外科學會，日本肝癌研究會，日本小兒科學會等的邀請，去做特別講演過。但自從斷交以來，形同煙消雲散，幾無往還。僅個人的交流，仍照常進行。例如，充滿溫情的書信交往，聖誕節賀卡，每年從不間斷。此一變態的現象，自然是基於政治上的理由，就是一向不搞政治的我，也十分淸楚。

不知是什麼風吹來的，一九七六年九月，由日本外科學會總會的會長村上教授，接着又在神戶學行的日本消化器外科學會會長光野教授，先後給我寄來邀請書。也許是藉此機會，同時由新瀉大學和川崎醫大也寄邀請函給我。無論日本外科學會總會或日本消化器外科學會，都是日本國家的代表性學會。而今突然向中華民國國立臺灣大學林天祐教授指名寄來，註明「中華民國」字樣的邀請書，眞使我頗爲驚異。對於這樣突變的氣象變化，我也不十分明白。總而言之，在科學領域是不滲雜政治的。也可以說，「科學上並無國境」這是自古名言。這次對於我，是將我那手術法，向日本全國的外科醫，展示的最好機會。並且在影片的開頭和終了，都有我身着中國服裝出現，一看就能知道，這是由中國人所創造出來的。我想正可藉此「爲國家爭光」。

二、老兵不死

我的演講時間，是訂在三月三十一日下午三時。我提前到達會場。看到了那天到機場來接我的醫局長。他陪我走過會場旁邊的過道，領我進入裡面像會議室的休息室。室內圍桌而坐的，有會長和外科學會的幹部多人。

「喂！林先生」

首先向我擧手招呼的是中山教授。他已年逾古稀，仍然中氣十足的大聲招呼。語調將完，急將鑲有潔白義齒的嘴唇閉緊。他的聲音雖大，但由其在前額上深刻的皺紋，仍然顯示出龍鍾老態。很難掩飾過去。

對於中山教授，我在很早以前就向他道過謝了。實在來說，教導我應走的道路和方法的人，就是中山教授。

那是彼此都在年輕，數十年以前的事。他特來臺灣參加學會時，他曾對我說：

「林君，你將來若要作硏究，希望你能硏究世界上誰也不易硏究的東西！」

在車中，他很熱誠的，向坐在比鄰的我，像訓誡似的這樣說。我認爲他是從日本遠道而來的賓客，又係前輩，所以我接他一起到會場去的。

「而後寫一篇好的論文。把論文繼續不斷的，投向外國的有名雜誌。不要隔好幾年才投一次，每年或一─二年內，能投一次才好。國內雜誌不會發生效用的。」

那時我正熱心的，在硏究新興的胸部外科和心臟外科。也正是東京醫科大學的篠井教授（已故），積極的把我的事，向日本推介的時候。

「非常感謝！我十分明白了。」

中山教授，當時關於食道癌手術上，創有卓見，連續的在外國發表，已成爲國際知名的人物。教授的指示，使我深加考慮。胸部外科、心臟外科在臺灣也許是一新耳目，但與外國相比，却已十分落後。加上硏究設備，更無法提起。在這樣狀態下，此一道路，即如何去發掘鑽營，也難以戰勝外國。

「若是做，就去做他人不能做的。」

「而後要向外國不斷的發表。」

這是多麼寶貴的指示呀！說實在的，我從一九五四年以來，就把研究重點放在肝癌上。與此有關的論文，曾繼續的在外國發表。完全是遵照中山教授的指示而行的。業經過了數十年，而今我已六十四歲，而他則已過七十高齡了。

「這是會長村上教授。」

他以假牙已告鬆動而漏風的口吻，向我一一介紹。

「此次承蒙駕臨演講，非常感謝！」

很鄭重致辭的村上教授，看上去五十剛過，是個矮小圓臉的人。

「很久很久以前在臺北，我們曾經見過面」。

他雖這麼說，我對他實在感到陌生。

「啊，久仰大名。我們曾在 Bockus 書中，是同事啊。」

我與之寒暄。Bockus 新版的「消化器學」中，我寫的是惡性肝腫瘤，中山教授是食道癌，而村上教授則是寫的胃癌，因而我才那樣說。接着是七月日本消化器外科學會會長的神戶大學光野教授，還有請我在學會後駕臨新瀉大學的武藤教授，各各自我介紹，互相致意。

「林教授，演講後，我想和你商議一下，有關七月學會的事。」

在最後光野教授附加了一句。大家都是新面孔聚在一堂。

在日比谷公會堂的演講場，是設在有一、二樓的講堂。聽衆已經擠滿了會場。會長站在銀幕之前致詞，並介紹演講者。他介紹我時，沒有想到，他很明確的說中華民國臺灣大學，直呼了中華民國的名稱。講詞指定使用英語。我按照規定開始講演。緊接着演講，即放映電影。在電影的最後「劇終」幕面上，現出身穿中國服的我，按着中國古禮的動作致謝時，引起滿場喝采的掌聲。

「成功啦，我那第一春的花朵，開得很好啊。」

由台上俯視人群拍手搖動的波浪，我極感滿足的鬆了一口氣。接着進入討論和質問階段。原來學會要求以英語，但一旦進入質詢。

「我使用日本話，失禮。」

這樣說着，有二、三教授提出質問。我也使用日語回答問題。忽然看見前排，坐着的美國 Nyhus 教授，正用異樣的眼光看着我。大概是因爲我使用流利的日語解答問題，很爲吃驚吧。

由會長手中接過奬狀和紀念品，在掌聲中步下講台時，札幌大學的和田教授和北海道大學的葛西教授，到我面前來道賀。接着又有「我是某大學的某某」「我是某某，現在在某大學」，有好多個新面孔的教授，前來向我自己介紹。一看均是不認識的青年教授們。啊？東大石川教授，京大的本庄教授，阪大的陣內教授，東北大的槇教授等人，這時都到那裡去了？現在我一個人，爲陌生人所包圍。很感困擾，又有點寂寞的感覺。然而轉瞬間，我立時注意到時代的變遷。昔日的日本各大學的外科主任們，也和我一樣，當時都站在第一線上，多采多姿的活躍在學術界。而今他們幾乎全部退休了，其中也有業已死亡的。（如桂教授、篠井教授）現在的新進教授們都是第二代了。我突然醒悟，只有我尚在生存，而且生氣勃勃的，與新生代握手，接受歡迎，並共同討論。

「林先生，我們商量一下七月學會的事，請您過來一下。」旁邊的光野教授，看到正在忙於應酬的我，加以催促。

「林先生，您那邊的事完了以後，有關到新潟大學的事，希望和您商議一下。」緊接着，新潟大學的武藤教授，提出邀請。他們都是和我初次見面的。現在他們都是在日本外科學界的，第一線活躍的青年教授啊。

「啊！我又年青了。」

演講會後，我凝視着日比谷公園的櫻花，感慨頗深。想想自己的現在，不知何時，對麥克阿瑟「老兵不死」的歌的思潮，湧向心頭。

三、兩個世界（雪國）

學會終了以後，按照預定，於四月四日的中午時分，新潟大學的伊藤副教授，前來迎接我們。在髒亂的「上野」車站午餐後，我們搭上開往新潟的火車。

到達新潟需要兩個鐘頭。新潟在地理上是靠日本海方面，有「魚好」「米好」之譽。我在臺灣時，武藤教授和曾峨副教授再三來信，邀我來新潟旅遊，並到新潟大學演講。因此，我決定利用四月學會終了的機會，前往新潟一行。武藤教授事先，徵詢我的意見—去新潟乘飛機抑或坐火車。我決定：「希望坐火車，因爲晝間行車，可以飽覽沿線風光。」結果十分滿意。

火車在櫻花開放的東京近郊，奔馳了相當的時間，以後接近山麓。在青峰下，滿開着，一團一團的櫻花，令人賞心悅目。火車稍行坡路，即進入隧道。

「這是清水隧道，是日本最長的隧道。」

「有多少長度呢？」

「這個麼，大概可走十分鐘以上。現在火車是在山的地下，蜿蜒着馳行，以越過山嶺。」

可能是火車登山的關係，速度減慢。在黑暗的山洞中，外面情形，無法看清。但是當火車進入山洞的瞬間，明亮的火車內，兩列長條座席，反映在黑暗的兩側玻璃窗上，突然間看去，好像廣體客機中十列座席的寬度。吸煙的乘客和正在瞌睡的人影姿態，都很清楚的映在如鏡的玻璃窗上。

我看手錶的時間，長針走過十的時候，火車轆轆加速，突如由隧道吐出般的，重回到晴朗的而純白世界中。一看，山、平原、田畝等，一望無垠的埋在一尺以上的白雪之中。在山的那一邊，剛纔所看到的春天形像，完全消失，改頭換面似的，一霎那變成「雪國」。

我和內子都很驚奇的，半伏身子，從車窗外望。帶着荒涼氣味的雪原，大半已變成冰硬。除了到處散插的竹杆以外，土地的痕跡，難得一見。若不是火車奔馳而過，廣大的雪原是一片寂靜。不久通過名稱「湯澤」、「長岡」的城鎮，景象是同一狀態。只見每家的周圍，把雪剷除得很乾淨，可是每家的內院或並排房舍的中間空地上，都堆積着很高的雪山，已變成黑色了。在很遠的山坡上，有滑雪的人影，畫成曲線似的，在樹木間流動。

「眞是可怕，方纔還是春天，怎麼到此就變成冬天了呢。」

我這樣問伊藤副教授。

「是這樣的，一過淸水嶺，就是被稱爲的「雪國」了。」

由於「雪國」的名稱，我突然聯想到川端康成（日本的諾貝爾文學獎得主）所寫的小說，書名爲「雪國」來。

「川端先生所寫的雪國，不曉得以何處爲背景而寫的？」

當火車將通過叫「湯澤」的溫泉町時，我問伊藤先生。

「就是此處的湯澤啊。」

火車並不在此地停靠，響起卡達卡達的聲音，從鄉下車站的月台間通過。我急回頭望去。車站附近，均埋入雪中。並未看到站長的影子。但川端康成先生所描寫的「雪國」的光景，憮然的在眼前浮動——

『有位小姐由對面的座席站起來，把車窗打開。立時有雪的寒氣灌入。該小姐上半身由車窗伸出，向遠處喊叫：

「站長先生，站長先生！」

手提號誌燈，慢慢踏雪而來的男士，用圍巾包住鼻子，皮帽子垂於耳際。』

就是在火車已通過車站以後，那個葉子小姐還在叫喊：

『站長先生，請你轉告我弟弟，在下一次休假日回家來。』聲音由後方，似乎尙能聽得見。

車過「長岡」，雪漸漸的薄了。處處也可看到，田園土地露出來。

「一到冬天，長岡的雪最深。積雪高至二樓，人們在雪下的道路行走，也有由二樓的窗戶進出的。」

「這雪從什麼時候開始，堆積到什麼時候呢？」

我邊很有趣的眺望這不毛之地的雪景，邊向伊藤副教授請教。

「大概由十月開始，到翌年的六月才能溶化。」

「在那期間，所有土地，是不是棄置，不加利用呢？眞太不經濟啊。若把它作爲工業地帶，是不是比較好呢？」

「說是對。但是此地的土壤肥沃。自古以來，此處所產的食米，是日本最好吃的，極負盛名的。」

在談話中不知不覺的，火車漸漸的接近了靠日本海的新瀉。被稱爲艮田的田圃，尚未插秧。阡陌縱橫，一望無極。在此處已無雪的痕跡。雖然看到櫻樹，但尚未開花。

「此地的櫻花，要比東京晚一個月才能開放。」

在新瀉三天二夜，演講或叩擾由武藤教授爲首，下至醫局長，連同夫人們的盛情邀宴，同時又有到昔日富農之家參觀等節目，精神至感愉快。新瀉市與東京不同的，是所有料亭，均係古色古香木造的。可能由於寒地的關係，這樣的料亭很多。在料亭飲酒，由藝妓彈三絃琴，加上我那第一春上成功的快樂，遂很暢快的飲酒、談話，並又唱了一曲「村上一劍」的浪曲。我所唱的浪曲，連日本人都感到驚奇。

「回去時，要乘飛機嗎？」我回答伊藤副教授的問話，我說：

「不，要坐火車。我希望再一次，享受那個雪國的光景。」

實際我願意再進到那雪國一次。而且對於川端康成先生所寫的『站長先生、站長先生！』這樣叫喊過的葉子小姐的，那個雪國車站的光景，願再看一次。不僅如此，也打算什麼時候，在雪深時來到「長岡」，也做做由二樓的窗戶出入的情形來看看。

四月六日由武藤教授，曾蛾、伊藤副教授等，醫局長以及各位夫人，齊到車站月台送行。我和內子乘上火車，又以反方向的路程進入雪國。不久又進入很長的清水隧道。以清水隧道爲界的兩個世界，在時間上僅十分鐘之差而已。在隧道裡，看似廣體客機一樣寬濶的火車，一旦出來到明亮之處，變回原來狹小的火車時，外面已是櫻花滿開的綠色世界了。

第三章　第二春

一、出發前夕

一九七七年一到七月，我預定的第二春，已經來到。今年特別的熱，臺北正在盛夏。氣溫最高時達到攝氏三十五度。然而在我的心中，因係在去參加學會的出發前日，却有溫和春天的心情。

所謂我的第二春，是指日本消化器外科學會。該會定於一九七七年七月十三～十六日在神戶舉行。節目表中的肝切除的意見發表會（Symposium）中，我的題目是「肝切除手技的問題點」。這是在一年以前，由光野教授所邀請的。指定放映影片時間只有八分鐘，而我把那放映二十分鐘的三種手術法影片，濃縮至八分鐘，實非易事。此一廿分鐘的影片，曾於四月在東京的日本外科學會總會上，放映給大家看過。可是此次主要是以肝切除爲中心，特別以我的方法作爲討論的主題。因此對我來說，是不可再得的良好機會。

一切準備都已就緒。在出發的前日，我冒着35°C的晴天白日，以輕鬆的心情，又漫步前往外雙溪登山。柏油路面十分乾燥，不見陰影，道旁的樹蔭，都像要躲避那火般太陽的樣子，縮入於樹根周圍。再一看我自身的影子，像叫我身體庇護似的，也在脚下縮小。樹葉像被吸去水分的樣子，顯得無精打彩。此時此刻，正應鳴聲唧唧的山蟬，也寂靜的消失了聲音。我一個人走在溽暑裡。

圖三－5. 芳蘭美術會會友合影（左坐者爲著者）

「好像瘋子一樣呀。」

老妻常常的挖苦我。偶爾一想，也確乎如此。在這熱氣蒸人的白天，散步的人恐怕沒有。然而，我最喜歡行走此路。無論暑中或雨天，一星期裡至少散步三次。而且我還邊走邊加思索。不是仿效「康特」，可能在不知不覺中成爲我的習慣了。如若不走，總覺着渾身都不對勁。

登上山頂。青空漂浮着朵朵白雲。想到明日將飛在天空時，遂覺身子也輕起來了。舉目下望，在眼中出現的景色，正如我在去年，參加第二次芳蘭美術會（圖三－5）所出品的「展望」的風景－青翠的觀音山，紫色的淡水河，金黃色的田野，加上白色的士林街－仍舊在太陽之下，發出美麗的光輝。

在此，我照常的脫下運動衫。裸露上半身，實行日光浴。背部被日曬得隱隱作痛時，再轉以胸部向日。偶然發現脚底的前面，黑色成隊的螞蟻，像由飛機上往下看高速公路上，往來的汽車群一樣，來去匆匆。

圖三－6．第十屆日本消化器外科學會會長神戶大學光野教授（左）與著者（1977年7月）

在這盛暑的山上活動的傻瓜，我想只有我一個。但出乎意料的，另外還有些傻瓜們。一長列彎彎曲曲的蟻隊，把挖掘的小食物，搬到不遠的在雜木枝頭，他們那像牛糞塊般的巢裡。

「啊，走吧！」

經過相當的時間，我重新穿上運動衫。螞蟻群仍在愚蠢的動着。暑氣稍見減退，山蟬又哇哇的發出鳴聲。天空照舊青藍。走下山坡，穿越樹林，我仍循原路開始下山。由山下不時的吹來清新的微風。

二、第十次日本消化器外科學會

在此次的消化器外科學會上，我有兩點感想。第一：該學會打破以往的傳統形式，採取重視視覺的新的討論形式。亦即是電影意見發表會（Cine' symposium），在討論會場上，正式採用電影放映。過去三十餘年來，學會上只是利用圖表或幻燈片，並以口述方式發表論文。其後學會雖然開始放映影片了，但那只是屬於學會的附屬性的活動。像街上電影院一樣，在別的房間放映，願意看的人，可自由參加來看。學會的重點仍然在於論文口述方面。

此次的神戶學會，特別以「電影討論會」爲題，採用以電影爲重點的發表形式。這是迄今該學會未曾有的形式。私對會長光野敎授的用心艮苦，深表讚佩（圖三－6）。即是，六名的討論會參加者，用二分鐘的幻燈片發表以後，再以八分鐘來放映手術手技要點的影片，以後尙須在台上，應付主席或會場聽衆方面發出的質問和討論。

充滿會場的聽衆，可能超過二千人。因座無虛席，大部份聽衆都在站立着。因爲我提出的電影討論主題，爲肝葉切除手技，當然我那三種手術法，頗引大家的注意。由會長對於外國人的我，致感謝詞並頒給感謝狀和紀念品時，全體人員均起立鼓掌。

當我步出會場時，好幾個日本人來到我面前，請我在他們的雪白襯衫上簽名留念。我只有照辦了。

在神戶學會所感到的第二特色是，此次的日本消化器外科學會，也帶着十週年紀念的意味，還排定了由退休的老敎授們的演講節目。又有陣內敎授、中山敎授、〇〇敎授（內科）登台，就像說相聲似的有趣，講述了消化器學界的過去和未來。此一節目我想具有很大的意義。

中山敎授談到，很早以前X光設備漏電的事，或像大砲似的直腸鏡，塞進直腸後，反看見小腸的趣談，引起會場哄堂大笑。在靜聽裡，我想起畢業當時的情形。

當時的X光，不像現在，成爲獨立科，只有技術人員。關於透視檢查、攝影，一切均須由科醫師親來辦理。

畢業不久的我，曾到X光室做腎臟攝影。讓病人平躺在台上，把X光管球放低，直到可以照像的位置。我到病人跟前，想給他注射影像劑。剛一低下頭去，突然我大叫一聲，伏倒在地板上。究竟發生了什麼事？毫不清楚。只想對當時在場，想來救助我的人們說：

「沒什麼、沒什麼！」

不知爲什麼，只覺有話，從口中說不出來。那大概正是中山教授所說的X光設備漏電吧！那眞好像精神科對於精神病患者，以電擊療法的樣子，在那一瞬間，我被震倒了啊。但一想當時的電擊，却刺激了我那很遲鈍的頭腦（我在學生時代的成績，常常接近紅線），以後我的頭腦也許變成銳利也未可知。

「可是，怎麼樣呢？我們的未來能到什麼地步呢？」

在台上的教授們的相聲又在繼續。

「都會失業了啊。」

「那是從何說起呢？」

「將來電腦發達了，人人都持有一台小型電腦。遇有頭痛什麼的，把種種症狀或檢查成績，像計算機那樣押下按鈕，把最後作答的地方按下去，有關病名，治療法以及藥名，都能顯示出來。這時我們就都失業了啊。」

爆笑聲響徹講堂。

接着是最後的餘興節目，開始日本舞蹈。

以上的兩個節目，以前確未見過，使學會生色不少，並有效的引導大家的注意力以至最後，可謂極爲成功。

三、博　多（HAKATA）

神戶學會終了後，我爲有川崎醫大之行，所以登上開往倉敷的列車。車極爲平穩，在可見工廠或田地的平野向南急行。途中某車站停車時，看見在別一列，停在車站的列車側面，寫着「博多」字樣。提到「博多」，係以博多美人，博多偶人名聞遐邇的所在地。也即是在九州的北端，靠近關門海峽的福岡市。看到「博多」字的刹那，我馬上就想起了，四十餘年前的往事。現在我把此一回憶披露出來。

那是我由醫學校出來，進入澤田外科服務不久，猶是呆頭呆腦年青人的時候。那時，澤田教授要出席在日本的學會。我和醫局長洪源火老前輩，伴同教授前往。我的工作就是給教授提皮包。當到達了以博多偶人出名的福岡市時，我和洪老前輩與教授不同，投宿於一家小旅館。係日本式的瓦頂房屋。若穿拖靴，走在地板走廊上，巴噠巴噠的拖靴聲與咯噠咯噠的地板聲，交互反響。我們二人一起住在一間日式房間。

「現在洗澡水已準備好了，請去洗澡吧。一直走再往右轉，走到盡頭就是啦。」

女侍用稍帶地方土音的日語這樣說。一看大約有三十來歲。據說博多美人是有名的，但她却看不出怎樣的美。

放下行李，換上浴衣，我和洪先生又在那地板走廊上，發着咯噠咯噠的聲音，按女侍所指的方向走去。住宿客人很少，走在走廊上的只有我們二人。

浴室就在眼前。關閉着的門上，白地印着水流花樣的，幾個布條掛在一排，立時就知道那是浴室。
我先打開浴室的門。一看不覺大喫一驚。有一個乾瘦的老婦，全裸的浸在浴池的水中。
「啊！是女浴室嗎？」
我覺得「眞糟糕，太不好意思了。」很快的把門關上。
「是女浴室啊。」
我向遲了一步來到的洪先生報告。
「很奇怪呀，那麼男浴室又在那兒呢？」
我們開始向四周尋找，正當其時，浴室門嘩啦一聲開啓，方才使用浴室的老婦，急急忙忙的出來了。
「仍然如女侍所說的，是這兒呀。」
洪先生說，我們脫去衣服，正要走進浴池。
「那個老婦人的臉皮眞厚，竟進入男人的浴室。」
正這樣說着，我彎腰用手去拿毛巾。而洪先生正要進入浴池，剛伸進一條腿。這時突然聽到，喞喞喳喳的年輕女人們的聲音，並夾雜着笑聲，雜沓的走在地板走廊上，向這一方向走來。
「眞是糟糕，仍然是女浴室呀！」
我氣急敗壞的和洪先生說：
「女浴室呀，快逃吧，那個老婦人並不是無恥的呀。」
我們立即穿上浴衣，像逃跑的樣子，衝出門外。正好有五、六個女孩子進來。斜眼一看，她們眞是名不虛傳的博多美人。

回到房間後，我們對於洗澡的事，很爲擔心。無論怎麼說，剛到達不久，有疲勞和出汗，若不早些入浴，則難得心平氣和。

「女侍確曾說過，浴室就在那個地方呀。」

「她呀，也許神經病，難道錯把我們當女人了嗎。」

我們的心情都在躭心，着急。正在說話的當中，不意間，看見方才那個女侍走過。我和洪先生，幾乎同時，向女侍出聲招呼。

「浴室究在那裡呢？」

責備混合着氣憤，我們向女侍詰問。

「一直走以後再向右轉的地方，我說過了罷。還弄不淸楚嗎？」

「那是女浴室呀」

「女浴室？」

女侍面現怪異之色。

「沒有什麼女浴室、男浴室啊，無論是誰都可以進去喲。」

我和洪先生呆若木鷄，互看一眼。女侍說完，颯颯的走去。

「喂，原來是男女共浴呀。」

「走呀，趕快去吧。」

「方才的博多美人們是不是還在？」

說着我們就急步的前往，向着那掛着小布旗的浴室走去。浴室中很靜。此次是洪先生把門打開。裡邊空空，並無一人。再一看好像方才女士們，坐過似的五個小板櫈和水桶，尚擺在地上。附近猶有香皀泡沫，尚未消失的散在地上。我們期待落空，失望之餘，洗了一個無精打彩的澡。

這已是四十多年前的往事了。洪老前輩現已年逾七十了。那些博多美人們，恐已人老珠黃，甚或在戰爭時，死去也未可知。

第四章　第三春

那是一九七七年九月的事。在香港學行第一次東南亞外科醫協會的學術大會。該會係由香港大學的翁教授所發起。一九七六年在新加坡，召開成立大會，邇後即開始活動。那時我是在臺灣的發起人。當時曾經討論決定，該協會係屬於個人會員制度，並不代表任何國家，不具有政治性，僅係以東南亞地區的外科醫，集會爲原則的組織。可是此次在香港學行第一次學術大會，會員在香港的入境上，却帶有政治性的。

此次會議，不僅是第一次集會，而且當時我又負有在臺灣地區會員的照料責任。因此儘快的對於入境問題，以緊急信件通知香港總會，請其向移民局探詢。總會的負責人，辦得很好。等收到附有移民局的保證書的復信一看，移民局這樣說：

「依法只能發出觀光簽證。然而如不說出是某處的代表時，可以參加會議。」

因而，大會也對節目中的演講者，都只列出姓名，對於該人的來歷和地名，一概不提。

「不許說是中華民國的代表，是什麼意思。堂堂正正的出席學會，反而須拿觀光簽證前往。如果這樣，不去較好。」有些會員很憤慨的這樣主張。

但若冷靜一想，此一協會並沒有在各國設有分會，並非是有組織的國際會議。本來就無所謂的何處代表。因係以東南亞地區的外科醫，個人身份集會的組織。「代表」云云，無法主張。況且若說中華民國，則中國大陸（因大陸也屬於中華民國）上的外科醫，也必須加入本會，在地理上就不能成爲東南亞地區了吧。尤以目前正處在逆境。如果那樣主張，誰也不去出席國際的集會活動，這樣一來，不是等於自己葬送自己了嗎？

「能開花嗎？」心中所關心的第三春，總之依然開花了。經過香港大學各位的努力，開放了美麗的花朵。透過此花，我對他們的外科，無論在開心手術上，換腎的手術上，都較我以前所想像的進步，而且正作學府式的研究，令我甚爲吃驚。照這情形繼續下去，我想不久我們會被追上。

第五章　與政治相似的事(射箭發展簡史)

一、人之初

在香港舉行的東南亞學會，好不容易擺脫了香港的政治干涉，花是開了呀。那時在臺灣，擔任本會發起人的我，曾爲會員們，對於不習慣的政治問題，與總會做過多次的書信往還，並以電話交換過意見。總之，對於政治，我不太懂。可是，偶而一想，以前我可能曾做過與政治相似的事。

「那個並不是政治呀。」

「所謂政治，並不是那樣的東西呀。」

若是聽了我的話，道上的眞正政治家，也許這麼說也不一定。我是知道得很清楚。所以我從來不說我搞政治，我只能說，我所做的是與政治相似的事。

這個事與醫學無關，而是體育中的有關射箭一項。關於射箭，如在前章有時所寫的，一切都是我自己，只是爲了「運動」而開始的。此是舊話。提起弓道，起初我是從較洋弓射法困難的日本長弓（所謂和弓），開始學習的（圖三—7）。而且我又練習不久，有一天，大家決定要在電視上表演。

射箭與醫學教授，雖然完全沒有關係，可是看上去也許派頭十足，因而那晚我被大家推爲表演團的團

圖三－7. 使用日本長弓射箭的著者

長。那眞是糟糕透了。所謂表演，是在很明亮的舞台上，三人並排站立（只有我用的是日本長弓，其他人都用洋弓），向相距三、四公尺的標的，均突的一聲，把箭射在靶上。但不知是爲什麼，我把長弓拉滿，正要發射時，箭矢叭的墜在台上。趕緊撿起來，又重新拉滿了弓，然而箭矢又從我拇指滑下，墜落台上。一看洋弓都已射中標的。眞是丟人透了。若是普通團員還好，偏偏介紹的是團長林教授，眞感到完全不配。

那天晚上，朋友的小孩們，都看見當時電視的情況——

「阿伯、阿伯，趕快撿起來，加油、加油、加油！」這個大叫加油啦啦隊的事，我以後才聽說。直到現在，當時看到電視的友人，還常以此爲話題，而加以嘲笑。

就以這種勁頭，我開始和與醫學沒有關聯的社會民間團體，結了不解之緣。當時，臺灣省體育協會裡，已有射箭協會的組織。在其隸屬下有基隆市體育會射箭委員會。選手只有七、八名。不久屬於該協會的臺北市體育會，也要成立了射箭委員會。我被選爲第一任會長。一九六四年九月在竹炮聲中，很隆重的典禮之下，我接受了由省體育會理事長謝國城先生主持的授弓式。（圖三―8）

委員會雖告成立，所有委員都是由袁總幹事，把國民學校的校長或朋友，拉在一起而成立的。實在的，眞能拉弓射箭的，僅有袁總幹事和我二人而已。當然在臺北市、原屬於省射箭協會的射箭高手，有省總幹事等五、六名。由於他們都住在臺北市，自應成爲臺北市射箭委員會的會員。然而，事實

圖三-8. 臺北市體育會射箭委員會成立（1964年9月），著者（左）由省體育會理事長謝國城先生（中）授弓。

上並不如此。無論遇有什麼活動，例如慶祝或者歡迎外國選手等，射箭比賽會欲舉辦時，總是說「由省來辦」。主要是因爲同在臺北市內，有省射箭協會與臺北市射箭委員會共存的關係。以致兩者之間，在活動的執行上，發生了衝突。何況選手原來都屬於省的方面，當然的結果，市委員會除了保持沉默以外，毫無辦法。這種情形大概持續了兩年以上。

「這是什麼名堂，若這樣下去，臺北射箭委員會不是可以不要了嗎？」

我爲此向袁總幹事發發牢騷。

「放下不幹吧。眞是有等於無！」

然而，我的性格不是知難而退的。無論做什麼，一經着手，就非做到最後不可。也可說是有始有終的傻勁。既不是醫學，我若在此，「有頭無尾」的半途而廢，我想絕不符合我的精神。

「什麼也沒做，就銷聲匿跡嗎？」

每當我想到放棄的時候，在開幕時由省理事長授弓的場面，就浮現在眼前。

最後，我注意到「無論做什麼，還是擁有自己的班底較好」。嗣後，我利用臺大教授的身分，對於醫學院的教職員，住院醫師和學生發出檄文，創立了臺北市射箭委員會臺大分會。當時大概集有百人左右。很快的學行了開幕典禮，由李光宜教授擔任分會長（圖三—9）。並加速的在醫學院內，建造射箭場。加上我每次由日本的學會回來時，都帶些弓箭回來，總共提供出二、三十套弓箭。至於射法，由我和袁總幹事，技藝雖不精，擔任了老師，開始教授他們（圖三—10）。說良心話，眞是後生可畏，轉瞬間青出於藍而勝於藍，他們的姿勢比我都好，命中率也高。我的內心實喜不自勝。（圖三—11、12）

圖三 - 9. 臺北市射箭委員會臺大分會會長李光宜教授（右）

圖三 - 10. 擔任老師的著者（左）及袁總幹事（右）

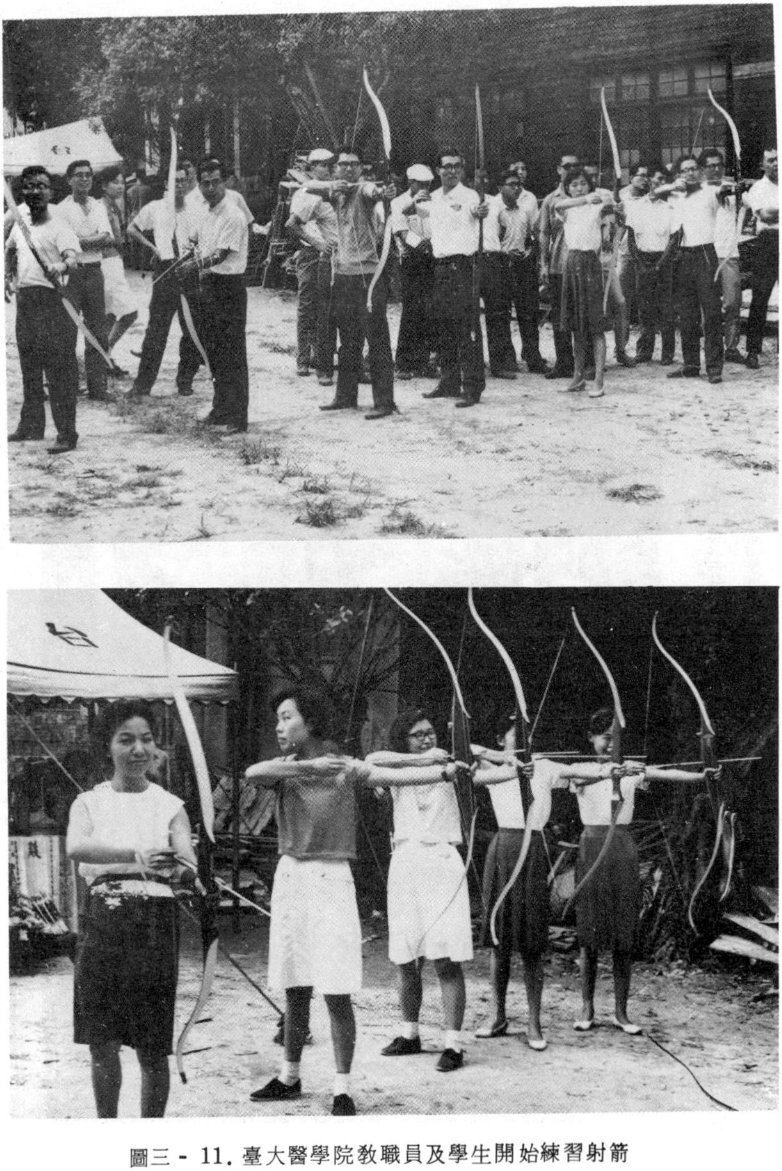

圖三 - 11. 臺大醫學院教職員及學生開始練習射箭

圖三－12. 醫學院學生比賽男子冠軍陳子坤（前列中央，現在美國）及女子冠軍江千代（前列左端第2人，現任衛生局家庭計劃推廣中心主任兼臺大婦科講師），後列中央爲著者。

就這樣我擁有自己的人馬了。只要我號令一下，他們莫不遵命行動了。

正當那時，由於基隆市射箭委員會，為慶祝成立二週年紀念，舉辦射箭會。我帶着日本長弓，領着自己的人馬去基隆參加。小山上的射場，緊靠着網球場。那天恰好是基隆的醫生們，和外埠來的醫生同業們，正在舉行網球比賽。因為我帶着日本長弓來到那兒，所以他們很感到新奇的靠近來看。這些人，以後都成了基隆市射箭委員會的新會員，也有當了會長的，又是在下面要述說的，我那射箭的政治（相似事）舞台上的，強而有力的幹部。

當時臺北市射箭委員會的袁總幹事，是劍道（二刀流）的強者。其後經由他的介紹，我得能與曾網羅劍道、柔道、拳擊、空手道等的全國體協會技擊委員會的主任委員胡偉克將軍相識。由於其母係英國人，故而他多少帶些外國人的樣子。一見是威儀堂堂的將軍，也是溫文爾雅的紳士。那時由於他的一句話，使射箭走上了全國組織的途徑，成為他所主持的技擊委員會的一員。暫時使用中華民國體協會技擊委員會射箭俱樂部的名稱，於一九六七年七月舉行成立會，我擔任會長。（圖三—13）

正當其時，臺北市升格為院轄市。其結果，臺北市射箭委員會，也當然的，脫離省射箭協會而獨立，自成一家。

迄今我尚未忘記，數年來因在省射箭協會壓力下，實力一直無法表現的臺北市射箭委員會，於一九六七年七月，為慶祝臺北市升為院轄市，在市立體育場，主辦了自本會成立以來，首次的射箭錦標賽大會。那是截至目前為止的的比賽大會中，最盛大的一次。當時，在我的屬下，已有六十名以上的強力選手。加上由於我的關係，日見發展的基隆市的射友們也來參加。那天的參加選手，約有一百多名。青空下，司令

圖三－13. 1967年7月全國射箭俱樂部成立，後練箭爲樂，射箭者中爲胡偉克將軍，左爲著者。

台的帳蓬裡，擺滿了金杯、銀杯、錦旗等獎品。在周圍，滿插着，我所設計的臺北射箭委員會的會旗，隨風飄揚。選手共分三排，朝向二十個標的，每排四十名，成一橫列發箭。這種盛大而壯觀的情形，作爲會長的我，看到「擁有自己人馬（班底）」的策略，開花結果的光景，眞是喜不自勝。不用說那天我也是選手的一員，參加了比賽。（圖三—14）

從那以後，這個全國組織，雖暫時以俱樂部名稱推行，但身爲會長的我，在職責上，感到有把射箭運動，向全島擴展的必要。熱心的醫學院學生射友們，瞭解我的意向，對於臺大本部，臺北醫學院，淡江理工學院等，爲徵求同志，大事進行宣傳（圖三—15）。另方面，我因爲同行的，主要都是醫師的關係，曾在臺中、嘉義、臺南、高雄等地，利用各省立醫院或高雄醫學院的廣場（自然事前，曾和各處院方聯繫，請代爲準備），面對敲鑼打鼓前來集合的民衆，宣傳此一新興運動。（圖三—16）

說實在的，當時，對於各縣市，叫他們趕快的成立受我影響的射箭委員會一事，我很躭心。所謂「雙包案」的企圖，在省方的總幹事方面，已露出了它的傾向。因而我想越早越好。須要在全省，造成一個健全的連鎖組織，使我的發號施令，發生作用。所以這樣做，是因爲假如一聲令下，誰也不遵照行動，那麼全國組織，就毫無作用了呀。

就因這樣，我對各縣市的醫師友人，發出催令。希望他們擔任會長，儘快的把射箭委員會成立起來。這件事，對於忙而且過去從來弓都沒摸過的他們來說，確乎是很勉強，也很困擾的要求。雖然如此，但不久，臺北縣黃兆麟醫師（圖三—17）、桃園縣信東製藥公司的吳董事長（圖三—18）、臺中市洪遜堯醫師（以後改爲廖泉生醫師）（圖三—19、20）彰化縣吳宗雄醫師、嘉義林國川醫師（圖三—21）、高雄郭宗波教授（圖三—22）等，均分別於各該地，成立了射箭委員會。

「好了，這樣一來，我的連鎖組織可要完成了。」

於是我放下了心。其後又有臺南市、花蓮港、新竹等地，也先後成立了射箭委員會。在那個時候，他們完全站在我的一邊。如此橫跨全島，都在我的隸屬下所成立的，那樣堅強連鎖組織的效果，後來數次在所謂的雙包案或糾紛問題上，很顯然的發生了很大的作用，自不待言。

二、雞蛋碰石頭

在所發生的糾紛問題之中，最使我頭痛，而且在處理上，不得不絞盡腦汁，利用機智（這個可以說是政治的相似事吧）來應付的，那就是參加國際射箭協會（FITA）時，所發生的事。

某一天，我偕同袁總幹事（他當時擔任臺北市與全國方面的總幹事）去拜訪胡將軍。在他那整潔竹籬環圍，清靜的家中，就此參加國際協會的問題向他請教。因為全國射箭部（已由射箭俱樂部改名為射箭部）是隸屬於胡將軍所領導的技擊委員會之下，有關這樣重要問題的決定，當然有待胡將軍來裁決。

當時的國際射箭協會，中共業已入會，成為會員。

「我們應該怎麼辦才好呢。」

胡將軍現出嚴肅的面孔，暫時沉默。我對他的心情，深為瞭解。因為當時政府的方針是：「有他無我、有我無他。對我不友好的國家，我不協力。」我也保持緘默的注視胡將軍的臉色變化。在盛開的薔薇上，朝露尚未消失。胡將軍所飼養的黃鶯，正在引吭啼叫。

圖三 - 14. 慶祝臺北市升爲院轄市的射箭錦標賽大會（ 1967 年），中央爲著者（會長），右側穿洋服者爲胡將軍。比賽選手中左第一位爲著者。

圖三－15. 對各學院展開推廣射箭運動。(右) 臺大本部，(左) 文化學院。

圖三 - 16. 大家組團到各處，敲鑼打鼓對民衆宣傳射箭運動。

圖三 - 17. 臺北縣射箭委員會成立，著者（中央）身後坐者爲會長黃兆麟醫師。

圖三 - 18.
桃園縣射箭委員會成立，著者（左）與會長信東製藥公司吳前董事長。

圖三－19. 臺中市射箭委員會成立，著者與會長洪遜堯醫師（右）。

圖三－20. 臺中市熱心的射箭女高手們，臺中市射箭委員會的成立仰仗她們的助力很大。

圖三 - 21. 嘉義射箭委員會成立，訓話者爲會長林國川醫師，中央站者爲著者。

圖三 - 22. 高雄射箭委員會成立，著者（右）授弓給會長高雄醫學院郭宗波教授（左）。

圖三 - 23. 全國射箭錦標賽（每年舉辦四次）

「我的想法是這樣。」我打破了緘默，表示意見。他抬起眼來望着我。

「我想是應該參加。政府的方針十分瞭解。大家的主張，在這種場合去參加時，也許認爲有違愛國主義，與我們的志節相反。但我寧願把目標擺在遠方，顧及現實。我想是應該去參加的。」

袁總幹事也表示共鳴。將軍把眼轉向窗外，像在思想什麼似的，立時目光向我掃瞄，大大的點頭。

「好吧，就照你的意思辦吧。」

他就這樣的下了決定。胡將軍現在已歸道山（聽說是在我出國期間，因胃癌出血病故）。那時我不由的這樣想，若是我是他麾下的士兵，他一聲令下，我一定會去衝鋒陷陣的。

加入國際射箭協會，按照規定，將加入申請書，年費，及兩個國家射箭協會的推薦書（日本、菲律賓、大韓民國都給了推薦），一切文件寄給在英國的國際射箭協會的總會。過不久（一九六八年十一月二十九日）即接到由總會會長 Mrs. Frith「接到了。將轉給明年在美國擧行的國際會議，請靜待決議。」的復函。

自此以後，射箭活動，在臺北市不用說，爲鼓舞各地方的射箭委員會，我決定一年四次的全國射箭錦標賽（圖三—23），由各地的委員會輪流主辦。採取此種輪流的結果，果爲所料，「決不輸給你」各地委員會互相競爭。選手也由當初的十數名，增加到三百餘名。具有全程比賽資格的（三〇公尺、五〇公尺、七〇公尺、九〇公尺），也增加了約有百名，成績不斷的升高。

正在此時（一九六九年二月六日），突然由國際射箭協會的會長，寄來怪信一封。拆開一看，「趕快把情況澄清，不然貴方所提的加入國際射箭協會案，不能向總會會議提出審議。」並附有臺灣省體育會射箭協會所寄函的副本一份（圖三—24）。再一看那張副本是這樣寫的；「現在臺灣，由於選手增加，射箭運動，極爲盛行。我們組織了中華民國的全國射箭協會，並準備加入國際射箭協會，請將手續辦法賜告，以便辦理。」云云。（圖三—25）

「又是雙包案呀，而且此次成爲國際上的雙包案了。」

「這信實在寫得好。對我的事毫不觸及，只說我們正做申請加入的準備。這已足夠使 Frith 會長吃驚

Fédération Internationale de Tir à l'Arc

INTERNATIONAL ARCHERY FEDERATION *Founded 1931*

From the President - Mrs. I. K. FRITH
ARDWELL CLOSE, CROWTHORNE, BERKSHIRE, ENGLAND
RG11 6BA Telephone: CROWTHORNE 3677

6th February, 1969

Prof. Tien-Yu Lin
President
N.A.A. of R.O.C.
National Taiwan University Hospital
Taipei.Formasa.

Dear Prof. Tien-Yu Lin,

I enclose copy of a letter we have received from Mr. C.C. CHHIU (or signed on behalf of), Chairman of Taiwan Archery Association.

In view of our recent correspondance and accepting the National Archery Association of R.O.C with you as Chairman, we should of course like to have some further information as to what this mean. This information is essential before we place your Membership application before the F.I.T.A. Congress in August for consideration

Looking forward to hearing from you

Yours sincerely

I.K. Frith

I.K. FRITH (Mrs.)

COPY: Mr. C.C. Chhiu ENL.
No 63, Section - 2, North
Yenping Road. Tapei
Taiwan

圖三 - 24. 1969 年 2 月國際射箭協會會長突寄來此怪信並附一寄函副本 (見圖三 - 25)

台灣省體育會射箭協會
台北市延平北路二段六十三號
TAIWAN ARCHERY ASSOCIATION
NO. 63, SECTION-2, NORTH
YENPING ROAD: TAIPEI TAIWAN R.O.C
TEL: 45186 40073

January 10, 1969.

The Fédération Internationale de Tirá I'Are (FITA),
46, The Balk Walton,
Wakefield, Yorkshire,
England.

Attention: Mr. D. M. Thomson, Acting Secretary

Dear Sirs;

We like to have the liberty of writing you to introduce ourself as, presently, the highest archery organization of Amateur here in Taiwan which was duly approved by our authorities concerned at the 5 years ago. Since that time, we have been holding regular tournaments every year, at least yearly twice, and both the records and members are increasing steadily year by year.

Soon after our establishment in 1964, we have been closely maintaining contacting with Japanese archery association in respect of mutual friendship tournament and the establishment of ASIA ARCHERY ASSOCIATION. For your information, we have already had several times goodwill tournaments with Japanese teams in the past years.

In order to join the international archery organizations, such as Asia Archery Association and your good organization, we should use the name of our country - CHINA. Therefore, in the year of 1965, we applied to our authorities concerned legally the establishment of

NATIONAL ARCHERY ASSOCIATION OF THE REPUBLIC OF CHINA (NAAROC),

but, to our regret, till this moment, we are not yet informed approved. We are still doing our utmost negotiation and hope the application will be permitted in the very near future.

Our intention of this writing is that when the NAAROC is officially approved, we wish to organize The Asia Archery Association in cooperating with Japan and Philippine and then apply to join your good organization. We trust that the aforesaid countries will gladly be of as our sponsors. So that it will be highly appreciated if you would kindly enough to inform us at your earliest convenience what procedure is necessary to apply joining your organization and send us 1 set of your printed application form, if any, for our reference and utilization. With best interests awaiting your prompt reply.

Yours very sincerely,

TAIWAN ARCHERY ASSOCIATION,

For C. C. Chhiu

C. C. CHHIU, CHAIRMAN

圖三 - 25. 臺灣省體育會射箭協會寄給國際射箭協會的信

的了。她一定，如墜五里霧中。故而叫速將情況澄清，這是應當的。」

「不成問題。請胡將軍向全國體協會，索取一張證明書寄去，一切自可迎刃而解的。我們才是眞正的全國組織啊，是中華民國體協會技擊委員會射箭部啊。」

我這樣想。可是這個問題並不簡單。出乎意料的，成爲使我頭痛的困難問題。不用說，要證明書的事，已向胡將軍提出，胡將軍立時交待技擊委員會的林總幹事洽辦。（林先生也兼任拳擊委員會的總幹事，並擔任教練。過去可能是拳擊好手，眼圈或鼻子都有被打的痕跡。也許是我的誤診，是個好人）經過相當的時間。可是無論怎樣等待和催詢，證明書始終不見寄來。我很躭心的坐立不安。我一遍一遍的催促袁總幹事，袁總幹事又再向林總幹事查詢。所得的結果是：

「不行啦，林總幹事說，是鷄蛋碰石頭似的難辦。」

袁總幹事的回音。

「這不是開玩笑呀。假如不把證明書寄去，那麼我們所寄出的申請書，不是構成了國際間的僞造文書嗎？就是對推薦我們加入的日、菲、韓三國，我的面子往那兒擺？我們分明是孫輩的身份，做祖父母的爲什麼連「是我的孫子」的證明書都不能出？」

我眞感到莫明其妙。同時心上燃起憤怒之火，將像火山一樣的爆發起來。

「若是那樣，林會長，我們可不可以自己直接和體協會的總幹事理論呢？」

袁總幹事這樣建議。

「可以是可以。不過我的脾氣，一旦爆發起來是很壞的呀。有時拍桌子，打架也有可能呀。」

二人抱着吵架的心情，去找全國體協會的林總幹事，訪問了在臺北體育場的體專（林總幹事是該校的校長）。林校長一看到我們，滿臉推着笑容的開口說：

「林教授，歡迎歡迎。今日能在此見面，我甚感光榮。」親切的迎接我們。

「請坐，請坐！」

「實在是爲了證明書的事，特來打擾你。」

「啊，那沒問題，那沒問題，馬上就可以給。好不容易光臨，先請參觀我們學校，在體育醫學方面，有什麼不充足的地方，還請不吝賜教！」

原打算吵架來的，我的怒火，不知怎的，好像進入冷凍庫一樣，很簡單的自消自滅了。過了幾天，由體協會方面寄給我，一封公式信函。

「眞的寄證明書來了。既然如此，爲什麼林總幹事要說鷄蛋碰石頭的話呢？」

我喜冲冲的打開信封，急忙把內中的信紙抽出。一看，並不是英文的證明書。而是一張對我所下的「中華民國體協會射箭委員會會長」的聘書。

若論體協會射箭委員會，是與胡將軍的技擊委員會併行的組織。直升機式的，把我從孫子輩份，一夜之間，變爲兒子階級的聘書，對於我，若說高興，也確乎高興。然而下一瞬間，我意識到這一聘書的可怕處。不覺全身震慄。眞是段數很高，又很可怕的這一步棋。從碁盤上來看，林校長叭的一聲，放下這顆棋子，正可決定胡將軍生死的，最可怕的一顆棋子啊！

以後所聽到的，體協會尤以林總幹事，一向與胡將軍意見不合。以前曾有把技擊委員會撤消，使柔道、劍道、拳擊、射箭、空手道、各各單獨成立委員會的意見。均爲胡將軍堅決反對而未能實行。說實在的，所謂技擊委員會，在全世界的運動界中，都沒有這項組織。有關這一點，林總幹事的意見雖然正確，由於胡將軍的頑強反對，無論如何，也難辦到。此次林校長，却把他那借刀殺人的恐怖手段，假藉我的手來執行啊。

爲檢討對策，立時召集袁總幹事及各幹部，開會討論。

「林教授，接受聘書，發表獨立宣言。」

「若按聘書成立了體協會射箭委員會，自然能得到證明書。」

大家爭先發表意見。而我則靜靜的搖頭。

「不，我不能這樣做。我們全國射箭部的這個會，是仰賴胡將軍一句話而成立的。現在要見異思遷的去背叛胡將軍，我辦不到。想想看，假如今天我們宣佈獨立。這樣一來，明天柔道、劍道、拳擊等單位，也可能發出獨立宣言。這一來胡將軍不就完了嗎？」

「那麼，究竟怎麼辦呢？」

「沒有什麼合理的方法吧！」

當夜討論到很晚。結果是，各縣市射箭委員會連名在報紙上，刊登「慶祝林天祐應聘爲全國體協會射箭委員會會長」的廣告，氣勢暫爲一振。另外，我會晤了胡將軍，說明應聘經過，主要的是爲了證明書的事。再請胡將軍爲證明書積極的代爲奔走。

此時，我和袁總幹事也一起到中央黨部第五組，說明了若沒有證明書就不能入會，又怕成爲僞造文書的實情，拜託代爲斡旋。不曉得胡將軍是否親自爲我們奔走了呢？然而對於石頭來說，這個鷄蛋還是鷄蛋。

三、請你罵我騙子

外科醫師的我，是一個直心眼兒的人。從不會要花樣或作戲。然而此次的證明書事，成了問題，國際射箭協會的國際會議日期，又漸漸迫近，我陷於背水作戰的立場。雖然非心所願，但這場戲却不得不演。

某日閱到報紙的最上段欄裡，登載着一年中全國體協會的報告。我詳細的查找射箭的部份，但是竟沒有有關的記錄。過去我們舉辦過好多次全國射箭錦標賽，並將成績，都透過技擊委員會，呈請體協會備案。雖然如此，並無記錄。我不只費解，而且深感不快。

在閱讀中，我漸漸體會出它的原因來。所謂的全國射箭部，是我們竭心盡力創造起來的全國組織。但此一名稱可能是技擊委員會擅自決定的，並未獲得上級體協會的承認。總之，我們並非已報戶籍的親生孫兒，只不過是乾兒孫的名稱而已。

時間越來越迫近。假如不想辦法，我不久將成爲國際上僞造文書的騙子。我在極端焦急之餘，遂想到雖非從心所願，但不能不作戲去應付一下。

翌日我把一個叫陳子坤的男子找來。他是醫學院我的學生，同時也是當時全國射箭賽，最高紀錄的保持者。

「我有一件事想拜託你。」

他戰戰兢兢的，走進教授室來。躭心是否在學科上有了重大問題而惴惴不安。但他確是一個好學生。

「希望你給我寫封信，大罵我是騙子。」

「是謾罵恩師嗎？」

他圓睜雙眼，向後退了一步。

「請你按我所說的去做，可以吧。是對林會長寫的信。說明本人是數年來全國射箭錦標賽的最高紀錄保持者。可是今天的報紙上，關於射箭成績毫未刊載。林會長眞是騙子。雖說是全國射箭部，全部虛僞不實的。對於全國賽不是不予以承認嗎？那是大騙子的林會長一手造成的。那種騙人的全國賽，我們再也不受欺騙，下次決不再參加了，云云。給我寫來，好嗎？」

他像什麼都不明白的樣子，木然的站在一旁。此項糾紛事件，不用說並未通知一般選手。他們既然對於上面發生了什麼事，或打算做了些什麼，都一無所知，更沒有通知他們的必要。

一接到陳君的來信，我儘快的將來函，連同報紙上的有關報導的剪報，向胡將軍提出「對現職不能勝任，願引咎辭職，謹請簽核。」辭呈。這就是我所說要玩弄的花招，來辭掉射箭部的會長職呀。

反正，時間迫切而證明書又無法取得，對我來說，只有走上擺脫的一途，別無他法。另方面我告訴袁總幹事和幹部們，秘密的製作旗幟，同時並通知全島的選手，在某月某日在體育場，舉行中華民國體協會射箭委員會的成立大會和慶祝錦標賽，請來參加。

然而，老天並不贊同我們的愚擧。恰如受到天罰一樣，在所定日期的數日以前，即開始降雨。越下越大。到那天，臺北市發生了前所未有的大水災。由敦化路到體育場的一段路上，水深數尺。大會場中的桌椅，都浮沉的漂在水中。到達臺北車站的中南部來的選手們，頻頻的以電話問詢。

「不行啦，中止了，請來我家休息吧！」

就這樣，大旗終於未能升起，而告流會。

總之，因爲沒有證明書，我那申請書一定被認爲是僞造的。只關乎我個人的面子問題，這是小事。一旦叫外國看透我們國內紊亂的情形，則攸關國家的體面，茲事體大。更加上好不容易取得了加入國際射箭協會的艮好機會，就此輕易的放棄，不能不說是渾蛋中的大渾蛋了。

可能爲瞭解眞實情形，數日後，中央黨部第五組設宴一席，從中調解。體協會的楊理事長、林總幹事、技擊委員會的胡將軍與林總幹事，射箭方面有我和袁總幹事等都應邀出席。討論的結果，把射箭部改稱爲中華民國體協會技擊委員會射箭委員會，這樣過分冗長的名稱，重新在楊理事長的授旗典禮之下，宣告成立（圖三—26）。於是我們取消了義孫之名，開始戶籍謄本上，取得了名正言順的孫兒身份。

當然證明書立時取得。一九六九年九月十八日在美國所開的總會會議，在大多數的贊成之下，我們的入會申請獲得通過。中共不久即退出該會。國際射箭協會曾有通知，限彼等考慮到十二月以前，否則即取消他們的會籍。結果還是退出了。迄今我們的射箭協會，仍是國際射箭協會的正式會員。

中華民國體協會技擊委員會射箭委員會，這個過長的名稱，其後隨着胡將軍的過世，技擊委員會自然消滅後，我們就成爲兒子輩身份，改名爲中華全國體協會射箭協會。其理事長仍由我擔任。

全國射箭運動，其後益見蓬勃盛行，成績也逐漸提高。並於一九七二年的慕里黑奧林匹克運動會，曾派施美霞選手前往參加（圖三—27）。同年在新加坡的亞洲大會，我們曾獲得了男女組團體冠軍。（圖三—28）（圖三—29）

圖三 - 26. 中華民國體協會技擊委員會射箭委員會在楊理事長授旗典禮下，重新成立。（ 1969 年 ） 胡偉克將軍（ 左 ）、楊森將軍（ 中央 ）、著者（ 右 ）。

總而言之，我就這樣的創造了射箭界的天下。其間不免有與政治的相似事。仔細一想，我的想法和作法，仍能奏效。而且在國內的糾紛，其後也完全停止。

然而，接連而起的國際糾紛，又使我大感頭痛。例如，在法國的世界杯選手權大會，馬爾他的邀請賽，澳大利亞的世界杯大會等。不是像最早那樣的政治相似事，而是眞正的政治問題了。在那期間，曾有各色各樣的鬥爭，我在此不想浪費紙張寫出來。

我於一九七七年，正式由中華全國射箭協會退休下來。恰好整整的服務十年。

這十年的射箭歷史，已夢一般的過去了。回想起來，仍十分的懷念。

圖三－27. 1972年參加慕里黑奧林匹克運動會。林國川醫師千金（左），施美霞選手（中），著者（右）。

圖三 - 28. 新加坡亞洲射箭大會，我們得男女團體冠軍，由著者代表接受冠軍杯（ 1972 年）。

圖三－29. 乘應邀在馬尼拉 St. Thomas 大學醫院開刀和演講之便，曾訪問非律賓射箭協會，前列中央爲著者，其左者是該會會長。

在射箭場交了很多朋友。尤其各代的全國射箭會的總幹事、理監事、幹部，各縣市射箭委員會的各代會長及其總幹事、幹部等，大家實在盡心竭力的幹得非常之好。選手們也能善盡所長。在寒冷的天氣裡，搓着冰凍的雙手，而拉弓發矢的情形和姿態，一人一人的浮映於我的眼前。實不勝感激與感謝之至！

四、有始有終

不曉得最初是什麼人發明的，社會上所謂「有頭有尾」，是勸誡人們的名言。若是不去做，也就算了，一旦着手去做，就應當「有始有終」、「有頭有尾」，不要半途而廢，這是處世做人的基本態度。

然而，此一名言，也有時因事而異。就像買賣吧，戰爭呀的場合，就不能一成不變。邱永漢先生的賺錢哲學裡就說過：「做買賣二、三年，若沒有賺錢的希望時，應趕快關門大吉。這樣就是賠錢，也是小賠而已」。就是「有頭無尾」也可以，不然越陷越深，以致大賠。

戰爭時也由於情況判斷，「有頭無尾」也無所謂。「三十六計，走爲上策」轉移陣地後，再重新佈署，捲土再來。這比所謂「奮戰到底」的玉碎，賢明也未可知。

我生來就是「有頭有尾」的性格，因此自己若做買賣，恐怕賠累不堪，參加戰爭也許成爲最先陣亡的一人。

然而，「有始有終」、「有頭有尾」的奮鬥精神及其做事態度，我始終認爲青年們，應該把它作爲座右銘，常常的切實銘記在心中。

關於「有始有終」，在我的心的深處，迄今尙清晰的銘記着，那個偶然遭遇的場面。

那是一九六四年，投宿於香港九龍的四海旅社時，所偶然看到的事。該旅社是三層樓的小型旅館，係於一九五〇年建造完成的。那時我是爲等待開往美國的輪船，由住在香港大舅的介紹，就住進了這個新建不久的旅社。說起來也許有緣。

當時的九龍，與現在的完全不同。滿地都是木屋式的舊建築。馬路旣小又髒。人口也少。連霓虹燈也沒有。自然比不上香港那樣熱鬧。因而，該旅社的三樓建築，形同鶴立鷄群，在當時的九龍，確乎是壓倒四海的豪華建物了。

然而，時代的進步實在快速，近代文明的浪潮，轉瞬間，渡海侵入這荒涼的九龍。小木屋都被拆除。在寬濶的馬路兩側，二十層以上現代化高樓，相繼建造起來。購物中心或大飯店等，聳立在點滅、旋轉、五色繽紛的霓虹燈中間，發出燦爛的光輝。

這樣一來，曾是壓倒四海的四海旅社，也像山上小屋似的縮在後邊。昔日的威風，蕩然無存。而且難免遭到被拆除的命運。那是一九六四年時候的事。

難以想像的，在限期最後的數日間，我住進這一旅社。客人都接到旅社的通知遷出日期。那是最後限期的前一日。客人紛紛的，在出納處，辦理結賬手續。我當時想，反正明天也可結賬。就利用剩下的時間，坐在窗邊日光照射的沙發上。

突然我看見二、三服務生，遵照着穿白襯衫，結黑領帶，筆挺黑色西裝，像似經理的男子的指揮，積極的把櫃台前面，板壁上的汚穢處，加以清拭。

「那個地方還不乾淨。」

男的注意週到，一點點的汚點也不放過。吩咐服務生一定要擦得光可鑑人爲止。

「明天這個房子就要拆了呀。」

我這樣想的同時，對於他那直到最後，還在維護旅社的尊嚴和標準的精神，深爲感動。

「有始有終」，這眞是完整無缺的做事態度。我當時想，像這個男子那樣，無論他做什麼，必定成功。事實上，就是現在，當時的那個男子，不論環境怎樣的變化，必能把有始的理想和目標，堅持的向最後的「終」勇往邁進，那種崇高的形象，還會浮現在我的眼前。

第六章　第四春

一、印尼學會行

一九七七年十一月，在印尼雅加達擧行的國家癌症硏究會，接着又在蘇門答臘的梅丹擧行的肝疾患學會，曾給我來信。邀請我在會中演講有關肝癌的外科治療和手術手技。那時正是我退休的一九七六年十月時候。

印尼之旅，除峇里島之外，對我來說，尙屬初次。一九七七年十一月二十日，偕同內子直飛雅加達。聽說入境時，和在泰國一樣的痲煩，尤以携帶影片入境更有問題。印尼的學會爲了我的手續，事前雖派人特來臺北，我仍然希望順利過關，在護照裡夾上美鈔。

飛抵雅加達時，已是夜裡十一點左右，潘敎授正在飛機下面迎候。

「不需要錢。」

我聽從他的囑咐，把美鈔抽出。一到海關，潘敎授把我們的護照只交給某人看看，我們行李也未檢査，即予通過。我在心中，對於潘敎授握有如此權力，深感贊佩。同時我感到我本人也是我國的敎授，在社會地位上的無能，不勝慨嘆！當然，我素對特權階級，深惡痛絕。然而，至少由學會所邀請而來的外國權威學者，爲配合演講用的影片携帶入境時，應對該學會會長或是本國教授的地位，加以尊重，以他們的人格保證，准予簡單通關。我想這是很好的。實際來說，雖然法就是法，所携帶的影片，究與一般人所帶進的不同。可是我方的作法並不如此。什麼會長，什麼教授都不管這套，一律按取締黃色影片或間諜影片的順序辦理。這是「包青天」精神，應該如此辦理是對的，並不是不對的。一九七六年十月韓國學會時，我所携帶的影片，也經過韓國海關的盤問。等我把韓國學會的邀聘信提示，他只看一下，即簡單的予以通過了。我常常的想，若是我國的海關，也具有那樣的彈性該多好呀。

新建成的雅加達國際機場是十分的壯觀。時在深夜，通往沙利太平洋大飯店的大道，非常寬濶。也許由於熱帶的關係，大樹看起來特別的大。因爲學會的會場，就在學會所招待住宿飯店的裡面，一切都很方便。由談話中，知道那天的會員，全部來自印尼各地的醫學中心。我的演講和影片，在預期以上的，頗受他們所歡迎。其後接着，在蘇門答臘的梅丹的肝疾患討論會上，大家又要求，我在演講之外，把影片再放映一遍。（圖三—30）

我無論出席什麼學會時，常常專心的怎樣提出重點，讓自己的演說，使大家充分瞭解。在此以外所感到快樂的，即是能與各地的學者們結識，彼此能交換寶貴的意見。事實上在學會之後，由印尼各地，在那時相識的醫師們，把不少的肝癌病人，介紹到臺北來治療。

在雅加達，我曾給手術過的患者不在少數。這次遇到他們，看到他們精神飽滿，完全康復的樣子，是此次旅行最愉快的回憶。花籃，而且還有我最喜歡的芒果，由他們送到飯店，滿滿地擺在桌上。並接受他們的招待，和學會的歡宴（圖三—31）。而且於學會後，由潘教授夫婦嚮導，到遠方去旅行，去到一個山

圖三 - 30. 印尼雅加達的國家癌症研究會會場，中央爲著者（1977 年 11 月）。

圖三 - 31. 印尼學會的歡宴會，前列穿黑色的爲著者，鄰坐爲著者夫人，其次卽爲潘教授夫人。

圖三－32．潘教授夫婦與著者夫婦合影（1977年11月在印尼）．

上到處都是美麗的茶園的地方去遊玩，回想起來，使我終生難忘。（圖三－32）

我想唯一感到美中不足的，在雅加達也有同樣感覺，在梅丹的飯店住宿時，由窗向下眺望，只見綠色的草坪，油綠而繁茂的熱帶樹，眞希望能在其茂密的樹蔭下，散散步該有多好，時時爲這種慾望而油然懷念。

「不要去想它比較好。」

潘夫人常這樣反對。在柏油路上，有小型三輪車在往來，我也想乘坐一下看看。

「那絕對不可以。不一定把你拉到那兒去，搶奪你的財物啊。曾有人在側腹被用短刀刺殺的事件發生過。」

潘教授等像對我的安全負有責任似的，始終陪着我們，由雅加達到蘇門答臘，在梅丹的學會終了後，也一起由梅丹學會招待，前往有名的陶琶湖去遊玩。

印尼眞是一個自然資源豐富的國家。天然林不用說，還有面積廣濶成爲資源的種種植林、農產物，只要種就能長出，有海產品，也有石油，海參像木炭那樣大，青蛙的大腿和鷄腿差不多。

這樣資源豐富的國家，爲什麼還有搶刼的事件發生？叫我們外來客，無法安心的，在街上走路呢。當我離開像市場一樣混雜的梅丹飛機場時，我不禁這樣想並感到費解。

二、雲一般的男子（陰而後晴）

印尼的學會終了後，我偕同內子，在潘教授夫婦及梅丹的教授們送行之下，由梅丹飛往新加坡。

在飛行中我一直心情沉重而緊張，是因爲在目的地有一位重症病人，正在等我到來。此一病人是在一個月以前，請我到新加坡，在大學總醫院，作過超右肝葉切除手術的肝癌病人。六十二歲的他，在手術後，腹部積水，以血清蛋白強力補救，一週後我返臺時，大致情況良好。

可是過來一週後，我突然接到他發高燒的電話。而且聽說是肺炎，使用了強力的消炎劑。「到了打電話來的地步，必是已感束手了」我也很擔心。我由臺北曾掛去電話查問。據告，用過強力的消炎劑也不管事，熱度一直降不下來。

「是否已證實確是肺炎？有沒有其他炎症的徵兆？」

「只是白血球稍見增加，其外尙無顯著的炎症源。由胸部X光照片來看，右側胸下部有點陰影。」

「那是因爲開胸而留下的陰影。發燒的原因，我想是在肝切除後，時可見的所謂不明熱。請使用 Ste-roid 看看吧！」

「內科方面不贊成使用該藥，因爲是炎症。」

有炎症時，是不好使用 Steroid 的。這個我知道。然而在沒有炎症的確實證據上，那樣使用強力的消炎劑，而一點反應都沒有的炎症，是不應該有的現象。可是我仍然期待再過幾天，看看消炎劑的效果。經過數日我掛電話。

「發燒的情形仍未變動。」

「那麼說，我想還是所謂不明熱呀。使用 Steroid 二、三天看看吧。熱度即可下降。」

我氣喘噓噓的高聲的說。此種手術後的併發症，而且對於此一併發症 Steroid 是可立即奏效的事，我曾於新加坡大學作客座教授時，已經講述過了。

「假如內科不贊成，你偷偷的使用看看吧。」

「不能呀，現在病人正由內科治療，是屬於內科的病人。我只是從旁邊協助的立場。好吧，我把你的話轉給內科。」

我爲此事化了一萬多元的電話費。然而，這是距我去印尼啓程日，只剩下二、三天的事。結果我懷着惴惴不安的心情，在其後的發展一無所知的情形下，我由臺北出發，踏上前往印尼的旅途。

離開臺北時，我拿些 Steroid (Predonisolon) 的內服藥，偷偷的塞進口袋。我的打算是，萬一到新加坡去醫院時，若是那個病人尚在同一狀態，我想把此藥偷偷的交給病人服用。大膽的來說，這是違法行爲。尤以我在新加坡並未領有醫師執照，因而也將會構成密醫行爲。以前我曾數次在新加坡施行手術過，但每次都是由新加坡大學，事前向政府申請奉准的。假如他們能接受我的意見用藥時，自然不成問題。如果不經過他們的同意，我若擅自使用該藥時，我不單被認爲密醫行爲而有罪，也許有投身囹圄的危險。然而那時我只想一心一意的，去挽救病人的生命，其他一切後果，我已無暇考慮了。

飛機越接近新加坡，我的不安隨之越來增高。不久飛進黑色的雲層，飛機開始左右搖擺。我只是緘默無心的，眺望窗外黑煙般的雲層。新加坡爲陰霾所籠罩。那正像我心深處，漸漸墮入深淵的樣子，呼吸深感困難。

一看，病人的長男來到機場接我，帶着要哭出來似的面孔。

「怎麼樣啦？」

「不省人事了。已被宣告無法救治而昨天出院了。現在家中。弟弟等均由美國回來啦。」

我呆如木鷄，未發一言。一顆心像落在地面似的，突感到渾身無力。雖然如此，我說：

「現在即刻到你家去。」

急把行李向車裡一放，我不是去飯店，而是向病人的家飛馳。內子即由她的同學帶走。

病人確陷於不省人事的狀態。爲要把脈，當拿起病人的手時，他的手指發生明顯的震顫。幸而脈搏和血壓，却還良好。有黃疸，也有腹水，足踝部發現浮腫。可是由導尿管的尿量，每日尚有 700cc 。再看體溫表，每天最高體溫都在攝氏三十八度以上。

在旁邊有開業醫生一人，另外還有兩名特別護士。

「有沒有使用 Steroid ？」

「沒有。在出院前大部使用的是消炎劑。」

我將口袋裡的 Predonisolon 拿出，由胃管每日注入三次使之服用，高單位血清蛋白(Human albumin)一天兩支，另外葡萄糖， Plasmomin 等合計一日3,000 cc.，由胃管再注入液體食，以補充水分平衡上的不足部份，我把這種治療方法告訴了醫師和特別護士。

「那麼消炎劑的注射呢？」

「不要！一切消炎劑的注射都必須停止。」

醫師和特別護士都以「不能相信」的眼光向我望着。

「不知會不會好？」

比一個月以前更見瘦弱的病人太太，和他的孩子們都圍繞在我的身邊。

「現在還不敢說。這些藥品的反應，須看兩三天以後才能判定。」

其後我每天兩次，上午九時和下午六時，都到病人家去看情況。時間一到，他的長男都按時來接。然而，對藥的反應，出乎意料的快。由第二天起，熱度完全消失。爲把脈而拿起來的他的手指已不再震顫。意識雖仍不清，但眼球却能開始轉動了。

第四日，已見恢復意識，病人看到我時，已認出我是誰了。

自從到達新加坡以來，爲了此一病人，我一直關在飯店裡。守在電話機旁，怕有突變的電話打來，一步也沒外出。我閉守在客房裡，只有經由窗戶，遠眺街景，和天空中的浮雲。杜絕一切應酬，在旅社的餐廳吃完麵後，遂即回到房間等待。

「是在拚命」在眺望行雲中，我突然注意到，我自己現在的全副精神，只集中在唯一點上，就是正在拚命。那眞是透不過氣來似的心中緊張。現在一想，這個患者眞像似雲彩一般的男子。至少我那時有些迷信的感覺。到達新加坡那天，空中烏雲密佈，街頭的一切都成如闇暗。翌日也是一樣，可是雲與雲之間現出縫隙，太陽的光線才能漏出。第四日他的意識恢復時，天空的形象，變成良好。因此，從房間仰望天空的時候，我不知不覺的，每天迷信的跟着雲的形象，心情放鬆或在緊張。一旦浮雲接近，我就躭心會不會有緊急電話，來通知我關於他病情惡化的消息。

幸而天空一天一天的變爲淸朗，熱帶的靑空，不知在何時，一片雲也沒有。天氣晴明，我也有了病人定能康復的信心。

事實上他自第五天起，黃疸、腹水都開始減退，「自己並未吃藥呀」，他也這樣訴說着。藥都是由胃管注入的。熱度自第二天降下起，一直是正常體溫。因而把胃管拔出、藥物、食物都依他所希望的、自己攝食。到了第七天他能在家人的扶持下，在庭園散步，並坐在椅上，開始作賞花之樂。

就這樣，他的狀態，幾全恢復。天空完全晴朗的第九日，那是我離開新加坡的前一天，我才得由飯店出來，前往 Zurong 的鳥公園觀賞。開朗的心情，騁懷悅目，與小鳥一起談話和歌唱，心情無上的舒暢。

「林先生，我何時才能去工作呢？」他問我。

「再過一個月。」

現在圍繞在他身旁，張口大笑的家族，我與他們揮手告別時，曾囑咐他們三件事。

「Steroid 由現在起使用量減半，一週後完全停止使用。因爲尙不能說是完全康復，以後尙須請以前的內科大夫繼續診療。〇月〇日及〇月〇日我在何處，有必要的話，無論何時，請以電話連絡。」

而且將各處的電話號碼抄給他們。

陰而後晴，將與這個雲一般的男子，以及他的家族告別，我終於能飛於青空之中。眞正的開始我那快樂的「春之旅」。

三、六十五的足跡

我每次來到我女兒所住的關島，都住在第一大飯店。此次由新加坡直航來此，也住在該處。第一大飯店是在沿着達蒙灣所建的，很多大飯店之中，較爲舊的一家。可是飯店後面的海灘和庭園是最漂亮的。在中央有游泳池，在周圍的草坪上，並列着高高的椰子樹，也十分的漂亮。

十二月十九日（一九七七年）晨五時許，我已經起床。中庭各處，點燃隨風搖曳着的火焰正在熄滅。客人們大概均在睡眠。從面對海的，大玻璃窗往下看，看不到一個人影。高高的椰子樹的尖端，延伸着綠色的長葉，正迎着晨風搖擺。太陽尚未完全露臉。因此細長的椰子樹幹，並未完全受到日光的照射。在灰色樹幹的處處，大概是以前爲採取椰子，土人便於足踏而切的痕跡吧，在其一段的切痕上，不知道怎麼生出來的，普通雜草很旺盛的寄生着。

昨夜裡的滿潮開始稍退。沿着海邊，珊瑚碎屑混合的砂地，平坦而廣濶的連續着。在遠處，圍繞達蒙灣的地方，深綠色大海的浪潮，衝着珊瑚礁的小山，造成白色怒濤而後破碎，濺成水珠。通過珊瑚礁與珊瑚礁的缺口，潮水靜靜的流入彎內。

內子尚在高眠。在窗邊凝視着大海時，我想起昨日午後，長女家族及其工廠的員工們，一同在海邊公

圖三－33. 關島達蒙灣海邊

園的草坪上，爲慶祝我的生日，來烤肉吃，在快樂誕辰的歌聲下，我切了生日蛋糕。那時由海面，吹來熱帶的微風。接着我又想起在二年前（一九七五年），也是我過生日的那天。內子曾把很久以前的，四、六歲左右時代的，次女和長男以及現在長女小時候的照片，分別用心型的鏡框裝起，爲向我祝賀，置於我桌上。孩子們現在均已成家立業。長女那時已三十三歲了啊。時光過得實在太快了。我和內子在這三十五年間，共同生活和携手奮鬥，對於孩子們的成長、教育、入學考試、結婚、職業等，一直在爲之操心。內子爲紀念這大半生的辛勞，才送給我這些照片吧！內子的心情我十分瞭解。那時我在鏡框的背面，註明一九七五年十二月十八日，並寫下一首日本和歌，意思大概如下：

「爲祝福

妻的贈物
幼小時代
孩子們的模樣
看呀看的
淚眼模糊」

那以後已再過去了二年了。而那長女又於昨日，爲我慶祝了一九七七年的誕辰。

我一個人由房間出來，走到海邊。在海邊尙未看到有人行走。在海水冲洗後的平坦沙灘上，毫無足痕（圖三—33）。我靜靜的漫步着，因太陽尙未完全出來，我走的沙上並沒有我的影子。在水邊的綠色海藻隨波漂浮。用脚試試，海水很涼。一群一群的小魚在我的脚旁，散游過去。回頭一看，我所走過的脚印，很美麗的殘留在那細軟的沙灘之上。

「是六十五的足跡嗎？」

一瞬間我以深刻的心情，凝視着我那個足跡。因爲昨日我已過了滿六十四歲的生日了，這個足跡是六十五的足跡呀。看去所印的足跡，雖很淸楚，只是很淺，不論怎麼說，那是無情的足跡啊。

我在那兒站了一會。並再一次想着過去那長長的夢，業已消失了的夢。在風風雨雨的大半生裡，曾有過悲嘆，有過發奮，也有過徘徊，現在嗎，總算都成過去了。

從潮水中抬起脚來，走到沙灘，我又循着達蒙海邊，沿着晨間的潮風，繼續前進。走了相當遠，回過頭來一看，因爲是退潮時候，我那六十五的足跡，仍淸晰可見，遠遠的一列，印在沙灘之上。

「究竟能持續到什麼時候呢?!」

不覺間這種微妙的思潮湧向心頭。

第七章　在雲端的思索

一、像螞蟻一般的人類

在空中飛行時，我總是耽於遐思。看看别的旅客，有的掛着耳機，邊聽音樂邊睡，有的看書和畫刊，也有的正在和人閑聊，各形各色。而我總愛由機窗望着浮雲，去作沉思。

眼下的雲層，可說是變化萬千。其中有似平坦的沙漠狀的，也有像大海般波濤洶湧，又有像喜馬拉雅山那樣，山脈綿綿而幽谷峭深。遇落日時，因映着夕陽餘暉，而閃爍着金黃色的光輝，十分美麗。此時此景，我幻想到，在古典的中國小說或戲劇裡所看到的，仙女是不是正在何處偷取仙桃。孫悟空是不是就躲在那塊岩石的後面？等等空想妄想。過去中國人眞是會想像到天上的天國神話，海中的龍宮及地下的地獄的神話。又會想出今日的飛彈，反飛彈同樣形式的所謂吐劍光，吐煙火的空中戰術的神話，寫成極好的科幻小說。我眞佩服那樣偉大的想像力。

隨着在空中飛行的機會增多，自然的遐想也跟着增加。長程飛行的高度總在一萬五千英呎以上。若再上昇，海浪呀、山嶽呀，都從視線消失。一看到稍稍彎曲的地平線，自己就有乘坐火箭，飛向月球的錯覺。於是我突然想起某日友人的話，他也是同樣的發生錯覺的。

據他所說，他在某次的飛行時，曾想像是在太空中飛行。那時，在飛行中，好像地平線的弧形，越來越圓，不一會地球的全景，變成一個綠色的球體。在綠色的表面上，什麼山呀水呀都沒有了。當然房屋呀、車輛呀或是人類呀的影子都看不見。只是渾然一片的綠色，就像那深密的海藻之林一樣。那時，他立時有一種奇怪的想法，浮於腦中。他在那渾沌之中，看見生出，最初數百萬種類的單細胞來，遍地遊動，互相接觸癒合，結果不久，產生好多種類的原始生物包括原始人類。各地數量不斷地增加，彼等的生態也逐漸地改變。以後人類得勢，並開始像螞蟻一樣地，鬧哄哄的嘈雜。在嘈雜中，有時也有人抬起頭來，可是不久那些人，又沒入了嘈雜的底層。那些抬起頭來的人們，曾是尊長或帝王之類的。那些人有的像成吉思汗、凱撒、拿破崙的面孔，近代像希特勒樣的也看見過。友人特別加重他的語氣，告訴我說：

「他們好戰，戰後一定簽訂了所謂交涉、妥協、條約等的文件。然而，沒有用。最後的結局，仍然一個一個的在嘈雜的底層消失，又回到原來的嘈雜裡。就是現在也同樣的，做着那徒勞的嘈雜。」

他又接着說：

「在最近所謂的限武談判，不是與過去曾作過的軍縮會議相同嗎。想想看，自古以來，說不上，有多少次的，協定、條約呀。結果都是徒勞無功，同樣事件的重演，這在數千年以來的歷史上獲得證明。但是，像螞蟻一般的人類，傻頭傻腦的，在那個地球球體中，還在照舊的這個那個的在活動着。」

眺望着空中的浮雲，我又在瞑想。而且關於友人所說的感慨話，我繼續的想下去。

「由遠遠的太空上來看，在地球上所生存的人類或其他生物，都完全是同一命運。懸掛在那太空的一角，而旋轉的所謂地球的球體中，大家相依爲命，好像共同體一樣。可說彼此是一種孽緣。也可以說是，永遠無法從此一地球分離的緣份。」

「既然那麼說，人類又爲什麼像呆子一樣，重複又再重複地，自演相同的歷史呢。可能有一天，地球會失去了自己應守的磁場，也可能因太陽系的遠心力減弱，自轉速度減慢，最後一切轉動都告停止，像屍體一樣在太空中，上下漂浮而成爲廢物星體。因此像限武談判，那樣徒勞無功的工作，不應再重複的表演。大家全把核彈或槍炮廢棄，而後世界各國的領袖們，相聚一堂，認眞檢討，怎樣把我們生存所寄的，這個星球加以淨化，如何的去消除饑餓，貧窮、洪水、乾旱等災害，造成共同的樂土。更應如何的向外星球發展，這一切的一切，我想都該去研究的。據說現在全球的軍火費用，每一分鐘要消耗一百萬美元（舊統計）。假如能夠停止生產軍火，用此費用，定可解決了地球上的饑餓或種種自然災害。」

「就是國境也可以不要。地球是大家共有的，何必分割呢。儘可能的，按各地域，建立不同形態及環境就是夠了。例如，嬉皮地區、裸浴地區，在經濟體系上，如資本主義地域、社會主義地域等等………。入境不要簽證。各自依所喜愛的地方，無論何時何地都可任意來去，那多好呀。」

我也想像是從高空而進入了太空，做傚他的妄想，眺望自轉的小而綠色的地球球體，並把他所說的回想一遍。

人類確像數百億螞蟻那樣蠕動和嘈雜。然而一想，像他所說的理想，都不可能實現。此一理想已從數千年來，經由孔子、老子、釋迦、耶穌等好多宗教家、哲學者，曾講過道德，說過仁義，論過博愛，指導人應走的道路。然而事實上人們，一方面口裡「南無阿彌陀佛」或「阿門」的說個不停，另方面正想着使用核彈、飛彈、槍炮等來互相殘殺。

啊！小球體的地球喲。在其中如螞蟻蠕動一般的人類喲！將到那兒裡去？就像你們的宿命一樣，數千年來不停的相罵、嘈雜。你們有過度的高深智慧。同時你們也擁有過分的霸佔、獨佔、固執、自私、欺騙、嫉妒……等的惡劣習慣。

二、支那人與中國人

爲排遣飛行中的寂寥，最佳良伴，莫如吐着香煙的紫煙，和啜着加冰水的威士忌。那種心情也可說是到了忘我的境界。

正享受中，不覺的想起了，以前國內報紙上，不知是誰寫過：

「日本人稱呼我們中國人爲支那人（死那人），支那與日語的（死ネ）同音，來侮辱我們。」

「這實在是極爲牽強的曲解。」

那時我是這樣認爲。現在我在空中冷靜的一想，這不僅是曲解，現在我們若是不大大的反省一下，將來我們自己，就是怎樣的「中國人」、「華人」、「黃帝子孫」替換着稱呼，在本質上「支那人」一點也沒有變。

日本人所以稱中國人爲「支那人」、是把外語的 China，不按英語式發音（猜那）而是根據拉丁語式發音 Chi（支）Na（那）的關係而稱呼的。在語言上並無差錯，亦沒有故意侮辱中國人的意思。

然而，支那人的稱謂，的確帶點輕蔑的意味在內。那是我學童時代的感受。那時，我如被叫爲支那人時，確有被侮辱那樣不快的感覺。可是明確來說，那時日本人罵中國人，並不是叫「支那人」而是叫

Chiancoro（亡國奴）的。雖然如此，當時一旦被稱爲「支那人」時，仍然有被侮辱的感覺。然而冷靜的一想，這個侮辱，不是發生在他們那方，實在是我們中國人咎由自取。爲什麼呢，當時日本人所謂的支那人，就像他們稱猶太人爲「猶太根性」，亦即是「吝嗇鬼」「守財奴」的代表名詞而加以輕蔑一樣，把中國人說是不尊重公共關係的民族而稱之爲「支那人」來加以輕蔑的。

由於被認爲一向不尊重公共協定、公共衞生、公共環境的民族，則稱爲支那人。因此，不將此等惡習改掉的話，此後就是怎樣的替換着，叫「中國人」、「中華人」、「黃帝子孫」，這些稱呼，也會曾與「支那人」同樣的，成爲侮辱意思的代名詞吧。主要的是國民的根性。

我曾在什麼故事裡，讀到了這樣的記載說：國父孫中山先生，某次與自認爲是高級中國人的人，一同乘船去外國。在甲板上，那個大人物咳嗽一聲，吐出一口大痰在甲板，並現出滿不在乎的神氣。孫中山先生一見，立時從褲袋裡取出手帕，默默的擦拭甲板上的痰，包在手帕中，揣進口袋裡。這雖然是個小故事，可是想想看，在這一點上，我們就能看出「支那人」的高級中國人，和「中國人」的孫中山先生，兩種完全不同的風貌了。

現在雖然僅有極少數的日本人，仍在習慣的稱呼我們爲支那人。可是實際上，在我們這塊土地上，到處都有「支那人」存在。堂堂正正的「中國人」倒很少見。就是號誌上，閃着「停」的紅燈，也有人滿不在乎的通過，不論快車道或人行道，騎機車的人，竟不屑一顧的橫衝直撞。更明顯的地方，例如白沙灣的公共海水浴場與其附近不遠所在的美軍俱樂部的海水浴場。後者是由沙灘到山邊，整理得非常清潔，有草坪而不見紙屑。反過來看我們的白沙灣海水浴場，靠近海邊的岩石間，到處丟滿膠袋、報紙、空瓶、破瓶碎片、食物殘渣、雜然紛陳。據說，以前美國的某有名公園的草坪上豎一牌子，上寫「狗與中國人不許入內」的字樣，這實是以中國人自負的我們，應當切實反省的。

最近在我常散步的外雙溪山道，也有很大的改變。看到高高興興，在此山道散步的人，增加了很多。但在景色幽美，可以坐的山坡上，被丟棄的紙屑、橘皮、膠袋、空瓶，到處可見，發着惡臭。我已對於坐在該處，發生了厭惡。

「又是支那人呀。」

若是以前的日本人，一定會這樣說吧。若是那樣，各位也許認爲「被侮辱」了吧？眞正使之侮辱的是我們自己呀。就是我「哼，支那人嗎？」也有這樣，吐口怨氣的衝動。

「那麼，在這種場合，要怎樣才能成爲中國人呢？」

大家也許抱怨，沒有垃圾桶，也只好如此了。我對此，聊表示一點意見。

「如若維護中國人的顏面和自尊，把拿去的東西，使用後所剩餘的，都把它拿回來，扔到自家的垃圾箱裡吧。旣然能夠拿去的，也應該能拿回來才對。」

三、革　命

一提到革命，完全像似引起暴動那樣，可怕的字眼。我此處所談的革命，一點沒有那個意思。乃是絕對改革、革新的嚴正意志。也可以說是革命的精神。

在空中飛行間，我又忽然想起，前日和友人的會話，而且當時友人曾說過的「革命的精神不夠」的批評話。

那時我和友人談起關於環繞復興中華文化，在社會上所引起的種種現象。對於復興中華文化的必要性，我和友人都有同感。擁有數千年悠久歷史的中華文化，被故意曲解和破壞的今天，在此主張並努力復興，的確是有意義的。

「只是那復興主張稍嫌偏差。重於復古和守舊方面，而忽略了，中華新文化建設的重要性。」

這是友人對此所下的批評。他又繼續說：

「舉個例子，關於中文橫寫的問題。在現代科學的進步、國際交流頻繁的今天，還在主張按古式的由右而左的中文橫寫方式，已經對於近代生活不能適應了呀！」

「說的也是。古代可能沒有那個必要性，可是現代有時必須使用英語文字和阿拉伯數字，數學上的方程式，物理化學的用語，也有列入其他外國語的必要。」

「就是嗎，由於時代的進步，生活方式也隨之改變了。無論如何，若不配合近代生活的東西，無予以全盤改革的話，反而會妨礙文化的進步。」

「爲什麼不能依着方便，改變由左而右的書寫呢。只是把「由右而左」改爲「由左而右」就行了。相信不會有困難的。假如用右手寫字的人，按由左而右的寫法來寫的話，不是更爲方便嗎？」

「假如像這樣主張，可能會有人說是破壞中華固有文化的傳統了。」

「眞是固執的思想。實際上，由左而右所寫的東西也不少呀。」

「可是由右而左的寫法也有。到街上去看看吧。商店招牌，有的由右而左，又有由左而右。在報紙上也是如此，眞是一片混亂呀。」

「不久以前，我在山上散步時，看見一塊「禁倒垃圾」的木牌。看後眞覺得忍俊不止。”禁倒垃圾“四字是由右往左橫寫的，在其下方却是由左而右的寫着”山岩派出所訂製“等字樣。」

「像這樣的笑話很多。在日本是一律的，由左而右的橫寫的。某一天一個中國人，把街上橫寫的廣告—「本日大賣出レ」（意即今日大拍賣），按中國式由右往左唸去，成了「出賣大日本」，不禁大吃一驚。」

「我們因爲明白它的意義所在，不管左也好，右也好，立時可以瞭解它的意義。若是外國人，就一定會鬧出以上的笑話來。」

「最近的命令，廣告必須由右向左，文件書類等也可以由左向右，比較好些了吧。」

「那簡直可以說是優柔寡斷。教育部自己的公文就是左、右都有。總而言之，對於實行改革，並沒有徹底的革命精神。」

「復興中華固有文化是好事。若說，這是傳統，就未免太固執了。文化是應隨時代的進步而變化的。因此我們在另一方面，不能忘却，我們對於創造新文化所負的責任。試舉一往例，譬如纏足吧。這是和現代的高跟鞋相當的東西。其要點在於使婦女自身的步行不穩，以謀求無意中的安穩動作，使臀部特別發達，而且在行走上搖曳生姿，以表現媚態。古代中國婦女，很早就將此原理應用在纏足上，確是一大發明。自古相傳的中國唯一技術。也可以說是中國特有的固有文化之一。然而時至現在，無論任何婦女，沒有固執那傳統纏足的，而是爭穿那年年變動流行的高跟鞋。」

「今天的日本人，沒有一人剃那種古代傳統的髮型（チョンマゲ）的。在西洋的青少年們，留着倣倣中世紀所流行的長髮，這是由於反叛心理所造成的，無所謂新文化。提起傳統，不久以前，中國時報的文學獎作品—「進香」的小說，你看過嗎？」

「有、有、我讀過了。那是描寫傳統和現代衝突的好作品。該小說的大意是說，阿福林把母親的靈骨奉祀在廟裡的時候，他叫全體家族都要去那裡去進香。由於他那大兒子春旺並未回來進香，所以他很生氣的說：「上了大學，便輕易的忘了本了，連祖宗都忘了呀！」。他的妻却說：「路途那麼遙遠，還要一筆車費哪。老三、老四、老五、一個讀國中、兩個讀國小，要去就得荒廢一天的學業。」但阿福林並不同意她的說法。因而身患小兒痲痺症的老二春盛，不得不匍匐着跟去上山，參加了進香的行列……。

在此小說中，可以說阿福林代表傳統，春旺代表現代。另外阿福林的妻子，可以說是這兩個時代的批評者。她所想的是現實的，而阿福林則是不折不扣的老頑固，只知道保守傳統。在此，春旺的「忘了祖宗」固屬不孝，而春盛以殘障之身，上山進香，雖然充分的表現了孝行的美德，但是我認爲春旺因學業不能回來進香，也不能說他是不孝。如果他在遠地，當祖母靈骨入祀之日，合掌默禱，虔心致敬的話，也等於進香了。「忘了祖宗」的責罵就不成立了。在這點上，阿福林之妻所想的，是基於實際情形並符合現代社會需要，甚爲正確的。」

由雲端的思索無法停止。因爲這是我僅有的閑暇時間啊。

四、新人生觀

甲、墓

人類在生存期間，往往是根據身分和能力，有的住在宏壯豪華的大廈或別墅裏，有的則住在簡陋的小屋中。可是結果，大限一到，無論是誰，都能擁有一個永久的家，那就是墓。

在數千年前古代的帝王，他們在生前就把自己將來的家設計建造。金字塔型甚或更宏偉豪壯的城堡似的，由自己驅使數千奴隸，內設密室，或廻廊。因爲他自信他將可再生，爲了再生爲人時的方便，將當時的金器、銀器、陶器、刀劍、貨幣、車、船、喜愛的女人或數以百計的僕傭，使之殉葬，與自己的屍體一起埋葬。可是結局是不能再生的。以致於數千年以後的今天，彼等所設計的宏壯的家（墓），他那已成木乃伊的屍身，與所有陪葬之物，留給我們這一代，成了寶貴的考古學上的文化財。人類的此種家的保有習性，迄今仍無改變。也許這只有人類，所能持有的獨特的家。

現在已沒有相信，能向別一世界轉世再生的人，因而也沒有人造墓，在其中留給未來的人們，來欣賞的物品。雖然如此，有錢的人，並不跟一般庶民一樣的，在其附近的山麓或平原造墓。像在其生前，度過快樂生活一樣，在特殊的地域設家（墓），並由彼等做特殊的設計和管理。那裡眞可說是寸土寸金的高價，一般庶民只有望洋興嘆的分兒。墓是用大理石建造的。像在義大利米蘭的這樣墳墓之前，都陳列有藝術性彫刻品。在那處觀光的人們，都得買票進場。另外像在馬尼拉的華僑義山（墓園），乍看之下，可能誤認是中國城。其中有很多附設廚厠的二樓建築，與在附近菲律賓土人所住的小屋相比，眞是太豪華了。就是臺北，最近由於有錢的人增加了，也紛紛的建造華麗的墓園。就像有名的陽明山公墓，如不明記街名或編號，眞有迷路的危險。純白的家（墓）很整齊的排列着。

「這是〇〇將軍。」

「這是〇〇委員。」

「這是名人〇〇女士。」

「這是董事長〇〇先生。」

一聽這些，都曾是世上赫赫有名之士，不知何時，都來此街報到集合了。

「夜間這些大人物是不是都集在一起，像生前一樣的搓幾圈麻將呢？」

我突然有這樣奇怪的想法。在這樣特殊公墓，不但高級而且有管理人員。由於都是資產階級，能夠支付高額的管理費，因此後代子孫就是不來，也無須躭心。

然而，再看看一般庶民方面，這種家雖是永久安息的所在，但在事實上也不盡然。一般人的安樂之家，仍然名之爲公墓，在指定的山上建造。當然其中有的家族，（較爲有錢階級）請堪輿家代爲看風水，把能給後世代代子孫，帶來繁昌的場所買下來，在該處爲已故的人造墓，以爲這樣就可高枕無憂了。可是好好的想一下看，這種事依然是徒勞無功。人是天天的生，同時也天天的死。可造公墓的地（不管是高級的或庶民級的），也一天一天的告滿。結果死人和活人爭地，逐漸佔領了地皮。環繞臺北市的山，不知何時，在山腰上，佈滿了點點，像鳥糞似的白色塊塊。那些都是所謂的安樂之家。由街頭望去，實感心情沉重。不但有損害美觀，而且有陰森森的感覺。

雖然如此，在這個陰沉的山，一年一度的有像春天一樣的溫暖來臨。那是所謂清明節，掃墓的時候。子孫代代群集到山上來，整墳塡土，淸除墓邊雜草及灌木。而且焚化冥紙，燃燭拈香，煙氣一團一團的升起，山上一時充滿了人情味的溫暖。然而，這個節日一過，鳥糞般的白色的家家，仍寂然存在於荒山雜草中。忍受着風吹雨淋的凄涼滋味。清明掃墓，雖是中國固有文化傳統的美德，以愼終追遠的觀念，來盡孝道。子女前往父母的墓前祭拜時，可能帶孫輩同去。於是孫輩對祖父母尚有印象，成長後可以代替父輩，前往祖父母之墓奠弔。可是傳至曾孫輩以後，因年代久遠，去者日疏的關係，恐將不復前往掃墓，終歸遺忘。果如死去的人，尙有靈魂的話，對於彼等那個沒入荒草，任牛踐踏的家，早已不是「永久安息」之所了吧。尤以現今，這樣地球已變得很小，從以世界爲家而活躍的青年一代來看，期待彼等爲掃墓而歸國，是毫無指望。因此，所謂「最後之家」有沒有都是一樣。

「那麼，你怎麼辦呢？」

曾與對人生問題，抱有很大興趣的，一位虔誠基督教徒，朋友的太太談及此一話題時，她如此向我發問。

「不要。」我說。

「不要？那你的屍體就放置不管了嗎？」

「讓他燒成骨灰吧。」

「燒成骨灰後，要怎麼處理？還不是仍得造墓收納嗎？」

「不必，由空中撒下，加以空葬。這樣一來，既不給子孫輩招致困擾。子孫們若要想念親人，只要向空仰望就好了，親人則永遠的在其上啊。」

「那也許是很好的想法，不過若所有的人，都倣傚你這種做法，把骨灰撒在空中，一定會造成空氣汚染的問題呀。」

誠然，她所說的不無道理。我只管談墓的問題，倒未顧慮到這一點。在世界上每天要死多少萬人，如都由空中撒下骨灰，那眞的不得了。

「然而，核爆後，核子輻射塵，在全世界的空中，飄浮着吧？與那一比，骨灰却淸潔得多，可以叫做淸潔爆。」

我不服輸的，強詞奪理一番。然而，在內心裡想，假如這樣做，以後在空中，擠滿了飄浮的幽靈，活着的人們，心情也難開朗。那位太太也許具有同感吧，急以雙手遮蓋蒼白的面孔。

「咳呀，不行。眞糟糕！空中旅行不是也不能了嗎？」

「是啊，這種想法眞要不得。大好的天國，將會像地獄一樣。可以說是幽靈污染。」

我稍加思索後這樣說：

「我看這麼辦吧。找一有山的地方，在山的底下，建造大的洞穴，在穴裡存放骨灰。並在洞穴之上，建塔作紀念。這也可以說是擁有像高級公寓一樣的家了。」

雖然是在說笑話，但是實際上是出於我內心的想法。總而言之，無論是東方或西方，現在的墓的方式，我都不太贊成。我想應當思考出，更爲合理的方法。

乙、死

墓的話題，多少有一點陰沉的氣味。但是那位女士是虔誠的基督敎徒，對於生死的人生觀問題，饒有興趣。因而我們的談話甚爲投機。

由墓的話題上，很自然的就轉移到死的問題上來。

「閣下對於死亡是不是有恐懼感？」

「我本來很討厭死亡。可是現在，我倒不怎樣有那種感受了。」

「是不是有了新哲理了？」

「並沒有什麼新哲理。我也不是什麼宗教家。但是不知道爲什麼，我有點兒活得不耐煩起來。覺得活的時間太長了些。很有點兒永久安息的想法。「永久安息」這句話，很富有迷人之感。在佛教方面，把死稱爲極樂世界，我對那樣心情，有充分的瞭解。」

「可是一旦死了，就再也回不來了。總之，好死不如賴活着………」

「自然不是隨便輕生的。就是像旅行時似的，若是幾回都去同一個地方，所看到的也是同一景觀和事物，就是你也會厭煩吧！」

「那可以說是厭世感。和閣下並不相稱。閣下常說，在你的世界裡是沒有終點的。始終燃着旺盛的生命之火啊。」

「那只是理想論。只不過強調人生過程中的生活方法而已。關於那生活方法的態度，我迄今尚未改變哪。不論怎麼說，人生仍然是有終點的。無論什麼樣的英雄豪傑和販夫走卒，結局都須一死。所以……」

「所以什麼？」

她以進攻似的追問，等待着答覆，我只好再將最後的話重說一遍。

「所以我們在平時，都須隨時作死亡的準備。」

我的回答可能使她大失所望，現出悒悒的顏色。

「你所說的死亡準備，是指的尋找墓地和預置壽衣嗎？」

「完全不是。墓地什麼的，以前已經說過了，沒有必要。我所指的準備，是在平日應常常的注意，着手做些可以流傳後世的事物和工作。」

「這話太過於抽象了，我不十分懂。」

「想想看，『莎士比亞』雖死，但他的著作則流傳不朽。『貝多芬』雖死，他的樂章却生氣活現的流傳着。『畢加索』雖死，他那劃時代的傑作名畫，仍爲人們競相寶藏。這就是說，人們在有限的生命期間，有始有終的，爲留給後人着想，制定目標，努力工作。也可說爲目標而生，在生存中謀求完成目標工作，這就是我所說的死亡準備」。

「閣下，現在準備什麼嗎？」

「是的。當然是些微不足道的東西。難登大雅之堂的。可是沒有關係，我總是在此項準備上，却十分的忙碌。」

「繪畫是不是。是的，您那肝臟的創新手術法，一定會傳留的。」

「肝臟的工作雖小，希望可以流傳。在死去以前，盡力使之早日普及全世界，這是我所說的準備中的目標之一。至於我的畫，雖然不好，又是外行人，不過我也希望它能爲後人所喜愛。」

「您不是還在寫定名爲『象牙之塔』的自傳嗎？」

「正如你所說的，夢廻、徘徊的兩部份業經脫稿，現在趕寫第三部份—春回。打算拿這三部份，定名爲『象牙之塔春秋記』，予以付梓。想在我要去西天之前，將之完成，分贈親友們，以作紀念。現在積極準備中。另外還在寫，名之爲『杏林生涯雲和月』的書。這個文章的體裁與前不同，可能爲大衆所接受的。」

「原來如此。那一定是夠忙的了。另外早晚，還須爲病人診療或手術。」

「由一般人看來，我好像傻瓜似的。我完全未考慮賺錢方面。就『象牙之塔春秋記』來說吧，即或將來結局，把其中的書紙，一頁一頁的撕下，充其量，變成西門町賣花生米的，用來裝貨品的紙袋罷了。但我滿不在乎也。我是在想，只要我一息尚存，隨時把我所見，所感的事象，存眞的加以記載。而且希望把應作的事早日完成，以後永久安息。可是我有一件事，打算麻煩妳代辦。好不好呢？」

「什麼事？」

她抬起頭來望着我，等待下文。這時老女傭人，正端茶進到客廳。一看見我倆，男女獨處，她可能直覺的認爲「正在搞什麼名堂哪。」因爲她是鄉下女人，不能怪她會有這種齷齪的想法，當時我的太太外出不在。

「因爲我就是和內子說了，她也不會按着我的希望去做，故而拜託妳啦。」

「是遺囑嗎？」

她直覺的圓睜了双眼。

「可以那麼說。由於我已說過，不要最後的家，所以也不必造墓。說實在的，連葬儀也不需要。如果竟是不要不要的強調下去，可能有傷妻的感情。假如大家以追悼會的方式，舉行葬禮時，我在形式上，有像下面的要求。」

我以前不知參加多少回，基督教式、佛教式、道教式、現代中國式的葬禮，都覺得過於冗長。尤以某次師範同級生的追悼會（他在日本過世，在臺北學行的是追悼會，並不是葬儀），我去弔唁時，我對於那樣盛大的場面感到吃驚。式場內不用說，就是外面的廣場，都擠滿了人群。按着次序點名，招呼團體公祭，一群接着一群的排列在前面，經過「上香」、「讀祭文」、「三鞠躬」、「奏哀樂」等儀式，隨着同樣音樂的演奏，機械式的一再重復。「祭文」是千篇一律的由「專家」代寫代讀，結果誰也沒聽清楚是什麼。大家都像不耐煩的樣子，等待自己的輪班到來。

「不得了，那傢伙眞的這樣交遊廣濶嗎？」

我這樣想。輓聯輓帳掛滿一屋，我目瞪口呆的，看了一遍。

「我們師範學校的公祭，什麼時候才能輪到？」

坐在鄰座的一位老前輩，不耐久等的樣子，湊到我的耳邊，像吹氣似的小聲的說。我只能緘默的，聳聳雙肩。

「太長了，也太過於機械化了。」

以上是我的印象。因此我在那以後，把我希望的形式說給妻聽，而且又拜託了友人的太太。

「我的那個時候。」

後背靠着椅子，我這樣開始說：

「先把我那在生前，錄製的錄音帶，播放出來，我自己對大家作告別致詞。假如沒有時，請由他人代爲致詞。接着播放，我喜愛的歌「啊啃瑪利亞」。唱片即可，或請由音色好的聲樂家代唱也可。最後請約四十名的年青尼姑們，作十分鐘左右的唸經，大家一起靜聽。就這樣已經夠了。而後大家起立一齊行禮爲儀，宣佈禮成。前後只要三十分鐘左右就完事了。追悼式，要像我們開刀時一樣，一分鐘都不差地，守時間開始。」

「非尼姑不可嗎？和尚爲何？」

「要尼姑，並且還得挑選年輕的尼姑才好。」

「閣下雖死，還沒忘最後的羅曼蒂克啊」。

關於年輕的尼姑唸經，說實在的，因爲我有很深的印象。那並不是由於宗教的意味，而是那感傷的情調，使我心大爲感動的緣故。

我想是在初春季節。天正落雨。我手撐着油紙雨傘，漫步在外雙溪的山道上。山的綠色，籠罩在煙雨濛濛中，在路上除我以外，連一隻鳥都看不見。在鴉雀無聲裡，雨點，打在傘面上的清脆聲音，有如山鼓一般的，響徹耳際。登上坡路，將要到「九蓮寺」「忠勇殿」的附近時，由濛濛的濃霧深處，傳來年青女性的，流水般的歌唱聲音。並不是流行歌曲。走近一聽，原來是尼姑們唸經的合音。那種柔嫩的音色，在靜寂中，有如行雲流水。實在是清脆柔美的旋律。在其中間，有時鳴鐘，其聲與我紙傘面上的雨音相配合，沁人心脾。我暫時頗受感動，竚立該處。唸經的旋律，與其說是哀調，無寧說是頗有優雅的感受。

這就是在舉行葬禮時，我要求，必須請由年輕女尼們，來唸經的理由。

「然而，夫人，這僅是我一個人喜歡的類型，對於一般人並無約束力。各人依着自己的立場和信念，任何形態都好。可是，只有我希望那樣做。這是遺囑。」

「十分的明白了。」

此次該女士，面色很嚴肅的這樣反答。

雖然這麼說，在我的那個時候，我在內心裡想，來告別的人不會太多吧。師範同級生的那個時候，我曾贊嘆「那傢伙眞了不起」，而同時我心中，暗自感到「我的那個時候不會有多少人啊。」。實際一想，一定不會有什麼人來。因爲我既沒有交際所必需的口才，又不會搓痲將、玩撞球、賭撲克、也不打高爾夫球。就像在社會上，有很大影響力的，獅子會呀，扶輪俱樂部呀，都與我無緣，銀行和商界更與我無關。若說患者關係，倒是很多。但那些不幸的事，迄今本人僅與疾病結緣，與人（患者）則無交往。因此在治療上，無論董事長，高官顯宦或是販夫走卒，均一視同仁，結果是一無記憶。回顧以往，在此社會中，始終像是只我一個人的樣子，孤獨存在。故而，萬一那一時刻來到，好不容易的，請由年輕女尼們唱出的好聽旋律，恐怕除了已成爲死人的我以外，也許沒有幾人來聽。

丙、孝

在近代生活的形象改變後，處世上，考慮現實，引爲重要的此一社會中，在那個環境中所成長的青年，與偏重感情的舊社會的「尊親」之間，漸漸發生了思想上的逆差（代溝）。因而發生種種的事件。老人們在背後，責罵子女「不孝」的言詞，信口而出，一面由精神上的壓迫，致罹患心理上的疾病，因而爲求治而來訪我的友人，不在少數。

「你怎麼啦？」

「噢，林先生，這個世界眞變了啊！你不知道年青一代……」

就這樣引起話題。而且嘆口長氣。

「咳，看破一點吧！這個世界，本來就變了嗎。」

就是他們不說出，他們要說的話，和有什麼不滿的地方，我也統統的瞭解。王文興先生所寫的「家變」一書，就是把這兩個世界中，生長的兩代人的衝突，寫得淋漓盡致，可爲一個代表性的小說之一。

然而，我有一言奉勸老人們。不用說我也是舊世界老人群的一員。仔細的想一想，這個「孝」字。總之是叫，爲人子者，要向尊親盡孝的。「孝」是人類所發明的東西，也只有人類才講求的。孝自然是大事。假如不盡孝，那麼我們會被指罵爲「那小子是禽獸不如。」。因爲在獸界中並無孝道存在。

「使下一代，好好成長是我們的責任，若不這樣做，對祖宗無法交待。」有一次和友人聊天時，他這樣表示。把這種思想灌輸給子子孫孫，當然是好事，這也是教孝的一種手段。但是「若不這樣做，對祖宗無法交待」這後半句，似乎是多餘的。「希望使下一代好好成長。」這件事，是神賦予生物（包括人類、植物亦然）的天生本能。看那個把食物送進張開大嘴雛鳥口中的親鳥，用脚搔扒土壤而尋找蚯蚓或小蟲，叫雛鷄啄食的親鷄，產後自哺乳起以到能奔馳的期間，教導小熊如何游泳，如何捕魚的北極熊，同樣的帶着幼獸行走的獅、虎、象等，在牠們的感念裡，能有「若不這樣做，對祖宗無法交待」這種思想嗎？當然沒有。雖然無此思想，可是仍願使下一代好好成長下去。這只是根據先天性的本能而飼養自己的子女罷了。在人類方面亦不例外。在人類社會裡，任何人都知疼愛自己的子女，以望子成龍，望女成鳳的目標，加以努力。這與其他動物一樣，不過發揮神所賦與的那種自然的本能而已。

然而，一旦所養育的孩子長大成人，人類與獸界之間，在觀念上就發生了很大的差別。在禽獸世界裡，子鳥一長大，即振翅他飛，獅子、老虎也在成長後即掉頭而去，向來沒有為了給父母盡孝而再回來的事。老獸也不在意子獸離去，而仍過着往日的自立生活。牠們腦中，不會期待牠們的子獸回來盡孝。

然而，人類自是不同。尤以中國將「孝」列入中國固有文化的傳統德行，孔子也說過「百行孝為先」的話。其後更有人編成二十四孝的故事。很嚴正的強調「孝」不可缺。正如上述，孝是人類與獸界不同的大所在，又是人類特有的美德。因此，教子孫行孝，使此種美德，代代相傳，開花結果，的確是極重要的大事。可是我的想法，叫子孫行孝是人類應有的美德，不妨加強教導，但絕對不可期待他們一定盡孝。不僅如此，強加要求，亦屬錯誤。世界變小了，這正是年輕一代，以世界為前進基地，飛躍的時代。

在近代社會的環境裡，對於此點，老人們應當加以深入認識和自覺。改變為「教孝而不依靠孝」的新觀念。在這一點上，也許獸界比人類還進步。所以我一再的強調，使子女成長、獨立、發展以後，作父母的應勇敢的自己走自己的道路，更應抱定「自立、自強」的人生觀。

第八章　春天尚在人間

一、第六次世界消化器學會

甲、再出發

一九七七年十一月在印尼的學會完了後，正抱着輕鬆的心情，由一個多月的春天之旅歸來。一到家，看有一封一九七八年六月在西班牙馬德里擧行的，第六次世界消化器學會的通知寄來。

世界消化器學會是每四年擧行一次的。八年前在丹麥的哥本哈根開會時，我是十名特別演講中的一員。那時因該次的演講後，我受了 Bockus 教授的囑咐，在他那有名的鮑卡斯消化器學改訂版的新書裡，寫了有關肝臟惡性腫瘤的一章。

此次第六次的世界消化器學會，係於一九七八年六月五—九日在馬德里擧行。我立時把預定在該會發表的講題和影片放影事，向該會申請。這是我首次出席在歐洲的學會。因爲該會是世界性的學會，我想全世界尤其歐洲的學者專家可能都來，因此我特別重視。我起初認爲前往沒有邦交的國家，也許不許入境，很爲躭心一陣子。但是出乎意料的又接到由會長寄我一信，請我主持原發性肝癌的研究會（Workshop），如願接受希電復，云云。我當即認爲「無問題」，遂發一「接受」的電報。

我的準備工作一切完成。由於中途必須換機二—三次，我把重要資料，裝在肩掛的皮鞄裡，並將宴會用的洋服及襯衣等，另裝在手提箱裏。需要託運的行李，並無一件。就這樣完成了隨時可以啓程的準備。時間將進初夏，空中青藍。

乙、榮譽的一天

第六次世界消化器學會，係於六月五—九日在馬德里學行。西班牙正是春天，天朗氣清的季節。（圖三—34）

穿過人群的縫隙間，在一樓及地下招待所，辦理報到手續，並領到大資料袋一個。我又化了一千皮他斯（西班牙幣）租了一付耳機。由於討論時，係用英語、西班牙語、和法語，各有翻譯人員，因此就非用耳機選聽不可。一切辦完後，我就到二樓的休息室，翻開節目日程表，加以研究。一看室內很多會員，也同樣的在看節目表。可能正在查尋，有關自己的部份，和所欲聽講的人和講題。距離開幕典禮尚有時間，我吸着香煙，悠閑自在的，打開很厚的節目日程表，查看每天的預定活動。在節目中所排的影片放映部份，列出我的姓名，是在第七講堂，排定六月五日（就是開幕當天下午）及六月九日兩次。至於由我主持的原發性肝癌研究會，則定於六月七日在第四講堂擧行。看完後我馬上去看與我有關的第四及第七講堂的所在地和設備。通過走廊時，我突然不安的想到「焦點（Focus）」的西班牙語不知怎麼說的問題和主持研究會的問題。一看目錄，研究會中排有主席，副主席和擔任主持人的我共有三人。說眞的一個人來做就足夠了，爲什麼要三個呢？當時有此疑問。我感頭痛的是Focus問題，因爲我那影片是三種方法連在一起，集成一捲的關係，焦點各有點不同，爲使觀衆看的清晰起見，應於各部份放映前，必須把焦點調整一下才好。

圖三 - 34. 第六屆世界消化器學會會場（1978 年 6 月在馬德里）

我一切打定了主意之後，即進入了我應參加開幕典禮的大講堂。看見在中央有一大講台，向講台的兩側一排一排的展開座席，就像兩個大講堂拼成一個似的。地板上全舖紅色地毯。

我坐在靠近側邊的席上，等待開會。電燈把大廳照得通明。由於時間尙早，賓客還沒有到齊。突然由我身邊閃過一位少女。看背影和髮型，都很眼熟。該少女環視座席，像在找人似的。偶一回頭，我認出原來是F小姐。我抬起手來，該少女同時也看見我，隨着「喂」的聲音現出微笑。

「我想你可能到會場來了。」

F小姐是爲找我而來的。寒喧過後，她說：

「Soleto 主任率同外科的各位醫師，午後前來向你致敬並觀賞影片。而且請你於星期四的早晨蒞臨醫院演講，同時 Soleto 主任也希望你看看他那有關治療肝包蟲症的經驗的影片。當晚九時要爲你舉行歡迎會。」

「原定在星期六，不是嗎？」

我想起了昨天以電話約定的事來。

「星期六另爲先生安排了別的節目。」

六月五日也就是開會的第一天，在午後開始了我的影片放映節目。方式與以前在雅典和神戶的差不多。節目進行過程中，主席在場，演者必須出現在講台上。不久 Soleto 主任偕同 La Paze 醫院的高級醫師七、八人進入會場。曾到過臺北的 Landa 醫師也來了。互道問候後，Soleto 主任又將星期四的預定重說一遍。我來此後，使我驚奇的是西班牙的醫師，大抵不會英語。一切均須透過F小姐的翻譯。寒喧後，我首先拜託F小姐，請她代向電影放映師，用西班牙語說明我那影片各節的焦點，必須先予調整。可愛女子的言語，西洋男子非常重視。因此，托庇我那影片不但首日，就是第二次星期五放映時，放映師均將焦點調整得恰到好處。

效果是立刻顯現。隨後就有法國、波蘭的醫師站起來「你的方法我們照用過，實在太棒了。」說完，又有一位葡萄牙的教授來到我的旁邊坐下，並把他所研究的關於肝臟的微細解剖學的美麗圖繪給我看。

在本會使我最介意的，就是由我來主持的原發性肝癌的研究會（Workshop）。在台上有主席，副主席和主持人的我，我很納悶三個人在台上到底做些什麼？我的工作又是什麼呢？我以前向來未碰到過這種場合，我曾耿耿於懷。因而在前一天，我特地前往參加關於胰臟炎同一形式的研究會。我並非聽講演去的，而是為瞭解主席，副主席和主持者的工作情形而來的。看上去，所有演講者，清一色是法國人，我一看眞是既吃驚又好笑。所謂在研究會上的主席，僅負責介紹主持人，以後可以說統由主持人包辦。主持人由開場白起以至對各演講者的概括批判，而且在最後把那天講題有關的討論要點彙總，作成結論才算完事。我想這眞是件大工作。這不是像宣讀早已寫好的論文那樣，必須自由自在的，針對各個場合去應付才行。然而此次研究題是關於原發性肝癌。這是我拿手的內容，所以我並不感到慌亂。

那天上午九時，參加研究會擔任演講者，均已到齊。那時我才和各位認識，也知道他們要講的內容。我當將他們演講的順序，加以排定。演講者有日本二人，西班牙一人，法國一人，均係青年。其內容，僅是關於病源、血清學和病理方面的，並未談到臨床。聽到他們的話後，感到沒有什麼了不起的內容。我當時決定，若是這樣，無寧對與會人員，開放發言，一起研究，這一方法，反較充實。（昨日所參觀的胰臟炎研究會，只有台上的人們表演，台下的觀衆無發言餘地，以致興趣索然）而且在最後，我打算以十五分鐘的時間，把我那在臨床上的豐富經驗，加以講述。這樣決定後，我在旅館，趕快的把講述內容的幻燈片，重新編組，事先佈置完成。

下午二時三十分，第四講堂的聽衆即已告滿。我在事先對於放映幻燈片的人員，按講演者的次序，把幻燈片順序排列，叫他準備妥當。繼有瑞典的 Wichel 教授，前來向我說，有數張幻燈片，希望讓大家看看，請求加入。他是曾來臺北造訪過我的老朋友。當然我予照辦。主席把我向大家介紹，而後就輪到我了。

我的開場白致詞大意是：「原發性肝癌在亞洲，非洲是很多的疾患，最近在歐洲有些國家發生的頻度，有逐漸增加的傾向。此一疾患，爲所週知，是最具惡性的癌腫之一，由症狀出現時起以迄死亡，平均時間，約爲四至六個月。關於其原因，治療等，又殘存着很多的問題。故而今天將此問題提出討論，是極爲適當的。今天我們很高興，能夠請台上的各位先生來發表高見。（接着我把四位講演者分別介紹）我想利用這個良好機會，不只限於台上，會場在座的各位先生，也請將高見發表出來，大家就此一重要問題來共同研討。這是我所希望的。」

這樣一來，打破了昨日所見胰臟炎研究會的方式，並闡明了請大家共同研究的意願，我接下去：

「關於原發性肝癌的原因，現與其他的癌症一樣，尙不明瞭。過去雖有許多主張發表出來。可是一言以蔽之，眞是恰如盲人摸象。最近 Aflatoxin 的原因說和肝炎的原因說頗受重視，但似乎不是單一性原因。關於此點……」

接着我介紹了講述有關動物試驗的第一位講演人。二—三個質問由台下提出，都由講演者作答。第二位講演人是西班牙的醫師，他所講的是血清反應問題。講演後並無討論。但是我看見，坐在我前面一位日本會員，有話要說的樣子。在上午見面時，關於此一問題，他曾對我說過他的研究，有不同的結果。所以我指名請他發表意見。他立即站在麥克風前。一位年輕的日本女性，大概是他的妻子。來到幻燈機旁，把幻燈片一張接一張的，交給技術人員。我想這眞是古典的日本女性啊。這位年輕日本人英語說得很好。我對他的討論向他致謝。我並且說明了關於這個問題，我們臺大醫院研究所獲的結論與此略同。

所有的講演人員都講演完畢而後，我講述了原發性肝癌的臨床。亦即診斷和化學療法，在目前化學療法在治療面上是失望的，仍以外科的肝切除是挽救病人生命的唯一方法。我把五二五例的豐富經驗，配着幻燈片的播映加以敍述。講完時掌聲四起。接着有二—三個質問。這個終了後，我准許了 Wichel 教授的追加請求。他敍述了他那關於把供應肝臟的全血流予以反復的截斷，以治療肝癌的經驗。在我要付諸討論以前，主席說：

「現在已超過了預定時間了，下次會出席的人們，正在外面等待着。」

提醒我的注意。我只得表示感謝之意，宣告閉會。立時有很多人到我前面來「你主持得太好了」紛紛道賀。其中有位敎授說「我預定出一本專門書，肝癌一章請你費心給寫好不好？」說完遞過名片。

「好吧，一切詳細事項，請你寫信告訴我。」

我這樣承受下來。一看是布達佩斯，我想似是曾聽過的地名。以後知道原來是「匈牙利」亦即共產國家。恐怕他在歸國後，他瞭解到，向我拜托的事，是行不通吧，因而一直沒有信來。但實際上我想，他若是眞再來信，要我寫的話，我很願意而高興給他寫的。

一直在躭心的會的主持，所幸在成功裡完成。那晚我在旅館的餐廳裡，不用說是化錢買醉，自得其樂的慶祝一番。第二天學會新聞（Congress News）上，刊登出我主持會議情形的報告並附照片。（圖三—35）

丙、林天祐冰淇淋

六月八日上午前往 La Paze 醫院。F小姐約定於九點以前來接，所以我和往常一樣的，在樓下大廳，坐在容易看見的大廳一角，等着她的到來。F小姐大概因爲今晨天冷，在寬鬆的洋裝下，足登淡茶色的長靴。我一看不禁想到西班牙鬥牛的情況來。因而我在站起時，也擺出鬥牛士的姿態來迎接她。她可能會意，也伸展兩臂，長靴蹴地的飄然過來。

「大家都笑我穿這個長靴。」

「眞像鬥牛士呀。誰都害怕，不敢碰妳吧。」

「我就這樣的踢他。」

「啊，不得了。」

她微笑裡帶有媚態。然而並不是性感的微笑，而是藹然可親，明朗的笑。據說她尙在大學在學中，現在在 La Paze 醫院的外科實習。

「大家都不會講英語，妳怎麼能說得那麼好呢？」

她聽我這一問，即說：「我的父母親都是澳大利亞人。」我當想原來如此。她的父親因經商的關係，常在德國、法國居住，因而她也能講流利的德語和法語。

La Paze 醫院是西班牙政府所經營的醫院中，最大的一所，僅消化器外科，就管轄四個單位。由

Sesiones de Trabajo

Cáncer primitivo de hígado

Moderada por el Dr. T. Y. Lin (Taiwan), se inició la Sesión de Trabajo con unas palabras introductorias del moderador, que hizo referencia al aumento de la incidencia del cáncer hepático primitivo en todos los países, incluso en aquellos en los que esta enfermedad ha sido clásicamente considerada como una rareza; hizo referencia asimismo a las distintas causas exógenas hoy día implicadas en su patogenia y al desconocimiento actual sobre otros muchos factores etiológicos probablemente endógenos.

tomas, cirrosis hepática, hepatitis crónica, cánceres de otra localización y controles normales. El Dr. Morizame concluyó que no existen fenómenos de citotoxicidad dirigidos a las células del hepatoma en los pacientes portadores de esta enfermedad.

A continuación tomó la palabra el Dr. Uribarrena (España), el cual expuso el resultado de sus investigaciones sobre el factor inhibitorio de la migración leucocitaria en el hepatoma en 10 pacientes afectos de esta enfermedad y 15

miento quirúrgico del hepatoma. El Dr. Lin protagonizó una intervención muy dinámica, con presentación de abundante iconografía. Citó en primer lugar su confianza en la determinación de la alfa-1-fetoproteína como método de diagnóstico precoz, cuya importancia resaltó, dado el hecho de la corta supervivencia espontánea que presentan los pacientes afectos de hepatoma. Comentó su experiencia negativa utilizando quimioterapia en este tipo de tumor y se mostró claramente decidido a la intervención quirúrgica en todos los casos que

圖三 - 35. 第六屆世界消化器學會新聞 (Congress News) 刊登著者主持會議情形。

圖三－36. 訪問馬德里 La Paze 醫院（1978年6月），前列中央著者，右 Soleto 主任，第2排唯一女性即F小姐，其他是外科高級職員。

Soleto 主任陪同參觀了各病房。發現各病房，都各擁有手術室。這種做法，我不太贊成。講堂是非常的漂亮。在該處，他放映了肝包蟲囊腫的手術影片和幻燈片給我看，我也把我那肝腫瘤經驗，配合着幻燈片的放映，詳予說明並也說明了他那種肝包蟲囊腫的手術，如果用我的方法的話，更爲簡單又安全。（後來他眞的使用我的方法做了十幾個病例，看後章說明）（圖三－36）

當天晚上，他們在有名的西班牙餐館，爲我舉行歡迎會。下午九時左右，F小姐又到旅館來接我。這次她身穿很美麗的禮服。由停車場到餐室尙須步行一小段路。看到旁邊的店舖，有些還沒有開門。

一到餐室見 Soleto 主任等都已到齊，正在等待。展現在眼前的一樓，很像日本壽司屋那樣，有一很長的枱子。在它前面放着椅子，在抬子上擺着，各色各樣的，西班牙式抓食的簡單食物。大家都在一邊抓着吃，一邊飲着酒。大家給我讓坐，對於每個菜都予以說明。其中有種好像是醋溜魚。由於言語不通，只得請F小姐加以翻譯。這只是前奏，不久大家都上了二樓。

很像臺灣的牛排館那樣，二樓室內十分乾淨，對着每一餐桌，都由天棚上，垂下中世紀模式的油燈。在很寬大的房間裡，我們的席位可能是預先訂好的。在長桌兩側，每面六人，相對而坐，在 Soleto 主任致完歡迎詞後，我即致答詞表示感謝之忱。每次都坐在我身旁的F小姐，爲我譯述英語，又把我說的話譯成西班牙語給大家聽。

「乾杯，乾杯！」（西班牙語音—沙鹿）

大家都很快活而舒暢的舉起杯來。所飲的酒，據說是西班牙最好的。的確是非常好喝。在我對面坐着的醫師略會英語，很熱情的向我說：

「林教授的大名久仰得很，今天得能相見，實感三生有幸。您能不能送給我一張簽名的玉照吧？」

既然要求前來，我只好答應。以前瑞典的 Bengmark 教授也向我作過同樣的要求，因此我穿着中國服照過一張像。我想也把這樣像片送給他吧。

F小姐今晚眞是個大忙人，既須把大家所說的話譯給我聽，又須把我說的譯成西班牙語告訴大家。我在這一週間，受到她親切的照顧（我爲內子買手提鞄也是由她作的嚮導）。爲表示感謝之意，向她舉杯，她微笑着的舉起杯來說：

「那裡、那裡，非常歡迎。大家很早就在期待着您的光臨。本星期六 Landa 醫師和我，陪同您到一個叫 Avila 的地方去。」

不知道大家在做什麼？把一張紅紙，沙沙的傳來傳去的，最後由 Soleto 主任把它交給我。一看才知道是在菜單紅色紙的背面，寫着「歡迎林教授蒞臨馬德里」，每人都附加一言並親自簽名的集錦書信。我當時對這樣溫暖的歡迎，表答謝意，並說：「此一極寶貴的集錦書信，我將永久的掛在我的書齋裡。」說完我把它擧在空中。（圖三—37）

不久穿黑禮服，像經理樣子的男士被召進來，大家都和他用西班牙語交談，不知對他說些什麼。透過F小姐的譯述才知道，在菜單裡有「中國冰淇淋 (Chinese icecream)」一項，他們希望經理改爲 Dr. Tien-Yu Lin 字樣。一看所簽名的紅紙菜單上，誠然在中國冰淇淋的地方，把「中國」改上了我的名字，故而要求經理把菜單重印一下。我是沒醉，但看大家都有點醺醺然。

「謝謝了，若是那樣，大家都必須用手指碎法，來吃冰淇淋才行呀。」（手指碎法是指我那特殊的肝切除法）

我帶着開玩笑口吻的提議。大家都「呀、呀！」的歡叫，倣傚使用手指去挖的樣子。據F小姐告訴我，經理已答應在菜單上改印爲「林天祐冰淇淋」。過一會兒，經理的那位男士，來到我跟前，說聲「歡迎林教授」爲我斟上了香檳。「中國冰淇淋」就這樣變成了「林天祐冰淇淋」，究竟是什麼樣的東西呢？我抱着很大的興趣，向 Soleto 主任所要的冰淇淋看過去。只見在冰淇淋上面，插着很多各種顏色而細長的棒狀餅乾，在外觀上僅能作像是中國菜的想法。

西班牙人像鬥牛或西班牙舞那樣，確是熱情的民族。宴會終了後， Soleto 主任自任駕駛，有我和F

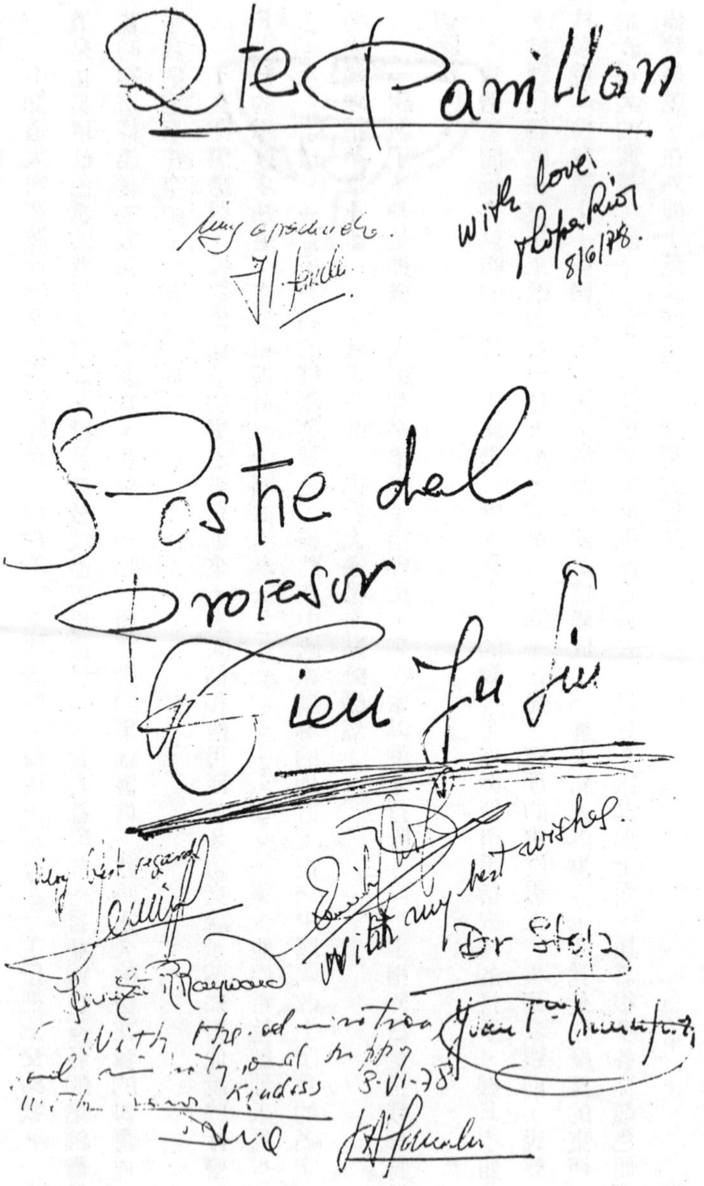

圖三 - 37. La Paze 醫院外科歡迎會上寄給著者的集錦書信

小姐以及 Landa 醫師同乘，送我返回旅館。途中不時聽到氣勢雄壯的「呀，呀！」聲音，原來是說過再見的其他人員，同乘的轎車由後面追來。結果來到旅館門口，又一次的握手和熱情的揮手道別。

星期五再一次的影片放映節目一終了，我在學會的全部工作即告完成。第二天的星期六空閑，那是我離開馬德里回臺的前一天。那天從一早即由F小姐，Landa 醫師和另外一位在阿維拉（Avila）居住的婦人，帶我到阿維拉古城去觀光。（圖三—38）那是當天歸來的遠處旅遊。但在阿維拉的快樂遊覽，他們所給予我那溫暖的友情，以至於在成功裡很愉快度過的馬德里一週，所有種種回憶，歷久彌新，始終留在我的腦際。

丁、謝謝母親

以前無論要參加什麼國際學會，我經常細心的準備演講的資料、幻燈片、照片、圖表、影片等。並反復的練習控制演講的時間。有時檢討自己講話的錄音，對於速度或發音改以修正。這也許由於我生來謹愼的個性所使然。尤以作外科醫的，必須具有「投石問路」的小心態度。這樣仔細的準備了還不說，漸漸的接近要啓程時，在我心中，為祈求成功，而禱告神明。

遇有重要大事舉行時，祈求神明保佑成功，這可能是自古以來人類的習性。有時甚至仰賴神明的指示，來決定事業上的適宜地點、方向、日期和時間。

人所奉的神明各有不同，大抵由於所信奉的宗教而定。我沒有什麼宗教信仰。這並不是由於反對宗教而然。任何宗教都是教人為善。信什麼教都好。但是我所信的是本着自己的良心去從事工作。然而一遇有重要事項，我也自然而然的向神祈禱。只有在心裡默念，祈求成功。惟我所求的神，是我的母親。

圖三 - 38. 遊覽西班牙古城阿維拉 (Avila)，攝於城上，F小姐 (中) Landa 醫師 (後立者) (1978年)。

母親已過世三十多年了。然而我仍然像在孩童時代一樣的信賴母親。雖然我現在已成為頭髮稀疏而灰白的老人，仍然願像小兒一般的，投入慈愛母親的懷抱。

母親生於鄉下，不識之無，僅不過是鄉下婦女而已。我和母親在一起生活到十一歲，其後因為學校的關係，偶而回家以外，漸漸的和母親共處的時間是越來越少。不知道為什麼，沉默寡言的母親的音容笑貌，比對我父親或任何親屬的印象都深。在我心中感得她是我的溫暖守護者。尤以我尚未結婚，有一次病倒住進醫院時（三十歲），母親穿着幾經修補的破衣服，手拿着我童年時最愛吃的烤蕃薯，到醫院來看我時的形象，至今猶栩栩如生的浮現在我的眼前。

那時我看母親太可憐了。我自己年已三十，尚未成家立業，過着流浪人的生活，對母親毫未盡孝，眞感到悔恨交加，無地自容。

「努力工作，以工作的成功來報答母親吧！」

當時我就這樣的下定決心。母親從我兒童時代起，就在三張村和祖母同住，養猪飼鷄，協力照料一小橘園，而且每日幫忙紡紗拈線。父親每星期一次由工作地返回鄉下的家來。僅停留幾個鐘頭，又得回到他的服務單位去。就這樣母親一直和祖母生活在一起，可謂相依為命。身為漢學者和知識分子的父親，只顧自己我行我素的生活。誠實的母親，可能對於自己的沒有學問，深感自卑。所以一向對於父親，採取不聞不問的態度。可憐的母親！其後我雖已結婚，我自身尚在事業與貧困的渦漩中打轉，自顧不暇，而母親都在她的生活尚未能改善中，罹患子宮癌症含恨以終。「子欲養而親不待」我實在從心中悲痛，很感到對不起母親。然而我同時立誓決將「工作的成功呈獻給母親來贖罪。」一經決心，所立的誓言就更形堅固了。我堅信母親雖死，我的決心她會明白，並且她一定會充分的支持和保護我，去完成此一決心的。這就是每遇我有重要事項要做時，常在心中所祈求的神，就是我母親的緣由。

此次西班牙的學會在出發時，我也向母親禱告。果然學會一切進行順利，在成功裡結束。當然所謂的成功，並不是什麼了不起的偉大工作。然而，由我這一個小螞蟻來看，仍然在心中的負擔很大。在歸途的飛機裡，我靜靜的把過去這一週來，在馬德里的情形回想一遍，而且要向母親報告和感謝。因而深深地引起對母親的懷念。思親的眼淚不覺潸潸而下。也許是人屆老年，眼淚也跟着脆弱了啊！

「是不是什麼地方感覺不舒服嗎？」

正趕上推着晚餐前來的空中小姐，看到我，很關心的這樣問。

「不，沒有什麼。請給我一罐啤酒好嗎。」

我是特別訂叫的。飛機在暮色蒼茫的空中，繼續的向東飛行。

一、馬德里大學的邀聘

一九八〇年五月，我應馬德里大學外科 Moreno 教授的邀聘，又一次去到西班牙的馬德里。他要求我參加關於肝、膽管系及胰臟外科的演講及討論會。一看參加此會的名單中，有 Longmire 教授和 Fortner 教授的名字在內。

該會的名稱是"International Course in Digestive Surgery"。每年一次選擇特殊疾病為對象，邀請該方面的國際權威學者開會，也可以說是一種畢業後的課程（Post-Graduate Course）。主要聽衆，自然

圖三 - 39. 馬德里大學主辦的"International Course in Digestive Surgery"開會場，台上右第一人為著者（1980年5月在馬德里）。

都是西班牙的外科醫生。（圖三－39）

內容安排極爲豐富。我講演了二次，在討論組裡，討論肝、膽有關部份，我都有參加。我和 Moreno 教授此次係屬初見。可是我能以肝臟外科權威者之一，爲本會所邀請，可以說是我自己的肝臟外科的研究地位，已爲世界所公認，我深感愉快。

開會十分忙碌。早晨七時半乘交通車去馬德里大學，中飯在學校自助餐取食後，又繼續開會，等回到旅館時，已是下午八點多鐘了。就這樣開了一個星期的會，連我在旅館前面道路上，散步的時間都沒有。當然在開會期間，受到大會的各項招待。我只在夜裡，參加過一次，西班牙舞蹈的招待，其他觀光招待，我都未參加。到馬德里來，這是第五次。因此，我在大會結束後，第二天就直接的飛返國門。

此次來到馬德里，使我最感到欣慰的事，除了在大會以外，就是當我知道，我確實獲得了，對我那手術法的見證人和支持者。那是馬德里的 La Paze 醫院外科主任 Soleto 及 Landa 醫師。他們已使用我的肝臟鉗子，用我的方法，很巧妙的實行肝包蟲症（本疾病在西班牙很多，但在臺灣無此病）的肝切除十例，都得到了很好的成績。他們也把手術經過拍成影片。經看影片，因係請有關的專門技術者所拍攝的，詳加整理，效果十分良好。在畫面開始時，介紹我和我的鉗子。因而可以說這部影片，是對我的方法的優秀性，作了有力的見證。

「做得非常的好。預定在什麼地方發表嗎？」

「是的。幾個月以前，曾在歐洲的學會發表過。這種既簡單而且又十分安全的手術問世，大家都驚嘆不已。用此方法作肝包蟲症的肝切除手術的，我是第一人。」

當我聽到他這麼說時，我有說不出的高興，在內心中眞想大喊「萬歲」。由於此事，可以說他們是我的方法的見證人，並不過言。他們的報告，較我所作的報告一定更有效果。祇我自己既如何的吹噓說我的方法優秀，也許有人譏誚我爲「王婆賣瓜」式的說大話吧。

後來才知道，能作爲我的手術法的見證人的，還有一個。他是美國紐約大學副教授 Pachter 醫師。那是在一九八一年他來臺北時，我才知道的。他在臺北演講時，曾懸掛 Plinger 醫師和我的照片，說我倆是他手術成功的功勞者。接着他講述關於肝外傷百數例的優秀手術成績。那時他也對我說，他已把這個論文，於去年在美國外科學會上發表過。

總之，Soleto 主任和 Pachter 副教授的講述聽後，我得知我迄今二十數年來，默默的埋頭苦幹，而研究的我的手術法，以及其優越性，現已獲得東西兩方的 Soleto 和 Pachter 兩位醫師來作我的見證人，替我作有力的支持，我感到非常的高興和安慰。

此次馬德里之行，另一件使我高興的事，是本來計劃把我的經驗（我的論文內容及資料已寄給他們）和 Soleto 和 Landa 兩醫師的經驗揉合在一起，以「肝切除」爲題，使用西班牙文，在西班牙共同發表的。沒想到早由他們已完成了論文。到馬德里國際機場來接我的 Soleto 和 Landa 兩醫師，在去旅館的途中，把論文草稿拿給我看。因係用西班牙文寫的，當然我是看不懂的。看下去是厚厚的一本，據他們說，應附的照片，都要用彩色的原版發表。

此一論文，實際上是於一九八一年五月，以 "RESECCIONES HEPÁTICAS（西班牙語）爲題，在 "REVI TA ESPANOCA DE LAS ENFERMEDADES DEL APARATO DIGESTIVO 59: 5 et 6, 1981" 上

發表。

一九八二年九月六—九日，我再有一次應邀參加國際消化器外科學會第七回世界大會（在東京），並主持「肝癌及肝切除」的討論會。

第九章　遺忘品撿拾完了

一九七六年九月以臨床教授的名義，重回到退休後的象牙之塔來的我，說實在的，目的是爲撿拾所遺忘的物品而來。

當時我那尙未完成的，有肝癌化學療法，免疫學的問題，肝切除後的肝再生問題，而且在那年我又接受總主編「中華現代外科全書」的出書問題等，都待完成中。我在「徘徊」中雖經述說過，我那提前退休的理由，但是在我心中常常淤積着沉重的暗影，仍打算把未完成的工作加以完成。總覺着不盡不休。因而以臨床教授復活同時，我立時着手工作。

我本先預定一—二年間即可以結束的。不意竟格外的延緩下來。主要是退休後，於一九七六、一九七七、一九七八、一九八〇等四年內，因爲重要學會準備和出國參加的關係，以致對於工作完成上就擱了時間。

雖然如此，一九八二年，現在總算完成了。由退休的一九七六年算起，整整費了六年的功夫。終於把所遺忘的東西撿拾完了。

在未完成的工作中，肝癌的化學療法裡的攻擊療法，就七十個病例，以種種藥劑，換着方法使用，所得到的是悲觀的結果。我所考案的和平共存療法，改過自新療法，直到現在我尙認爲是正確的構想。只是此一問題是應由生化學者，藥劑學者和免疫學者們來做，而不是由外科醫的我來辦理。相信在不久的將來，會有人來實現的。

對於肝癌免疫問題的研究，經過外科李治學教授的奮鬥，已有二—三的新發現了。今後若更加以推進，則免疫學的治療可行的日子可能不遠。到那時這種治療法，即可相當於我所說的和平共存療法了呀。

肝切除後的肝再生問題的研究，實在太費時間。就此一問題，我曾於一九六五年發表過一次，頗受重視。其後我更深入的做研究計劃。那就是切除人體的硬化肝和沒有硬化的正常肝的場合，像肝癌那樣急速侵犯肝的例，和像肝囊腫那樣須一—二年以上才侵犯肝的例的切除場合，所殘餘的肝，在什麼情況下再生，再生到什麼時候完成停止，尤其是硬化肝能否再生？等等事項，每個月以肝的同位素檢查追踪，一再的採取肝切片研究，來證明細胞學的再生情況。

該研究我已費了十數年的功夫。不管怎說，現在的陳秋江教授在他擔任外科的總住院醫師時，就曾參加過此項研究，而且一九七六年在我退休時，也還未完成。由此看來，當可瞭解是如何的長而困難的研究了。

其後，幸得病理科主任林文士人教授的協助，終於將此一研究完成。林教授當時並未因我已退休，而另眼看待，他還像以前一樣，認眞的參加共同研究，實令我銘感五內。林教授其後竟因自身染患肝癌而去世，誠堪惋惜！

該研究其所以不容易的原因，一、因此種病例太少，二、因在肝切除後研究進行中，由於患者的癌再發而死亡，只得中止研究，三、因患者中有不合作的。因而此一研究遲遲於一九七九年，始能在美國的 Annal of

Surgery, Vol. 190, No. 1, 1979 上以 "Regeneration of human liver after hepatic lobectomy studied by repeated liver scanning and repeated needle biopsy" 爲題予以發表。眞是感慨無量，我如卸下重擔一樣的喘一口氣。（圖三—40、41、42、43）

此一論文的結論，與一九六五年的相同。總之，這是關於人體，更進一步的確定性的結論，也可說是在世界上唯一的研究論文。發表後，世界各國的學者們（包括共產國家）紛紛來函索取論文副本，同時也帶來了恭維和讚譽之詞。

現在另一個重擔是，以中文編著的中華現代外科全書的出書問題。該全書是一九七六年，王雲五先生所計劃編印的，科學技術大學叢書的一部份，由葉曙教授推薦我做總主編。當時，邀集了多位著名教授們，組成編輯委員會。各單元上又指定了負責主編人員，於是開始分頭工作。這是五年以前的事了。原限期爲一年，可是拖拖拉拉的迄今，已進入第五個年頭。在此期間，我不知開了多少次編輯委員會，致力加以督促，迄無眉目。其間王雲五先生已與世長辭。負責胸部外科學主編的盧光舜教授亦告安息。而我呢，也不知那天會揚長而去。我的心情十分凝重。

連我自身負責主編的單元，各執筆者都尚未完成交卷。在此期間我再三拜託各執筆者趕快完成，部份尚有半命令式的催辦，或以「旁人都提出來了，只剩你啦」加以謊言催辦，甚而不得已把執筆者予以更換。

我以前曾接受過，爲五本外國的叢書執筆的委託，我都在一年的期限內，將全部原稿交卷。因此，我當時把這項編輯工作，想得很簡單了。然而一旦做起來，則並不是那回事。我爲此實感頭痛。

「當時如不接受多好呀！」有點後悔起來。然而，一向抱定「有始有終」性格的我，現正竭盡全力，

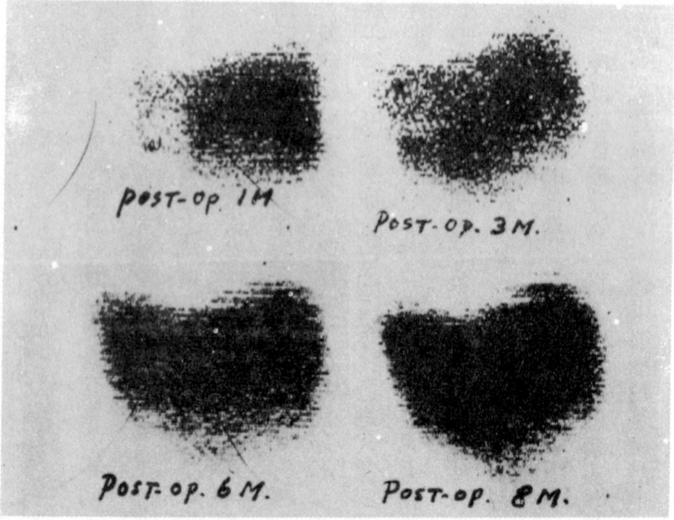

圖三－40. 無硬化正常肝，像肝癌那樣急速侵犯肝的病例，右肝葉切除後遺殘肝葉即再生，至手術後第6個月就停止。

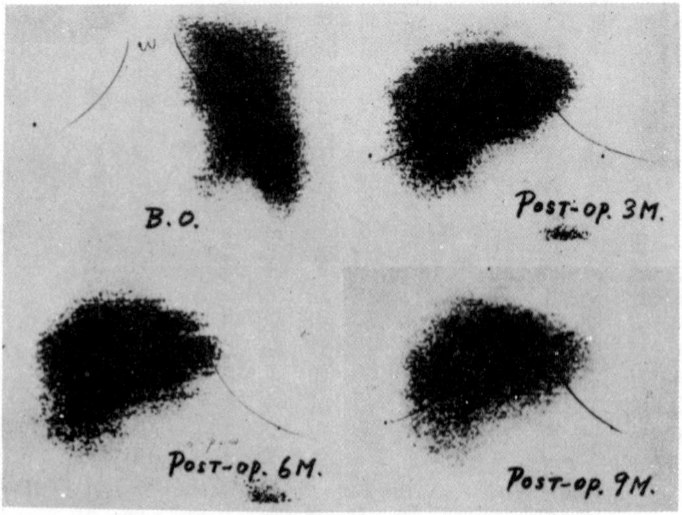

圖三－41. 無硬化正常肝，像囊腫那樣緩慢侵犯肝的病例，右肝葉切除後，遺殘肝葉在手術後第3個月就再生完成停止。

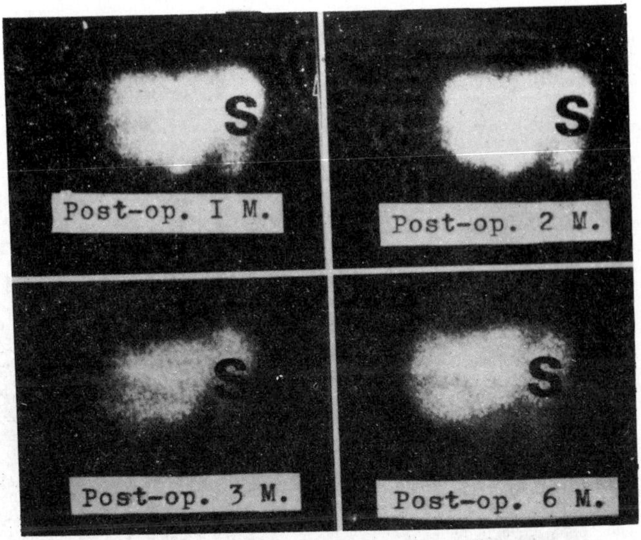

圖三 - 42. 相反的有硬化的肝臟，右肝葉切除後，遺殘肝葉沒有再生肥大的情形。

向完成的目標推進。

其後，好不容易的原稿繼續送來。但見文章字數長短不齊，某章有寫五千多字的，另章也有寫了五萬多字的。這樣若編列一書，一定有失平衡，因而必須與著者討論取捨選擇，加以濃縮，另行再寫。因此又耽誤了不少時間。

就這樣一九八一年開始進入第五年的時候，終於把「基本外科學」、「痲醉學」、「一般外科學（上）」及「一般外科學（下）」提交給臺灣商務印書館付印。至於內容，都寫得很好，可稱完美的大作。因此，我再三的拜託印書館總編輯朱建民教授，一定要按事前所約定的，要漂亮紙張，好的照相製版予以印刷。所以如此，只是因爲這是代表我國的外科學全書，爲的給全世界的講華語醫師看的，我起先的願望即在於此。

全書全部十二冊，距離完全完成，還有一

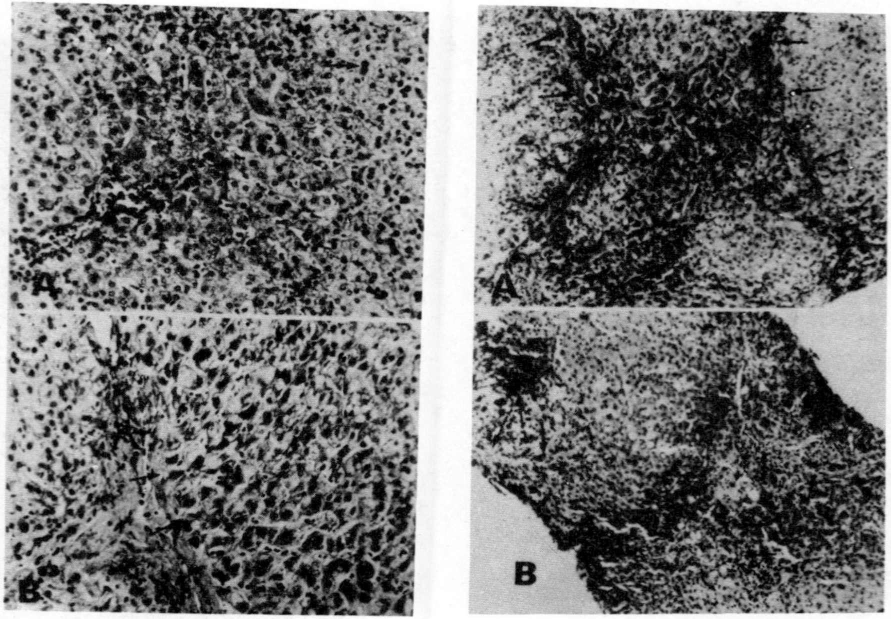

圖三 - 43. 無硬化的正常肝（左A），右肝葉切除後第五天就有再生細胞群出現於遺殘的肝葉中（左B）。在硬化肝、肝切除前後都沒有組織上的變化（右A、B）。

段很長的路。然而至少能先把四册印出來，對我來說，也可以說一時應該滿足。把五年來的重擔，暫卸仔肩。我現在感到全身輕鬆。

一九八一年九月我再度召開編輯委員會，與報告出書的經過同時，我又重新向其他單元主編人員，另行約定，務請在一九八二年十一月以前交卷。深願能在約定期限內，予以實現。

過去曾有「由於執筆者太忙了」作爲遲延的藉口。大家或認爲很有理由，但是我不那麼想。我所想的只是，即是如何的忙碌，每天要把睡覺時間延後一小時，利用這一小時去寫的話，在半年以內定可以完成。我想最要緊的是，對於使該全書完成上，有無熱情而已。

第十章　再見吧魔笛

想要做的事做了，所預定的工作已予完成（惟中華現代外科全書的部份單元還未完成），雖覺得有如卸重擔的輕鬆，同時也感到疲憊不堪。對鏡一照，自己的前髮不知不覺的有顯著的稀薄，白髮也應時而生。現在是一九八二年的十一月，再過一－二個月，就是我整整的七十歲古稀之年了。

某一天，我和往常一樣的走向外雙溪的山。而且總是在那兒暫坐休息一下。我進到靠左邊的溪流有岩石的地方。在上月以前，猶見蜻蜓在空中飛舞，但現在已不見踪影。山上到處可見蘆葦花盛開。拂面微風，帶來陣陣秋香。

可能由於前天的降雨而溪水上漲，仍舊流向岩石之間，濺成白色的水花。在水面上有水蜘蛛，像滑冰似的廻轉着，跑來跑去。但見有一隻一動不動的呆在那裡。並不像是死的樣子。我走向前，折了一條蘆葦的長莖，向水面挑去。原來是因被陸蜘蛛所吐，破巢垂下去的網絲捆縛着，所以不能轉動。我用長莖，把蛛網撥動了一下，那隻水蜘蛛便很快的像逃命似的滑了下去。

坐在岩上點燃了香煙。我靜靜的又回想起，過去很長很長的時間，在象牙之塔的學府式的生活情形。想起來實在太長了。退休後，實際上即與象牙之塔斷絕了關係。但是其後爲了取回遺忘的東西，又以臨床教授的名義，回到原來的辦公室，而繼續的過着學府式的生活（Academic life）。只是出乎意料的繼續下去很久。有五－六年之多。若由過去學生時代算起，自己與這象牙之塔共度的春秋，總共有五十年了。
回想過去這段漫長的時間，我可以說是一直連續的過着緊張生活。研究和學會也都是緊張萬分。尤以由於時代的突變，日語變爲中國語，德語改爲英語以後，對於跟不上新時代而爲落伍者的我，凡事都得比旁人需要四－五倍的勞力。在國際學會上所用的英語，以後雖說已較熟練，仍然常常成爲緊張之源。一提起患者的事，則更爲緊張。尤以因係外科醫之故，常常與手術打交道。就是怎樣小的手術，也必須抱着敲打石橋向前行走的謹愼態度。沒有一刻不緊張的。雖然如此，意外事件，誤會事件等，也不能說絕對不會發生。過去的在上千上萬，數不淸的，接踵而來的手術，使我在心中忘餐廢寢、食不甘味、忘掉了歲月、晝夜和假日。我常說幹外科醫生這一行，可說是「賣命行業」。命雖不一定送掉，但緊張似賣命的生活是無可避免的。

換根香煙。眺望着蘆葦花，並看着溪水打在岩間羊齒類的葉上，我這次要好好的想想明天。

一九八一年七月的某日，由中華民國外科學會及東南亞外科醫協會一九八三年學術大會的會長施純仁教授，邀請我在一九八三年的學會上，做一次特別演講。我已同意接受了。可是後來一想，到那時我已到七十歲了。能不能活到那時呢？然而對於我來說，恐怕可能是最後一次的講演吧。「就是那樣也好。利用此一機會，我把關於從一九五四年以來二十七年間，所做的肝臟外科研究，作一次總括性的終止符的講演，也是有意義的。」當時我是這樣想。

好吧，以最後的講演，我將與大半生的學府式生活，作最後的告別吧。卸掉身上所帶的人造翅膀，由臨床教授引退而成爲自由之身吧。我邊吸香煙，在心中作了如此的決定。

「不可以，林教授你忘了嗎？還有肝硬化的外科治療問題殘留着呢！而且還有……」

我正吐着紫煙，突然聽到耳邊響起魔笛的呼聲。是很強很強的高音。魔笛所嘀咕的，正是我所想，在外科方面對於某種程度的肝硬化，予以根本治療的手術法構想。這是我以前僅僅想過，而尚未着手去做的問題。

「啊，魔笛！我謝謝你。以前好多的研究問題，完全仰賴你魔笛之力，使我舞蹈，而且帶給我今日的成功。我實實在在的感謝你喲！然而我也很怨恨你啊。你一次接一次毫不留情的叫我起舞，托庇在這五十年間，青春不用說，中年以至老年，罄盡了我一生的精力。而且在那期間我和家人，有一段瀕於差點餓死的邊緣，過着貧困的生活。」

「啊，林教授，那可不是我的責任呀。你起初不就是過着乞丐般的流浪人生活嗎？我用魔笛，喚起你的熱力，來向研究熱舞，因而把你那個乞丐般生活的痛苦完全忘掉。無寧說是我的蔭庇……啊，總而言之肝硬化的……」

「不，我再也不跳舞了。你的笛音我正在聽呀。因爲我仍是醫學之徒(Student of Medicine)。醫學學徒是始終不畢業的。所以你的笛聲，我是在聽。然而我不再跳舞了。這個舞叫下一代人去跳吧！」

我這樣一想，立時站起身來。渡過溪水，向對岸的岩石走去，分開雜草，朝着有路的方向下山。由山上吹下來的風，稍帶涼意。

「林教授，肝硬化的外科治療！」

「截至現在尚沒有好的治療法呀。」

圖三 - 44. 在畫室過新生活的著者（1982年）

「你，那煞費苦心的構想，難道說丟掉不成？」

魔笛的呼聲，不斷的在我的耳邊吵嚷。那正像不給買糖果的小孩，抱着父母不放一樣，嘵嘵不休的反復糾纏。

「不行，魔笛呀，再見吧。說實在的，現在有一另外的象牙塔的魔笛，正衝我，奏着好聽的呼聲呀。這不像你那樣要奪取我的生命似的血腥的聲音，而且像和平之夢一樣美妙的聲音呀。所以魔笛喲，再見吧，再見！」

我一走到路上，就毅然決然的下山而去。看路傍那閃耀着銀色光輝的蘆葦花，眞是太美了。被微風搖曳着，就好像展開微笑似的，向我此後的新生活祝福。（圖三—44）

象牙之塔春秋記／林天祐著. --初版. --臺北
市：臺灣商務，民72
面；　公分
ISBN 957-05-0641-5（平裝）

1. 林天祐－傳記

782.886　　81005877

象牙之塔春秋記

基本定價七元

著作者　林天祐
校對者　蔡淑貞　施淑英
發行人　張連生
出版者印刷所　臺灣商務印書館股份有限公司
臺北市10036重慶南路一段三十七號
電話：（〇二）三一一六一一八
傳真：（〇二）三七一〇二七四
郵政劃撥：〇〇〇〇一六五－一號
出版事業登記證：局版臺業字第〇八三六號

•中華民國七十二年十一月初版第一次印刷
•中華民國八十二年二月初版第二次印刷

ISBN　957－05－0641－5（平裝）　27343